■2025年度高等学校受験用

杉並学院高等学校

収録内容一覧

JN001471

★この問題集は以下の収録内容となっています。また、編集の都合上、解説、解答用紙を省略させていただいている場合もございますのでご了承ください。

（○印は収録、ー印は未収録）

入試問題と解説・解答の収録内容		解答用紙
2024年度	英語・数学・国語	○
2023年度	英語・数学・国語	○
2022年度	英語・数学・国語	○
2021年度	英語・数学・国語	○
2020年度	英語・数学・国語	○
2019年度	英語・数学・国語	○

●凡例●

【英語】
≪解答≫
〔 〕　①別解
　　　②置き換え可能な語句（なお下線は置き換える箇所が2語以上の場合）
　　　　（例）I am〔I'm〕glad〔happy〕to～
（ ）　省略可能な言葉

≪解説≫
1, **2**…　本文の段落（ただし本文が会話文の場合は話者の1つの発言）
〔 〕　置き換え可能な語句（なお〔 〕の前の下線は置き換える箇所が2語以上の場合）
（ ）　①省略が可能な言葉
　　　　（例）「（数が）いくつかの」
　　　②単語・代名詞の意味
　　　　（例）「彼（＝警察官）が叫んだ」
　　　③言い換え可能な言葉
　　　　（例）「いやなにおいがするなべにはふたをするべきだ（＝くさいものにはふたをしろ）」
//　　訳文と解説の区切り
cf.　　比較・参照
≒　　ほぼ同じ意味

【数学】
≪解答≫
〔 〕　別解

≪解説≫
（ ）　補足的指示
　　　　（例）（右図1参照）など
〔 〕　①公式の文字部分
　　　　（例）〔長方形の面積〕＝〔縦〕×〔横〕
　　　②面積・体積を表す場合
　　　　（例）〔立方体ABCDEFGH〕
∴　　ゆえに
≒　　約、およそ

【社会】
≪解答≫
〔 〕　別解
（ ）　省略可能な語
＿＿　使用を指示された語句

≪解説≫
〔 〕　別称・略称
　　　　（例）政府開発援助〔ODA〕
（ ）　①年号
　　　　（例）壬申の乱が起きた（672年）。
　　　②意味・補足的説明
　　　　（例）資本収支（海外への投資など）

【理科】
≪解答≫
〔 〕　別解
（ ）　省略可能な語
＿＿　使用を指示された語句

≪解説≫
〔 〕　公式の文字部分
（ ）　①単位
　　　②補足的説明
　　　③同義・言い換え可能な言葉
　　　　（例）カエルの子（オタマジャクシ）
≒　　約、およそ

【国語】
≪解答≫
〔 〕　別解
（ ）　省略してもよい言葉
＿＿　使用を指示された語句

≪解説≫
〈 〉　課題文中の空所部分（現代語訳・通釈・書き下し文）
（ ）　①引用文の指示語の内容
　　　　（例）「それ（＝過去の経験）が～」
　　　②選択肢の正誤を示す場合
　　　　（例）（ア，ウ…×）
　　　③現代語訳で主語などを補った部分
　　　　（例）（女は）出てきた。
／　　漢詩の書き下し文・現代語訳の改行部分

杉並学院高等学校

所在地	〒166-0004 東京都杉並区阿佐谷南2-30-17
電話	03-3316-3311
ホームページ	https://suginami.ed.jp/
交通案内	JR中央線・総武線, 東京メトロ東西線 阿佐ヶ谷駅・高円寺駅より 徒歩8分

普通科　男女共学

くわしい情報はホームページへ

■ 応募状況

年度	募集数	受験数	合格数	倍率
2024	推薦 120名	特　18名 総　108名	18名 108名	1.0倍 1.0倍
	一般 280名	特　368名 総　555名	366名 528名	1.0倍 1.1倍
2023	推薦 120名	特　22名 総　91名	22名 91名	1.0倍 1.0倍
	一般 280名	特　367名 総　512名	363名 494名	1.0倍 1.0倍
2022	推薦 120名	特　20名 総　90名	20名 90名	1.0倍 1.0倍
	一般 280名	特　362名 総　538名	362名 523名	1.0倍 1.0倍

※特＝特進, 総(文)＝総進(文理)　※スライド合格含む。

■ 試験科目　（参考用：2024年度入試）

推薦：作文, 面接　　一般：英語・国語・数学, 面接

■ 教育の特色

　習熟度に合わせた授業を展開するため, 特別進学コース・総合進学コースの二つのコースを設定している。進級時には, 前年度の成績などによってコースの変更が可能。2年次からは文系・理系を選択し, 目指す進路にふさわしい科目を重点的に学ぶ。3年次では大学受験に向けた実践的な内容にシフト。また, 週8〜16時間の自由選択講座が用意され, 進路実現に向けた学習ができる。

特別進学コース／応用力養成に力点をおいた授業が行われる。国公立大及び難関私立大突破を目指す。成績上位者による特進上位クラスも編成。

総合進学コース／中学の復習から始まり, 無理なく高校の学習レベルに移行し, 基礎から堅実にレベルアップしていく。現役での大学合格を目指す。

＜杉学個別学習支援システム（SILSS）＞

　SILSS(Sugigaku Individual Learning Support System)とは, 毎日の授業と連携して生徒一人ひとりの学習効果を高めながら, 大学等へ自ら進む道を標して挑戦しようとする生徒の放課後学習を支援する, 本校独自の学習支援システムである。

●**SILSS個別指導**(希望者)／日曜日を除く毎日4時間, 運営サポーターとチューターが常駐する専用の学習室で, 個別のカリキュラムに沿った学習を進めることができる。対面型個別指導(年間48回／週1回ペース)を受講する。

●**SILSS自習室**(全生徒)／職員室にも近く自由に使える自習室で, 月曜日から土曜日の放課後に利用できる。

●**SILSS映像講座**(全生徒)／インターネット上で自分のペースで学習を進めていく学習支援プログラム。授業の予習・復習のほか, 大学受験レベルの内容まで網羅している。

■ 進路指導

◎1年生／進路適性検査や「10年後の私」を思い描いた作文課題, 職業別ガイダンス等を通して未来と今を結びつけ, 文系・理系を決定する。

◎2年生／「先輩を囲む会」を通して第一志望校へのイメージを膨らませ, 「受験シミュレーション」を通して本番に向けた計画を立てていく。

◎3年生／進路調査の結果をもとに選出した約100校の大学・専門学校が集まる「杉学進学フェスタ」や「個別大学入試相談会」等を通して, 受験への明確なビジョンを持って臨む。

出題傾向と今後への対策 英語

出題内容

	2024	2023	2022
大問数	7	7	7
小問数	46	46	46
リスニング	○	○	○

◎大問7題で，小問数は45問前後である。出題構成は長文読解問題1題，対話文完成1題，整序結合1題，書き換え，適語補充や語形変化の問題，発音問題などが1〜2題，英作文1題，放送問題1題である。

2024年度の出題状況

1 放送問題

2 総合問題

3 総合問題

4 整序結合

5 会話文完成―適文選択

6 長文読解総合―物語

7 条件作文

解答形式

2024年度	記　述／マーク／併　用

出題傾向

　長文のジャンルは物語・エッセイが多く，分量はやや短めである。設問は多岐にわたり，内容を問う問題から文法題までさまざまである。対話文は適文選択形式で出題されている。文法問題は適語補充，語形変化などが多い。整序結合問題や英作文では，基本構文が目立つ。放送問題は英問英答や適文選択で，記号選択となっている。

今後への対策

　総合的な力が試されるので，基礎力の確立が大切。単語や熟語，重要構文は何度も声に出して読み，実際に手を動かして繰り返し書こう。日頃の学習で疑問が生じたら辞書や参考書で調べる，先生に質問するなどして早く解決することも重要だ。仕上げとして過去問題集で問題形式と時間配分を確認し，間違えた問題は復習すること。

◆◆◆◆ 英語出題分野一覧表 ◆◆◆◆

分野		年度	2022	2023	2024	2025予想※
音声	放送問題		●	●	●	◎
	単語の発音・アクセント		●	●	●	◎
	文の区切り・強勢・抑揚					
語彙・文法	単語の意味・綴り・関連知識					
	適語(句)選択・補充			●		△
	書き換え・同意文完成					
	語形変化		●	●	●	◎
	用法選択					
	正誤問題・誤文訂正					
	その他					
作文	整序結合		●	●	●	◎
	日本語英訳	適語(句)・適文選択				
		部分・完全記述				
	条件作文		●	●	●	◎
	テーマ作文					
会話文	適文選択		■	●	★	◎
	適語(句)選択・補充		■	■	●	◎
	その他					
長文読解	内容把握	主題・表題				
		内容真偽	●	●		◎
		内容一致・要約文完成				
		文脈・要旨把握		●	●	◎
		英問英答				
	適語(句)選択・補充		■	■	■	◎
	適文選択・補充		●	●		◎
	文(章)整序					
	英文・語句解釈(指示語など)		●	●	●	◎
	その他(適所選択)					

●印：1〜5問出題，■印：6〜10問出題，★印：11問以上出題。
※予想欄　◎印：出題されると思われるもの。　△印：出題されるかもしれないもの。

出題内容

2024年度 ※※※

　大問3題，19問の出題。①は，数と式の分野の計算4問と，図形の計量題や関数，データの活用などの基本的な知識を見る問題もある。②は方程式の応用，関数，平面図形の計量題で，計5問の出題。やや難度の高い問題も含まれている。③は平面図形，空間図形の計量題が各3問。平面図形は，円に内接する三角形を利用した問題で，線分の長さや四角形の面積について問われている。空間図形は，三角錐を利用した問題で，面積や線分の長さ，体積を求めるもの。

2023年度 ※※※

　大問3題，18問の出題。①は，数と式の分野の計算が中心。確率やデータの活用などの基本的な知識を見る問題もある。②は方程式の応用，関数，数の性質で，計4問の出題。やや難度の高い問題も含まれている。③は平面図形，空間図形の計量題が各2問。平面図形は，円に内接する二等辺三角形を利用した問題で，線分の長さや三角形の面積比について問われている。空間図形は，立方体を切断した立体を利用した問題。

作…作図問題　証…証明問題　グ…グラフ作成問題

解答形式

| 2024年度 | 記　述／マーク／併　用 |

出題傾向

　大問数3題，設問数20問前後の出題。前半は，数と式や方程式がメインだが，関数，図形などからの出題もある。後半は，方程式の応用，関数，図形などが出題される。レベルは標準的。頻出問題が多く，日頃の学習の成果が試される内容。図形では展開図などを考えさせる問題が出題されることもある。

今後への対策

　まずは，基礎を定着させるため，基本問題集を使って徹底的に演習を。あやふやなところがあれば，教科書で確認をすること。次に，標準レベルの問題集で演習を積むようにしよう。できるだけ多くの問題と接し，いろいろな考え方や解き方を少しずつ習得していこう。解けた問題も解説を読むようにするとよい。計算練習もおろそかにしないように。

◆◆◆◆ 数学出題分野一覧表 ◆◆◆◆

分野		年度	2022	2023	2024	2025予想※
数と式		計算，因数分解	★	★	★	◎
		数の性質，数の表し方	●	★		◎
		文字式の利用，等式変形				
		方程式の解法，解の利用	●	●	●	◎
		方程式の応用	●	★	●	◎
関数		比例・反比例，一次関数			●	△
		関数 $y = ax^2$ とその他の関数	●	●	■	◎
		関数の利用，図形の移動と関数				
図形		(平面) 計量	★	■	★	◎
		(平面) 証明，作図				
		(平面) その他				
		(空間) 計量	■	■	★	◎
		(空間) 頂点・辺・面，展開図				
		(空間) その他				
データの活用		場合の数，確率	★	●		◎
		データの分析・活用，標本調査		●	●	△
その他		不等式				
		特殊・新傾向問題など				
		融合問題				

●印：1問出題。■印：2問出題。★印：3問以上出題。
※予想欄　◎印：出題されると思われるもの。　△印：出題されるかもしれないもの。

出題傾向と今後への対策　国語

出題内容

2024年度
- 説明文
- 古文
- 随筆
- 国語の知識

課題文▷
一 安成哲三『モンスーンの世界』
二 『今昔物語集』
三 「天声人語」

2023年度
- 説明文
- 古文
- 随筆
- 国語の知識

課題文▷
一 上田　篤『橋と日本人』
二 『宇治拾遺物語』
三 「天声人語」

2022年度
- 論説文
- 古文
- 随筆
- 国語の知識

課題文▷
一 山崎　亮
　『コミュニティデザインの時代』
二 『古今著聞集』
三 「天声人語」

解答形式

2024年度	記　述／マーク／併　用

出題傾向

　設問は，論説文または説明文・古文に8問程度，随筆に3問程度，国語の知識に6問程度付されており，全体で25問程度の出題となっている。記述解答の設問は，30～60字程度の設問が複数出される。課題文は，現代文は著名な作家や評論家の作品から，古文は平安・鎌倉時代の作品からの出題が目立つ。

今後への対策

　読解問題については，現代文も古文も基本的な読解力が身についていれば対応できるので，毎日少しずつでよいから問題集で練習しておくとよい。国語の知識については，漢字の読み書きと，文法を中心に勉強するとよい。とりわけ，品詞分解がきちんとできることが肝要である。古典文法も，ひととおり確認しておくこと。

◆◆◆◆ 国語出題分野一覧表 ◆◆◆◆

分野			2022	2023	2024	2025予想※
現代文	論説文 説明文	主題・要旨	●	●	●	◎
		文脈・接続語・指示語・段落関係				
		文章内容	●	●	●	◎
		表現				
	随筆 日記 手紙	主題・要旨	●	●		◎
		文脈・接続語・指示語・段落関係				
		文章内容		●	●	◎
		表現				
		心情				
	小説	主題・要旨				
		文脈・接続語・指示語・段落関係				
		文章内容				
		表現				
		心情				
		状況・情景				
韻文	詩	内容理解		●		△
		形式・技法				
	俳句 和歌 短歌	内容理解	●			△
		技法			●	△
古典	古文	古語・内容理解・現代語訳	●	●	●	◎
		古典の知識・古典文法	●	●	●	◎
	漢文	(漢詩を含む)				
国語の知識	漢字	漢字	●	●	●	◎
		語句・四字熟語	●	●	●	◎
	語句	慣用句・ことわざ・故事成語	●		●	◎
		熟語の構成・漢字の知識				
	文法	品詞			●	◎
		ことばの単位・文の組み立て			●	△
		敬語・表現技法				
	文学史		●	●	●	◎
作文・文章の構成・資料						
その他						

※予想欄　◎印：出題されると思われるもの。　△印：出題されるかもしれないもの。

本書の使い方

　本書に掲載されている過去問をご覧になって、「難しそう」と感じたかもしれません。でも、大丈夫。ほとんどの受験生が同じように感じるのです。高校入試の出題範囲は中学校の定期テストに比べて広いですし、残りの中学校生活で学ぶはずの、まだ習っていない内容からも出題されているかもしれません。

　ですから、初めて本書に取り組む際には、点数を気にする必要はありません。点数は本番で取れればいいのです。

　過去問で重要なのは「間違えること」です。自分の弱点を知るために、過去問に取り組むのです。当然、間違った問題をそのままにしておいては意味がありません。

　本書には、長年にわたって高校受験に関わってきたベテランスタッフによる詳細な解説がついています。間違えた問題は重点的に解説を読み、何度も解きなおしてください。時にはもう一度、教科書で復習するのもよいでしょう。

　別冊として、抜き取って使える解答用紙を収録しました。表示してあるように拡大コピーをとれば、実際の入試と同じ条件で、何度でも過去問に取り組むことができます。特に記述問題では解答欄の大きさがヒントになる場合があります。そうした、本番で使える受験テクニックの練習ができるのも、本書の強みです。

　前のページにある「出題傾向と今後への対策」もよく読んで、本校の出題傾向に慣れておきましょう。

【英　語】（50分）〈満点：100点〉

1 リスニングテスト（放送による指示に従って答えなさい。）

問題 A　次の①~④から最も適切なものを一つ選び、記号をマークしなさい。

1.　[　1　]
　① Stay at home with his family.
　② Go to a barbecue at Emma's house.
　③ Visit his grandmother's house.
　④ Talk to Emma.

2.　[　2　]
　① She can't find any sneakers in her size.
　② She wants to try on a pair of sneakers.
　③ One of the sneakers she bought is too small.
　④ She bought a pair of sneakers, but they were the wrong size.

3.　[　3　]
　① Because she has to leave for work.
　② It's time to eat breakfast.
　③ He needs to talk to her about work.
　④ To help her to find her cell phone.

問題 B　次の①~④から最も適切なものを一つ選び、記号をマークしなさい。

4.　[　4　]
　① We could use them for cooking.
　② We could take them to the supermarket.
　③ We could buy a house with a garden.
　④ We could take them on a trip.

5.　[　5　]
　① Let's put a stamp on it and put it in the post.
　② Let's take it to the post office and tell them the address is wrong.
　③ Let's give it to Alan when he gets home.
　④ Let's phone Alan and tell him a letter has arrived for him.

※　リスニングテスト放送文は，英語の問題の終わりに付けてあります。

2 次の問題 A, B, C に答えなさい。

問題 A
下線部の発音が他の三つと異なる語を一つ選び、記号をマークしなさい。
1. [6]　① wash<u>ed</u>　② clean<u>ed</u>　③ cover<u>ed</u>　④ travel<u>ed</u>
2. [7]　① Kor<u>ea</u>　② st<u>ea</u>k　③ r<u>ea</u>lize　④ th<u>ea</u>ter
3. [8]　① pr<u>ou</u>d　② sh<u>ou</u>t　③ m<u>ou</u>ntain　④ tr<u>ou</u>ble

問題 B
最も強く発音する部分が他の三つと異なる語を選び、番号をマークしなさい。

例題　① pen-cil　② win-dow　③ fin-ger　④ Ja-pan
正解は④（①, ②, ③は第一音節を強く読むが、④は第二音節を強く読む）

1. [9]　① sur – prise　② thou – sand　③ eve – ning　④ of – fice
2. [10]　① at – ten – tion　② dis – cov – er　③ sud – den – ly　④ to – mor – row

問題 C
(　　　)に入る適切なものを一つ選び、記号をマークしなさい。
1. [11]
　　A: (　　　　　　　)
　　B: My train leaves in 5 minutes.
　　　　　　① Don't forget your train ticket.
　　　　　　② What should I do now?
　　　　　　③ Does this train go to Osaka?
　　　　　　④ Why are you in a hurry?

2. [12]
　　A: I will have a day off tomorrow.
　　B: Great! How about going to Tokyo Skytree together?
　　A: I'm sorry, but (　　　　　　)
　　　　　　① I'll have an important business meeting.
　　　　　　② I want to get some rest.
　　　　　　③ that is a good idea.
　　　　　　④ I'll come home late from work.

3. 〔 13 〕

A: You were late this morning. Why?

B: I hurt my (　　　　) when I was playing soccer, and it was difficult to walk.

       ① hand   ② leg   ③ neck   ④ arm

4. 〔 14 〕

A: We took this picture in Hawaii this summer.

B: (　　　　　)

    ① Your daughter has such a sweet smile.

    ② Where did you go this summer?

    ③ Have you ever been to Hawaii?

    ④ When did you take this photo?

3 次の問題 A, B に答えなさい。答えはすべて記述式解答欄に記入すること。

問題A　（　　　）に当てはまる単語を書きなさい。ただし、与えられたアルファベット一文字で始まる英語一語とする。

1. 【　あ　】

  A:　Why do you want to go to Japan?

  B:　I'm interested in its (　c　), such as manga and anime.

2. 【　い　】

  A:　Did you use a taxi to come here?

  B:　Yes, I did. I had two suitcases and they were too (　h　). I couldn't carry them by myself.

3. 【　う　】

  A:　I've just become 15 today.

  B:　Oh, happy (　b　) to you!

4. 【　え　】

  (　T　) comes between Monday and Wednesday.

問題B　次の各文の（　）に入る最も適切な語を、あとの語群から一つずつ選び、適切な
　　　　形に変えて記述式解答欄に書きなさい。
　　　　ただし、語群の単語は一度ずつしか使えない。また、一語で答えること。

【　hot　fly　take　three　】

1.　【　お　】
This is the picture (　　　) by my father.

2.　【　か　】
We (　　　) to Los Angeles last week.

3.　【　き　】
Today is (　　　) than yesterday.

4.　【　く　】
Josh has got the (　　　) prize at the marathon race.

4 日本文に合う英文になるように、語群から語句を選んで[　　]に入れなさい。ただし文頭に
来る語も小文字にしてある。解答は[15]～[22]に入る語句の記号をマークすること。

1.　私が受け取った本は、注文したものではなかった。
　　[　][15][　][　][16][　] I ordered.
　　① the book　　　　　　② was　　　　　　③ the one
　　④ I　　　　　　　　　　⑤ not　　　　　　⑥ received

2.　このエンジンを作る技術は、会社が保護しなければならない。
　　The technology [　][17][　][　][18][　] by the company.
　　① protected　　　　　② must　　　　　　③ this engine
　　④ to　　　　　　　　⑤ build　　　　　　⑥ be

3.　次の電車は何時に出発しますか。
　　Please [　][19][　][　][20][　] leaves.
　　① me　　　　　　　　② the next　　　　③ train
　　④ what　　　　　　　⑤ tell　　　　　　⑥ time

4. 電車の騒音のせいで、読書に集中できなかった。

The noise from the trains made [   ] [21] [   ] [   ] [22] [   ] on reading.

① impossible   ② it   ③ me

④ to   ⑤ for   ⑥ concentrate

 次の対話文中の [23]~[30] に入るものを、後の①~⑩から一つずつ選んで記号を
マークしなさい。

Shun と Taro、留学生の Elena が春休みに何をするかについて話をしています。

Shun   : How was your first year in high school in Japan?

Elena   : It's been a lot of fun! I made so many memories here.

Taro   : That's great. [23]

Elena   : Yes, I'm looking forward to next year. By the way, do you have any plans for the
spring vacation?

Shun   : Hmm, I don't have any special plans. I think I will do club activities and my
homework.

Taro   : Club activities and homework? That's too normal, Shun. How about you, Elena?

Elena   : My family is coming to Japan! [24]

Taro   : Really? That's great! Where are you going?

Elena   : [25] My mother loves animals. Also, it's one of the most popular zoos in
Japan. She will be glad to see lots of animals. After that, I plan to walk from Ueno
to Asakusa.

Shun   : Walk from Ueno to Asakusa? Isn't it too far? How long does it take?

Elena   : About 30 minutes. It'll be a bit tough, but I love the atmosphere. I can't feel the
same atmosphere in my home country. I want my family to feel it.

Taro   : That's true. [26] There are old temples, local shops, and traditional streets...
I can understand why Asakusa is very popular among foreign people.

Shun   : That will surely be a nice trip, and I hope your family will enjoy Japan.

Elena   : Thank you very much, but I have one thing to worry about.

Taro   : What's that? Your plan sounds perfect.

Elena   : That's overtourism. [27]

Shun   : Overtourism? I've never heard of the word. Do you know, Taro?

Taro   : I've seen the news about Venice's problem. It means that too many people visit
the place, and they cause a lot of trouble.

Shun   : I see. [28]

Elena   : Yes. In Kamakura, many people take photos from the road, so cars can't go through. [　29　]

Shun	:	Really? That's too bad. Is there anything we can do to stop that?
Taro	:	That's a difficult question. But I think it's important for us to think about the environment.
Elena	:	Yes. SDGs are becoming popular these days.
Shun	:	SDGs? What's that?
Taro	:	Shun, you know nothing! It means Sustainable Development Goals.
Elena	:	Hahaha. [　30　] I want to know more about the problems happening in the world, too.
Shun	:	That's perfect! Let's do it!

① Is that the same in Japan?

② I've never been to Asakusa.

③ We are going to Tokyo Disneyland!

④ Then, how about learning about environmental problems together?

⑤ I want to show them around my favorite places in Tokyo.

⑥ I hope we'll make more memories together next year!

⑦ The atmosphere in the area is quite unique.

⑧ Also, a lot of garbage is left behind.

⑨ It's becoming a problem all over the world these days.

⓪ First, we're going to visit Ueno Zoo.

Long ago, there was an old servant* who worked hard on a farm. His job was always with farm animals. He gave them food, cleaned their houses, and took care of them when they got sick.

One day, he came to see his master and said, "Master, I've worked for many years. I love my job here, but I've become too (1) and old to continue this work."

His master told him he was free to leave. The poor servant asked if he could receive payment for all the years of his hard work, but the master refused to pay him.

Before leaving, he wanted to say goodbye to the animals. First, he went to the horse. The horse (2)(① decided   ② follow   ③ him   ④ it   ⑤ loved   ⑥ much   ⑦ so   ⑧ that   ⑨ to) him. The ox (3) the horse. The man also said goodbye to the dog, the cat, the goose and the rooster, and they all followed him. He asked them to go home because he was worried that he wouldn't be able to give them enough food. However, the animals didn't want to (4), because they liked him too much.

(5)They left the farm and started looking for a place to live. They walked and walked. At last, they reached a beautiful house deep in a forest. (6) was there, so they decided to stay. Each of them chose their favorite place to sleep. The horse and ox in the kitchen, the rooster on the roof, the dog at the front door, the cat on the sofa, and the goose behind the stove. The old man went into the bedroom. He was very tired, so he quickly became sleepy, and five minutes later, he was snoring* loudly.

In the middle of the night, one of the house's owners, a robber*, returned. The dog barked at him and bit his leg. The robber's scream woke up the rooster. The rooster was also surprised, and thought it was already morning and began to call out. COCK-A-DOODLE-DO! The robber ran into the kitchen, but the horse kicked him, and the ox tried to attack him with his horns*. It was dark and the robber didn't know what was happening.

The robber ran into the living room and tried to light a lamp. While he was searching near the sofa for matches, he touched the sleeping cat. It got angry and scratched him hard. The robber cried out and jumped away. The goose began flapping* its wings. The robber tried to run into the bedroom. When he opened the door, he heard a very loud snoring noise from inside. "Oh no. I can't stay here. It's too dangerous." He closed the door quietly, went out of his house and found his robber friends.

The robber told his friends about the (7) experience in their house. "Hey, we need to leave. There are monsters in our house. They attacked me again and again. They all screamed at me in a crazy way. I felt a strange wind too. In our bedroom, there was (8)a large monster, too. It was dark, so I couldn't actually see it, but it must be the biggest one. I'm glad that the most dangerous one was asleep, and I'm still (9)."

That night, the group of robbers left for a different area and never came back. After that, the old man and his animals enjoyed the food they grew in the garden, and lived in peace.

(注)　　servant　使用人　　　　snore　いびきをかく
　　　　robber　泥棒　　　　　　horns　角　　　　　　　flap　はばたく

1.　空欄(1)(3)(4)(6)(7)(9)に入る適切な語句を、それぞれ①~④から一つ選び、記号
　　をマークしなさい。

　　　　(1)　　[31]
　　　　　　　① weak　　　　　② hungry　　　　③ famous　　　　④ kind

　　　　(3)　　[32]
　　　　　　　① liked　　　　　② joined　　　　③ went to　　　　④ knew

　　　　(4)　　[33]
　　　　　　　① go with him　　　　　　　　　　② leave him
　　　　　　　③ say goodbye to each other　　　④ eat anything

　　　　(6)　　[34]
　　　　　　　① Each one　　　② Everyone　　　③ Someone　　　④ No one

　　　　(7)　　[35]
　　　　　　　① scary　　　　　② nice　　　　　③ different　　　　④ usual

　　　　(9)　　[36]
　　　　　　　① alive　　　　　② clever　　　　③ necessary　　　④ wild

2.　下線部(2)の（　　）内の語を並べ替えて、文脈に合う英文を作りなさい。
　　解答は、[37]と[38]に入る語の記号をマークしなさい。

　　　　The horse (　　)(　　)([37])(　　)(　　)([38])(　　)(　　)(　　) him.

3.　下線部(5)を日本語に訳しなさい。
　　解答は記述式解答欄【　け　】に書くこと。

4. 文中に登場する ox, goose, rooster とは動物の名称である。それぞれがどの動物かを、本文の内容を参考にして考え、正しい組み合わせを次の①~④から一つ選びなさい。

[39]

	ox	goose	rooster
①	牛	がちょう	にわとり
②	がちょう	にわとり	牛
③	ヤギ	ひよこ	豚
④	豚	ヤギ	ひよこ

5. 下線部(8)a large monster とは、実際には何のことですか。日本語で答えなさい。
解答は記述式解答欄【 こ 】に記入すること。

---

7 次のような状況で、あなたなら英語でどう言うかを考え、記述式解答欄に書きなさい。

(例)　映画を観た後で、相手に感想をたずねる場合
How did you like it?

1. 記述式解答欄【 さ 】
一緒に電車に乗っている友人に、目的の駅に着いたことを知らせる場合

2. 記述式解答欄【 し 】
出かける前に「傘を持っていくべきかどうか」に悩んで、家族に相談する場合

　これから2024年度杉並学院高等学校入学試験リスニングテストを行います。問題用紙の1ページを見なさい。リスニングテストは，すべて放送による指示で行います。リスニングテストの問題には，**問題A**と**問題B**の2つがあります。答えはすべて解答用紙にマークしなさい。問題用紙の余白にメモをとってもかまいません。

問題A　問題Aは，英語による対話文を聞いて，その質問に対する答えとして最も適切なものを1から4の中から選ぶ問題です。対話文と質問はそれぞれ2度読まれます。それでは，**問題A**を始めます。

Number 1　W : Hey, Aiden. Are you still coming to the barbecue at my place this weekend ?

　　　　　M : I'm sorry, Emma. I can't go. My grandmother is coming to visit on Sunday.

　　　　　W : Oh, OK. Maybe some other time, then.

　　　　　M : Yeah, that would be nice. Let's talk about it after school.

　　　　　Question : What is Aiden probably going to do on Sunday ?
　　　　　もう一度繰り返します。

Number 2　W : Excuse me. I bought these sneakers on Saturday, but when I got home, I found out that one of them is the wrong size. The left one is too small for me.

　　　　　M : Just the left one ? Did you try them on before you bought them ?

　　　　　W : Yes, I tried on two pairs. I think they got mixed up.

　　　　　M : OK. Wait here. I'll try and find the right ones for you.

　　　　　Question : What is the woman's problem ?
　　　　　もう一度繰り返します。

Number 3　W : Jacob ? Have you seen my cell phone ? I'm in a hurry. I have to leave for work now, or I'll be late again.

　　　　　M : Don't panic, Sophia. You were using it when we were eating breakfast, right ? Is it on the table ?

　　　　　W : No, it isn't here. Wait. I have an idea. Could you phone me ? Then I can hear it ringing and find it straight away.

　　　　　M : Good idea.

　　　　　Question : Why is Jacob going to phone Sophia ?
　　　　　もう一度繰り返します。

問題B　問題Bは，英語による対話文を聞いて，その最後の文に対する応答として最も適切なものを1から4の中から選ぶ問題です。対話文は2度読まれます。それでは，**問題B**を始めます。

Number 4　M : Hey, Madison, look.　These herb plants are really cheap.　This one is basil.
　　　　　　　　And there's oregano, too.
　　　　　　W : And they only cost 100 yen per plant.
　　　　　　M : Let's buy some and grow them in our garden at home.
　　　　　　　　もう一度繰り返します。

Number 5　M : I found this in the mailbox.　The address is our address, but the name says
　　　　　　　　"Alan Parsons."
　　　　　　W : I don't know anyone called Alan Parsons.
　　　　　　M : I don't, either.　What should we do with the letter ?
　　　　　　　　もう一度繰り返します。

以上でリスニングテストは終わりです。2ページ以降の問題に答えなさい。

【数 学】 （50分）〈満点：100点〉

解答上の注意

1　解答用紙には，中学校名・氏名・受験番号欄があります．それぞれ正しく記入し，受験番号はその下の
マーク欄もマークしなさい．正しくマークされていない場合は，採点できないことがあります．

2　解答は，解答用紙の問題番号に対応した解答欄にマークしなさい．

3　問題の文章の $\boxed{ア}$，$\boxed{イウ}$ などには，特に指示がないかぎり，符号（−，±），数字（0〜9），または文字
（a，b，x，y）が入ります．$ア$，$イ$，$ウ$，$\cdots$ の一つ一つは，これらいずれか一つに対応します．それら
を解答用紙の $ア$，$イ$，$ウ$，$\cdots$ で指示された解答欄にマークして答えなさい．

例1　$\boxed{アイウ}$ に−83 と答えたいとき

例2　$\boxed{エオ}$ に $2a$ と答えたいとき

4　分数で解答する場合，分数の符号は分子につけ，分母につけてはいけません．

例えば，$\dfrac{\boxed{キク}}{\boxed{ケ}}$ に $-\dfrac{4}{5}$ と答えたいときは，$\dfrac{-4}{5}$ として答えなさい．

また，それ以上約分できない形で答えなさい．例えば，$\dfrac{3}{4}$ と答えるところを，$\dfrac{6}{8}$ のように答えてはいけ
ません．

5　根号を含む形で解答する場合は，根号の中に現われる自然数が最小となる形で答えなさい．

例えば，$\boxed{コ}\sqrt{\boxed{サ}}$ に $4\sqrt{2}$ と答えるところを，$2\sqrt{8}$ のように答えてはいけません．

6　分数形で根号を含む形で解答する場合，$\dfrac{\boxed{シ}+\boxed{ス}\sqrt{\boxed{セ}}}{\boxed{ソ}}$ に $\dfrac{3+2\sqrt{2}}{2}$ と答えるところを，$\dfrac{6+4\sqrt{2}}{4}$ や

$\dfrac{6+2\sqrt{8}}{4}$ のように答えてはいけません．

1

[I] 次の各問いに答えなさい.

(1) $\left(\dfrac{7+6-9}{7-2-3}\right)\times\left(\dfrac{7}{4}-\dfrac{5}{3}\right)=\dfrac{\boxed{ア}}{\boxed{イ}}$

(2) $\dfrac{\sqrt{2}}{3}\left(\sqrt{6}+\sqrt{3}\right)^{2}=\boxed{ウ}+\boxed{エ}\sqrt{\boxed{オ}}$

(3) $(x+3)(x+2)-3(x+3)-5=\left(x+\boxed{カ}\right)\left(x-\boxed{キ}\right)$ である.

(4) x についての 2 次方程式 $x^{2}+ax-4a+2=0$ の解の 1 つが 2 であるとき,もう 1 つの解は $\boxed{クケ}$ である.

[II] 次の各問いに答えなさい.

(1) 各面の面積が $18\mathrm{cm}^{2}$ である立方体の体積は $\boxed{コサ}\sqrt{\boxed{シ}}\,\mathrm{cm}^{3}$ である.

(2) 傾きが $\dfrac{2}{3}$ で,点$(6,7)$を通る直線が y 軸と交わるとき,その交点の y 座標は $\boxed{ス}$ である.

(3) 右の表は,15 人の生徒がバスケットボールのシュートを 4 回ずつ行い,成功した回数を度数分布表に表したものである.このとき,シュートの成功した回数の平均は $\boxed{セ}$ 回である.

階級(回)	度数(人)
0	3
1	2
2	4
3	4
4	2
計	15

(4) 右の図のように,△ABC の辺 AC を直径とする円 O がある. $AB=AC=6\,\mathrm{cm}$,$\angle BAC=120°$ のとき,斜線部分の面積は $\dfrac{\boxed{ソタ}\sqrt{\boxed{チ}}}{\boxed{ツ}}-\dfrac{\boxed{テ}}{\boxed{ト}}\pi\ \mathrm{cm}^{2}$ である.

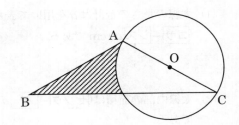

2

[I] ある店では，商品 A を100円で，商品 B を200円で，合わせて20個仕入れた．A，B ともに，仕入れ値の10%の利益を見込んで定価をつけて売り出したところ，A，B ともにすべて売れた．このとき，A，B を売って得た利益は全部で250円であり，仕入れた個数はそれぞれ A は $\boxed{アイ}$ 個，B は $\boxed{ウ}$ 個である．また，仕入れ値の $\boxed{エオ}$ %の利益を見込んで A，B ともにすべて売った場合を考えると，A，B を売って得た利益は全部で750円である．ただし，消費税は考えないものとする．

[II] 右の図のように，$y = x^2 \cdots$①，$y = -\dfrac{1}{2}x^2 \cdots$②がある．放物線①上の x 座標が正である点を P，放物線②上の点 P と x 座標が同じ点を Q とする．ただし，座標の 1 目盛りの長さを 1cm とする．

(1) 点 P の x 座標が 4 であるとき，線分 PQ の長さは $\boxed{カキ}$ cm である．

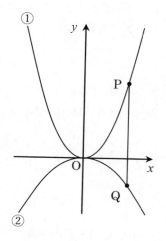

(2) 点 A を(0, 1)にとる．△APQ が AP＝AQ の二等辺三角形になるとき，点 P の座標は($\boxed{ク}$，$\boxed{ケ}$)である．

[III] 右の図のように，1 辺が 5cm の正方形の紙を4枚横一列に並べ，その一部が重なるように図形をつくる．このとき，重なった部分の図形は一辺が a cm の正方形になるようにする．ただし，a は 2.5cm 未満とする．

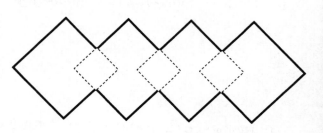

(1) 太線の長さの合計は a を用いて表すと（$\boxed{コサ}$ － $\boxed{シス}$ a）cm である．

(2) 太線内部の面積は（$\boxed{セソタ}$ － $\boxed{チ}$ a^2）cm² である．

3

[I] 右の図のように，四角形 ABCD が線分 BC を直径とする半径 2 cm の円 O に内接している．また，線分 BD は線分 AC の中点 M を通り，∠ADB = 30° である．

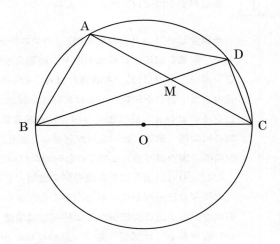

(1) 線分 BM の長さは $\sqrt{\boxed{ア}}$ cm である．

(2) 線分 MD の長さは $\dfrac{\boxed{イ}\sqrt{\boxed{ウ}}}{\boxed{エ}}$ cm である．

(3) 四角形 ABCD の面積は $\dfrac{\boxed{オカ}\sqrt{\boxed{キ}}}{\boxed{ク}}$ cm^2 である．

[II] 右の図のように，OA = OB = AC = BC = 6.5 cm，OC = AB = 5 cm の三角錐 O–ABC がある．

(1) △ABC の面積は $\boxed{ケコ}$ cm^2 である．

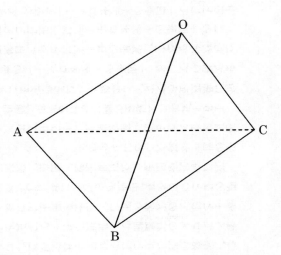

(2) 頂点 O から底面 ABC に引いた垂線と底面 ABC との交点を H とするとき，CH = $\dfrac{\boxed{サシ}}{\boxed{スセ}}$ cm である．

(3) 三角錐 O–ABC の体積は $\dfrac{\boxed{ソタ}\sqrt{\boxed{チツテ}}}{\boxed{トナ}}$ cm^3 である．

① 次の文章を読んで、後の問いに答えなさい。

　平安時代半ばに『古今和歌集』（九〇五年頃）が編纂されたが、収録されている和歌はすべて天皇、貴族や僧侶、高級武士など、荘園の所有が制度的に認められた支配層の人たちが詠ったものである。そこには『万葉集』にあった、直接自然と対峙しながら農作業や開墾などに携わり、あるいは干ばつや冷夏などの自然災害や飢饉に苦しむ〈鄙（いなか）〉の農民たちの自然観は、もはやみられない。都に住みながら、季節の移ろいの中での鳥や花や月を、また春の霞や冬の雪、夏の五月雨（梅雨）などの天気現象を、屋内に居て快く視聴覚や嗅覚として詠う歌が中心であり、夏の蒸し暑さなど耐えがたいものを詠むことはなかった。

　ただ、そこに詠われた季節の歌の構成と内容は、その後、良くも悪くも近代までの千年におよぶ日本人の四季文化のモデルとなった。○○氏はこれを「四季のイデオロギー」と呼び、和歌は奈良時代から江戸時代までの日本人の自然観に圧倒的な影響をおよぼし、和歌以外の貴族文化としての文学や、屏風絵や襖絵、絵巻のような視覚芸術にも浸透したと主張している。その結果、近代になると、季節をめぐる連想、調和、優雅さに重きをおいた和歌を基盤とする世界観だけが「日本人」の唯一の自然観とみなされ、農業など人間の生の営みを通した人と自然の関係性や環境としての自然といった、その他の多様な視点は見逃されてしまったとも指摘する。

　平安時代以降、天皇家や貴族に代わり、鎌倉幕府、室町幕府と武家政権が続き、戦国の乱世が約四〇〇年間続いた。この間、荘園制による稲作農業が国の経済を基本的に支えてきたが、没落した貴族たちは、この間も『古今和歌集』を引き継ぐ『新古今和歌集』などを編纂して、京都を中心として「四季のイデオロギー」を守ってきた。

　この「四季のイデオロギー」は、近世としての江戸時代にも明治以降の近代においても、貴族たちだけでなく、大半の日本人にとって自然観の基層、あるいは規範として広がり、現在に至るまで続いている。「四季のイデオロギー」の継承と変容については、この問題に大きく貢献した俳句に焦点をあてて、この後さらに考察することにしよう。

　一六一五年の大坂夏の陣における徳川の勝利により戦乱に明け暮れた戦国時代は終止符を ｜ⅰ｜、徳川家康による江戸幕府開始（一六〇三年）から約二六〇年間、統一された幕藩体制による「大平の世」が続くことになった。

　江戸時代が始まった17世紀は、農業、経済、社会そして文化も日本史における最も劇的な変動期のひとつであり、中世から近世に移行した時期である。江戸幕府は全国を200以上の藩に分け、藩主としての大名の下に、武士を最上位におく士農工商という身分制度を敷いた。この制度ではすべてコメの石高制で、農民が作った年貢として藩に納めたコメが藩主から下級武士にいたるまで、俸給の代わりとして分配されていた。コメに加え、それぞれの地域（藩）の山野河海の生産物も人々の日常生活を支え、風や水という自然力に依存する社会であった。鬼頭（注４）宏は、これを封建制という中世のなごりの上に、近代的な市場経済が不可欠のものとして組み込まれた「文明としての江戸システム」と命名し、この時代を西欧にはない「近世」と位置付ける。「近世」は、コメ市場や全国の農産品などの物産流通を中心に経済活動を担っていた商人（町人）が次第に強力になり、士農工商の身分制度が時代の進行とともに大きく変質していき、実質的に明治の「近代」へ移行する時代であったといえる。

　この「江戸システム」を政治・経済・社会・文化の面で大きく規定し特徴づけた、もうひとつの大きな制度が、いわゆる「鎖国」制度である。1633（1639）年から幕末を告げる18

５４年の日米和親条約までの２００余年間、海外諸国の人の出入りと通商および日本人の海外渡航が禁止された。鎖国を日本の近代化にとって負の制度であったと捉える研究者もあるが、文明論的にはむしろ⑤大きな意味があったと考えるべきであろう。この時期、資源・食料・エネルギーについてはまさにクローズド・システムであったが、そのシステムを持続可能にしたのは（注6）モンスーン気候下における豊かな生物資源である。すなわち、水田の新規開墾と、列島周辺の海流系がもたらす多彩な水産物を含む農林水産資源の活発な利用であった。加えて、銀・銅などの鉱物資源の利用とそのため技術開発などで、全国の諸藩が競いあって進めることにより、国内での経済活動と物流はむしろ活発になっていった。列島内という狭い範囲のクローズド・システムながら、生物的エネルギー資源に依存しつつ集約的な土地利用を行う「高度有機エネルギー経済」が展開されていたわけである。

江戸・京都・大坂など当時の大都市では、周辺の農村からのコメや野菜、近くの海で採れた海産物が食料の基本であり、人馬の糞尿などは農村への肥料として活用する流通システムができていた。衣類や生活必需品なども、徹底してリサイクル・リユースする地域循環型社会であった。再生エネルギーと生物資源をベースにした「持続可能な」社会のひとつのプロトタイプが、江戸時代の大都市圏にすでにあったというべきであろう。

江戸初期の17世紀は、町人が経済的・文化的に有力な階級として台頭するとともに、武士の藩校、庶民の寺子屋など多人数教育が普及し、識字率は階級にかかわらず高くなった。さらに、印刷技術が登場し、印刷・出版文化が発展をとげたことにより、身分を超えて古典文学に接する状況が生まれた。中世から近世江戸期へのこのような経済や社会体制の大きな変化を背景に、文化の（注8）パラダイムシフトが起こり、大量の新しい文学を生み出した。その代表が「俳諧」と、そこから派生した「俳句」であった。

俳諧は、俳諧連歌ともいわれるように、平安時代後期から始まったとされる連歌の流れを　ii　いる。連歌とは、何人かが集まり、短歌の上の句（五七五）と下の句（七七）とを、交互に長く続けてひとつの歌として共に楽しむ、言葉遊び的な遊戯文化として室町時代に最も盛んに行われた。宮廷の貴族や大名たちや寺社の講として、古典や季節を題材にしながら、一種の連帯感を確認しあう文学であったといえる。その単位となっている〈五七五〉と〈七七〉のリズムを持った句自体、日本の文学における伝統的なかたちであるが、その起源は、古代の稲作に伴う労働歌や歌垣、神楽などにあるともいわれている。

いずれにしても、文学というものが西洋では個性の主張・発現そのものであったのに対し、日本の伝統的な文学の一ジャンルである連歌は、共同作業で作り上げるという独特の文化を形成していた。　　iii　　という、アジアモンスーン地域特有の自然・社会的背景がその基層にはあったのではないだろうか。

江戸時代に入り、俳諧連歌の楽しみは続きながら、連歌の冒頭の上の句、ある いは発句のみを取り上げた〈五七五〉で、自然に対しながら人のこころを伝える俳句が生まれる。世界で最も短い詩歌文学としての俳句を広げていった立役者が、松尾芭蕉であった。

松尾芭蕉は、江戸時代初頭の17世紀に活躍した俳諧師であった。当時の俳諧は、和歌や古典にならった「四季のイデオロギー」に沿った季節や自然と、当時の日常的な世界をからませて、多くの人たちに大変人気があった。ただ、中世の和歌や連歌の世界が貴族や大名など一部の特権階級により担われていたのに対し、俳諧の中心になったのは、さまざまな階層に属する多くの民衆であった。蕉門といわれる芭蕉の弟子（仲間）たちも、武士、医者、商人、職人などに加え脱藩し

た浪人など、社会の多様な階層の人々であった。

　当時の大都市の他の俳諧グループでは、題材の多くは男女の仲など人情もだったが、芭蕉と蕉門の人たちは、西行などの中世の歌人や中国の漢詩などの素養を背景としつつも、俳諧の対象については、自分たちが四季折々あるいは旅先で感じた自然や、地方の農民・漁師などの①ありふれた日常生活であることが多かった。

　芭蕉は中世的な「四季のイデオロギー」に縛られた俳諧連歌からの脱却をめざした変革者といわれているが、そのきっかけとなった句として、俳人長谷川櫂は以下の句を取り上げている。

　　　古池や蛙飛びこむ水の音

　中世の王朝時代、文学の主流であった和歌では蛙はその声を詠むものと決まっていた。また、『古今和歌集』などの和歌の伝統では、蛙の声には花の山吹が「取り合わせ」と決まっていた。弟子の其角が「上の句は山吹がいいのでは?」と進言したときも、芭蕉は古池のほうが質素で「実」があると主張した。古池をみていたわけではない。蛙が水に飛びこんだ音から、純粋に彼の想像力で古池をイメージしたのである。上の句の「古池や」と下の句の「蛙飛びこむ水の音」のあいだには「切れ」があり、事実としての下の句と、こころに浮かんだ上の句のあいだには、まさに事実と詠み手のこころの「間」があることが大切なのである。すなわち、今まで言葉遊び(②洒落)にすぎなかった俳諧に、はじめてこころの世界を開いたということであった。蕉風とよばれる芭蕉の俳句は、古典を題材にした言葉遊びではなく、そのもの(リアルタイムの)こころの世界を詠む文学になった。

（安成哲三『モンスーンの世界　日本、アジア、地球の風土の未来可能性』より）

（注1）　シラネ‥‥‥‥‥‥‥‥日系アメリカ人の日本文学者。ハルオ・シラネ。
（注2）　イデオロギー‥‥‥‥‥‥人間の行動を決定する、根本的な物の考え方の体系。
（注3）　石高制‥‥‥‥‥‥‥‥‥武士の報酬を金銭でなくコメで支払う(受け取る)制度。
（注4）　鬼頭宏‥‥‥‥‥‥‥‥‥経済学者。
（注5）　1633(1639)年‥‥‥1633年に鎖国令がはじめて出され、1639年に鎖国体制が完成した。
（注6）　モンスーン気候‥‥‥‥‥季節風の作用により豊かな自然、作物がもたらされる日本や東南アジア地域の気候のこと。
（注7）　プロトタイプ‥‥‥‥‥‥典型。模範。基本型。
（注8）　パラダイムシフト‥‥‥‥社会の人々に共有される物の見方や考え方が大きく転換すること。
（注9）　寺社の講‥‥‥‥‥‥‥‥神仏の信仰者が集まって作る団体やその集会のこと。

問一、━━━線部①「〈邑(いなか)〉の農民たち」とありますが、作者がこれと対照的に述べているのはどのような人たちですか。本文中から四十字以内(句読点を含みます)で抜き出し、始めと終わりの五字(句読点を含みます)を答えなさい。解答は記述欄に記入すること。

問二、━━━線部②「そこ」は何を指していますか。最も適切なものを次の中から選び、その記号をマークしなさい。（解答番号は　１　）

　　ア、『古今和歌集』　　イ、『万葉集』　　ウ、都　　エ、季節の移ろいの中

問三、――線部③「その他の多様な視点は見逃されてしまった」とありますが、この部分の説明として適切でないものを、次の中から一つ選び、その記号をマークしなさい。

（解答番号は 2 ）

ア、奈良時代以来、日本人の自然観は和歌を基盤としてきたが、和歌以外の文学や、屏風絵、襖絵、絵巻のような視覚芸術も存在していたということ。

イ、奈良時代以来、日本人の自然観は和歌を基盤としてきたが、本来の人間の自然観は生の営みの中で直接自然と対峙して作られるものであるということ。

ウ、奈良時代以来、日本人の自然観は和歌を基盤としてきたが、それとは別に農業などで直接自然と触れ合うことから得られる自然観が存在していたということ。

エ、奈良時代以来、日本人の自然観は和歌を基盤としてきたが、実際の自然は肯定的なことばかりではなく、人々に不快な感情を想起させることもあったということ。

問四、[i][ii]部にはそれぞれどのような語が入りますか。それぞれ最も適切な語を下の語群から選び、その記号をマークしなさい。（解答番号は i は 3 、ii は 4 ）

[i]　ア、結び　　イ、鳴らし　　ウ、打ち　　エ、遂げ

[ii]　ア、認めて　　イ、汲んで　　ウ、妨げて　　エ、阻んで

問五、――線部④「大きな意味」の内容として最も適切なものを次の中から選び、その記号をマークしなさい。（解答番号は 5 ）

ア、国内にある資源利用と技術開発が活発化し、持続可能な地域循環型社会が実現した。

イ、町人の経済・文化が活性化し、藩校や寺子屋などによる教育が全国的に普及した。

ウ、身分制度を超えて古典文学に接するようになり、大量の新しい文学が生まれた。

エ、海外諸国の人の出入りと通商および日本人の海外渡航が２００年以上禁止された。

問六、――線部⑤「クローズド・システム」とありますが、その内容に最も近い熟語を次の中から選び、その記号をマークしなさい。（解答番号は 6 ）

ア、国境閉鎖　　イ、自己完結　　ウ、対外政策　　エ、幕藩体制

問七、[iii]部にはどのような言葉が入りますか。最も適切なものを次の中から選び、その記号をマークしなさい。（解答番号は 7 ）

ア、高度有機エネルギー経済が展開されていた

イ、多人数教育が武士にも庶民にも行き渡った

ウ、俳諧連歌が一種の連帯感を確認しあう文学である

エ、稲作農業が協働によってしか成り立たない

問八、――線部⑥「芭蕉は中世的な『四季のイデオロギー』に縛られた俳諧連歌からの脱却をめざした」とありますが、「古池や」の句では、具体的にどのような点があてはまりますか。「和歌の伝統では」ではじめ、五十字以内（句読点を含みます）で答えなさい。解答は記述欄に記入すること。

二　次の古文は、『今昔物語集』の一節で、天竺（インド）の山中で、一人の比丘（僧侶）が象につかまってしまい、象の長い鼻でひっかけられて山奥くと運ばれていく場面です。これを読んで、後の問いに答えなさい。

　山の奥深く入りて見れば、またこの象よりもいかめしく大きなる一の象あり。その象のもとに比丘を率て行きてうち置きつ。比丘の思はく、「早う我をば『この大象に喰らはしめむ』とて率て来たりたるなりけり」と思ひて、「今や喰らふ今や喰らふ」と待ち居たるほどに、この大象、元の象の前にして伏し転び喜ぶ事限り無し。比丘これを見るにつけても、「我を率て来たりたりとて喜ぶなめり」と思ふに、更に生きたるにも非ず。比丘この大象を見るに、足を差し延べて立ち上がらず。よく見れば、足に大きなる株を踏み貫きたり。その足を比丘のある所に差し遣せて喜べば、比丘「もし『この株を抜け』と思ふにやあらむ」と心得て、株を捕くて力を発こして引き抜けば、株抜けぬ。

　その時に大象、いよいよ喜びて、伏し転ぶ事限り無し。比丘も、「株を抜かせむ故なりけり」と思ふに心安く、その後元の象、比丘をまた鼻に引き懸けて遥かなる所く率て行く。大きなる墓あり。その墓に率て入りぬ。比丘「怪し」と思くども、入りて見れば、財多かり。比丘この財をみな取りて出でぬれば、象また鼻にかき懸けて、ありし木の本に率て行きてうち下ろしつ。象は山の奥く行きぬ。

　その時になむ比丘心得ける、「早う大きなる象はこの象の親なりけり。『親の足に株踏み貫きたるを抜かせむ』とて、比丘を率て行きたりけるなり。さてその株抜きたる喜びに、この財どもを得さするなりけり」。比丘思ひ懸けぬ財を得て、元の所に還りにけりとぞ語り伝へたるとや。

（『今昔物語集』より）

※問題作成の都合上、本文は一部改変してあります。

(注1)　足に大きなる株を踏み貫きたり ……… 先のとがった大きな切り株を足で踏みつけてしまい、折れて棒状になった切り株が足の裏に刺さったままになっている。

問一、──線部①「喰らは」を現代仮名遣いに直して書きなさい。解答は記述欄に記入すること。

問二、──線部②「待ち居たる」⑤「得もせざる」の主語を次の中からそれぞれ選び、その記号をマークしなさい。(解答番号は②は 8 、⑤は 9)

　　ア、比丘　　イ、元の象　　ウ、大象　　エ、財

問三、──線部③「喜ぶ事限り無し」とありますが、大象が喜んだ理由を三十字以内（句読点を含みます）で説明しなさい。解答は記述欄に記入すること。

問四、──線部④「更に生きたるにも非ず」の現代語訳として最も適切なものを次の中から選び、その記号をマークしなさい。(解答番号は 10)

　　ア、それ以上生きることはできない。
　　イ、まったく生きた心地もしない。
　　ウ、これ以上生きても、うれしいことは何もない。
　　エ、今まで暮らしてきた生活がなつかしい。

問五、本文の内容と合致するものを次の中から一つ選び、その記号をマークしなさい。
（解答番号は 11 ）

　　ア、「元の象」が比丘をつかまえたのは、「大象」に食べさせるためだった。
　　イ、比丘の立派な行動に、自分が恥ずかしくなった象は、計画を変更した。
　　ウ、象に連れられて大きな藪に入ることになった時、比丘は不審に思った。
　　エ、比丘の行動に失望した象は、比丘をおろすと山の奥へと去って行った。

問六、この古文の中で「お礼」という意味として使われている古語の単語をさがし、抜き出して答えなさい。解答は記述欄に記入すること。

二 次の文章を読んで、後の問いに答えなさい。

コスパだのタイパだのと効率を迫られる世の中だから、余計に思いが強まるのだろう。行き当たりばったりの旅にあこがれる。お手本は（注2）内田百閒の『特別阿房列車』の心である。「なんにも用事がないけれど、汽車に乗って大阪へ行って来ようと思う」

切符を事前に買うことは「旅行の趣旨に反する」と潔しとしない。さすがである。（注3）懐の算段がつくと、出発まで夜な夜な時刻表を眺めている。□□□□様子が目に浮かぶ。

名文家が想像を広げた時刻表も、最近は冊子の発行部数が激減していると聞いていた。しかしついに駅のホームからも掲示が消えつつあるとは。先日の記事に驚いた。ダイヤ改定のたびに差し替えるので経費がかかる。その削減が目的だという。

たしかに都会では、時刻表に頼らずとも列車はすぐにやってくる。仕事で出張する際も、ネットで調べておくのが習慣になった。だから①わがままだとは知りつつ、「行き当たりばったり派」としては、どこか寂しさが否めない。

取材で小さなホームに降り立つことがある。②空白だらけの時刻表に思いは膨らむ。以前はもっとにぎわったのに違いない。乗ってくるはずの人に会えず、待ち続けた人もいただろう。〈停車する駅のホームの薔薇の花よと語らきたり人待つ如く〉吉川（注4）宏子

少々センチメンタルに過ぎたかもしれない。でも忘れ得ぬ思い出を、あの小さな数字の集まりに抱く人は少なくなかろう。寂しくなるのは、秋がもたらす感傷のせいばかりではない。

（朝日新聞「天声人語」二〇二三年十月八日朝刊より）

(注1) コスパ・タイパ ……「コストパフォーマンス」「タイムパフォーマンス」の略。「コスパ」は、費用（コスト）とそれがもたらす効果・性能（パフォーマンス）を対比させるもの。「タイパ」は、時間（タイム）とそれがもたらす効果・性能を対比させるもの。
(注2) 内田百閒 …………… 小説家、随筆家。『特別阿房列車』は、一九五〇年に執筆された旅行記。
(注3) 懐の算段 …… 金銭の都合。お金の準備。

問一、□□□□部にはどのような語が入りますか。最も適切なものを次の中から選び、その記号をマークしなさい。（解答番号は 12 ）

　ア、うなだれた　イ、にやけた　ウ、頭をかかえた　エ、うろたえた

問二、──線部①「わがままだ」とありますが、筆者はどのような点を「わがままだ」と言っていますか。最も適切なものを次の中から選び、その記号をマークしなさい。（解答番号は 13 ）

　ア、駅のホームから時刻表の掲示をなくして経費を削減しようとしている点。
　イ、調べれば分かるものを調べずに「行き当たりばったり」の旅をしている点。
　ウ、時刻表の廃止について実利的な側面を考えずセンチメンタルに捉えている点。
　エ、多くの人にとって必要性がなくなった駅のホームの時刻表を自分だけが望む点。

問三、──線部②「空白だらけの時刻表」から、筆者はどのような変化を読み取っていますか。過去と現在を比較して、六十字以内（句読点を含みます）で答えなさい。解答は記述欄に記入すること。

四 次の各問いに答えなさい。

(1) 次の──線部の漢字の読みを答えなさい。解答は記述欄に記入すること。

1、物事を穏健に進める。

2、潤いのある生活。

3、禁忌を犯す。

4、責任を転嫁する。

(2) 次の──線部のカタカナを漢字に直しなさい。解答は記述欄に記入すること。

1、希望者をツノる。

2、会社のメイヨを守る。

3、ジョウ運転区間に入る。

4、ケンヤクにつとめる。

(3) 次の例文の──線部の言葉はどのような意味ですか。後のア～エの中からそれぞれ選び、その記号をマークしなさい。（解答番号は1は[14]、2は[15]）

1、奇抜なアイディアで周囲を驚かせる。

ア 平凡だが優れていること。　　　　　　イ 予想通りにならないこと。

ウ 他の人と違って風変わりなこと。　　　エ 普通ではなく清楚なものであること。

2、東京都の発展に寄与する。

ア 社会や人のために役立つこと。　　　　イ お金やものを提供すること。

ウ 物事を自ら進んで行うこと。　　　　　エ ある事柄に携わること。

(4) 次の──線部の助動詞と同じ意味・用法のものを後のア～エの中から選び、その記号をマークしなさい。（解答番号は[16]）

私は人から信頼されるような人になりたい。

ア この景色を見ると、昔がしのばれる。

イ 五感には視覚、触覚、味覚、嗅覚、聴覚が含まれる。

ウ 私はその大きな悲しみに耐えられなかった。

エ 鈴木先生は阿佐ヶ谷駅で降りられます。

(5) 次の文はいくつの単語に分けられますか。後のア～カの中から最も適切なものを選び、その記号をマークしなさい。（解答番号は[17]）

・学生であればだれでも図書館を利用できる。

ア 5　　イ 6　　ウ 7　　エ 8　　オ 9　　カ 10

(6) 次の文の──線部の中で主語として最も適切なものをそれぞれ選び、その記号をマークしなさい。ただし、文中に主語がなければ「オ」をマークしなさい。
（解答番号は1は[18]、2は[19]）

1、ア その時は イ 自分で ウ 水を エ 飲むことさえ できなかった。
2、ア たくさん ある イ 果物の中で ウ りんごが エ 一番 好きだ。

(7) 次のア～エの俳句について表現されている季語の季節が他の三つと異なるものを選び、その記号をマークしなさい。（解答番号は[20]）

ア 何にこの師走の市にゆく烏（からす）
イ ひらひらや岩に裂け行く水の声
ウ 名月をとつてくれろと泣く子かな
エ いくたびも雪の深さをたづねけり

(8) 次のア～エの中から『伊豆の踊子』の作者であり、日本初のノーベル文学賞を受賞した人物を一人選び、その記号をマークしなさい。（解答番号は[21]）

ア 川端康成　　イ 森鷗外　　ウ 芥川龍之介　　エ 太宰治

英語解答

1 A 1…① 2…③ 3…④
B 4…① 5…②

2 A 1…①₆ 2…②₇ 3…④₈
B 1…①₉ 2…③₁₀
C 1…④₁₁ 2…②₁₂ 3…②₁₃
4…①₁₄

3 A 1 culture 2 heavy
3 birthday 4 Tuesday
B 1 taken 2 flew
3 hotter 4 third

4 1 15…④ 16…⑤
2 17…⑤ 18…⑥
3 19…① 20…②
4 21…① 22…④

5 23…⑥ 24…⑤ 25…⓪ 26…⑦
27…⑨ 28…① 29…⑧ 30…④

6 1 (1)…①₃₁ (3)…②₃₂ (4)…②₃₃
(6)…④₃₄ (7)…①₃₅ (9)…①₃₆
2 37…⑦ 38…④
3 彼らは農場を出発して，住む場所を探し始めた。
4 ①₃₉
5 疲れて大いびきをかいている，お年寄りの使用人。

7 1 (例) Let's get off.
2 (例) Do you think it will rain today?

---

1 〔放送問題〕解説省略

2 〔総合問題〕

A＜単語の発音＞

1．① wash<u>e</u>d[t] ② clean<u>e</u>d[d] ③ cover<u>e</u>d[d] ④ travel<u>e</u>d[d]

2．① K<u>o</u>rea[iːə] ② st<u>ea</u>k[ei] ③ r<u>ea</u>lize[iːə] ④ th<u>ea</u>ter[iːə]

3．① pr<u>ou</u>d[au] ② sh<u>ou</u>t[au] ③ m<u>ou</u>ntain[au] ④ tr<u>ou</u>ble[ʌ]

B＜単語のアクセント＞

1．① sur-príze ② thóu-sand ③ éve-ning ④ óf-fice

2．① at-tén-tion ② dis-cóv-er ③ súd-den-ly ④ to-mór-row

C＜対話文完成─適文・適語選択＞1．A：<u>どうして君は急いでいるの？</u>／B：電車があと５分で出発するのよ。//Bの返答は，急いでいることの理由となっている。 2．A：明日私は休みなの。／B：よかった！ 一緒に東京スカイツリーに行かない？／A：ごめんなさい，<u>少し休みたいの。</u>//Bの誘いを断っていることから，休みの日に出かけたくない理由が当てはまる。 3．A：君は今朝遅れたね。どうして？／B：サッカーをしていて<u>脚</u>を傷めたから，歩くのが大変だったんだ。//文の後半で「歩くのが大変だった」と言っているので，歩くのに使う体の部位が当てはまる。

4．A：私たちは今年の夏にハワイでこの写真を撮りました。／B：<u>あなたのお嬢さんは笑顔がとてもかわいいですね。</u>//写真を見たときの反応として，写っているものに対する感想を述べる①が適切。

3 〔総合問題〕

A＜対話文完成─適語補充＞1．A：君はどうして日本に行きたいの？／B：マンガやアニメのような，日本の文化に興味があるのよ。//アニメやマンガは culture「文化」の例といえる。 2．

Ａ：あなたはここに来るのにタクシーを使いましたか？／Ｂ：はい，使いました。スーツケースが
２つあって，とても重かったのです。自分だけではそれを運べませんでした。／１人で運べなかっ
たのは荷物が heavy「重い」からだと考えられる。　　３．Ａ：僕は今日15歳になったばかりで
す。／Ｂ：あら，お誕生日おめでとう！／15歳になったばかりだと言う相手に対して，birthday
「誕生日」を祝う言葉が適切。　　　４．「火曜日は月曜日と水曜日の間にくる」／Monday「月曜
日」　Tuesday「火曜日」　Wednesday「水曜日」　between A and B「A と B の間に」

　Ｂ＜適語選択・語形変化＞１．the picture を，受け身の意味を持つ '過去分詞＋語句'（形容詞的用法
の過去分詞）が後ろから修飾する形にする。　take－took－taken　「これは私の父によって撮ら
れた写真だ」　　２．動詞 fly には「飛行機で飛ぶ」という意味がある。last week とあるので過
去形にする。　fly－flew－flown　「私たちは先週ロサンゼルスに飛行機で行った」　　３．直
後に than があるので，比較級が入る。　hot－hotter－hottest　「今日は昨日よりも暑い」
　４．順位を表す序数詞の third「３番目の」を用いる。　　「ジョシュはそのマラソン大会で３等賞
を取った」

4 〔整序結合〕

　１．「私が受け取った本」と「（私が）注文したもの」はどちらも '名詞＋主語＋動詞…' の形で，The
book I received と the one I ordered で表せる（目的格の関係代名詞が省略されている）。この
one は代名詞で，book を指している。　The book I received was not the one I ordered.

　２．「このエンジンを作る技術」は「～するための」を意味する to不定詞の形容詞的用法で表す。
「会社が保護しなければならない」は，文末が by the company なので，'義務・必要' を表す助動
詞 must の後に受け身形（'be動詞＋過去分詞＋by ～'）を続けて表す。　The technology to
build this engine must be protected by the company.

　３．日本文は疑問文だが，与えられた語句から Please tell me ～「～を教えてください」で文を始
めるとわかる。'～' に入る「次の電車は何時に出発しますか」は '疑問詞＋主語＋動詞…' の語順の
間接疑問で表し，'疑問詞' は時刻を尋ねる what time とする。　Please tell me what time the
next train leaves.

　４．文中に made があることから，「電車の騒音は私が読書に集中することを不可能にさせた」と読
み換え，'make it＋形容詞＋for＋人＋to ～'「〈人〉が～することを…（の状態に）させる」の形で
表す。　The noise from the trains made it impossible for me to concentrate on reading.

5 〔会話文完成―適文選択〕

　≪全訳≫❶シュン（Ｓ）：日本の高校での最初の１年はどうだった？❷エレナ（Ｅ）：とても楽しかっ
た！　ここでとてもたくさんの思い出ができたわ。❸タロウ（Ｔ）：それはよかった。₂₃来年はもっとた
くさんの思い出を一緒につくれるといいね！❹Ｅ：ええ，来年が楽しみだわ。ところで，あなたたちに
は春休みの予定はあるの？❺Ｓ：うーん，特に予定はないな。部活や宿題をすると思うよ。❻Ｔ：部活
に宿題？　平凡すぎるよ，シュン。君はどう，エレナ？❼Ｅ：私の家族が日本に来るのよ！　₂₄家族を
東京の私の好きな場所へ案内してあげたいの。❽Ｔ：そうなの？　それはいいね！　どこに行くの？❾
Ｅ：₂₅最初に上野動物園に行く予定なの。ママは動物が大好きなのよ。それに，そこは日本で一番人気
のある動物園の１つだし。たくさんの動物を見てママは喜ぶわ。その後，上野から浅草まで歩いていく
の。❿Ｓ：上野から浅草まで歩くの？　それは遠くない？　どれくらいかかるの？⓫Ｅ：30分くらい。

ちょっと大変だろうけど，あの雰囲気が大好きなの。私の国では同じ雰囲気を感じることができないから。家族にはそれを感じてもらいたいの。**12** T：そうだね。26あの地域の雰囲気はとても独特だから。古いお寺があって，地元のお店があって，昔ながらの通りがあって…。どうして浅草が外国人にすごく人気があるのかわかるよ。**13** S：それはきっといい旅になるだろうから，君の家族が日本を楽しんでくれるといいね。**14** E：どうもありがとう，でも，1つ心配なことがあるの。**15** T：それは何？　君の計画は完璧に思えるけど。**16** E：オーバーツーリズムよ。27それが最近世界中で問題になっているの。**17** S：オーバーツーリズム？　聞いたことのない言葉だな。君は知っている，タロウ？**18** T：ベネチアの問題についてのニュースを見たことがあるよ。あまりに多くの人がその場所に来て，その人たちが多くの問題を起こしているんだ。**19** S：なるほど。28それは日本でも同じなの？**20** E：そうよ。鎌倉では，たくさんの人が道路から写真を撮るから，車が通れないの。29それに，たくさんのゴミが残っているわ。**21** S：本当に？　残念だな。それを防ぐのに僕たちにできることは何かあるのかな？**22** T：それは難しい質問だね。でも，環境のことを考えるのは大事なことだと思うよ。**23** E：そうね。最近はSDGsが広まってきているし。**24** S：SDGs？　それは何？**25** T：シュン，君は何も知らないね！　持続可能な開発目標って意味だよ。**26** E：あはは。30じゃあ，一緒に環境問題を勉強するのはどう？　私も，世界で起こっている問題のことをもっと知りたいの。**27** S：それはいいね！　そうしよう！

　　＜解説＞23．前後のエレナの発言から，来年の思い出づくりに関する発言が入るとわかる。　　24．続く内容から，上野動物園や浅草の寺といった東京の名所に，家族とともに行きたいのだとわかる。'show＋人＋around＋場所'「〈人〉を〈場所〉に案内する」　　25．続くエレナの発言は上野動物園に関するものである。　　26．前の段落でエレナが述べた上野や浅草の雰囲気について，自分の意見を加えたのである。　　27．第18段落でタロウがベネチアの問題について語っていることから，オーバーツーリズムが世界的な問題なのだとわかる。　　28．次の段落で日本の鎌倉の問題を述べているので，日本のことについて尋ねたと考えられる。　　29．直前の文に続き，鎌倉での問題について述べた文が当てはまる。　　30．エレナが学びたがっている問題は，第22段落以降で話題になっている環境問題だと考えられる。

6 〔長文読解総合─物語〕

　≪全訳≫**1**遠い昔，ある農場で一生懸命働く年老いた使用人がいた。彼の仕事はいつも家畜の世話だった。彼は家畜に食べ物を与え，その住みかを掃除し，病気になったときにはその世話をした。**2**ある日，彼は主人に会いに来て言った。「ご主人様，私は長年この仕事をしてきました。私はここでの仕事が大好きですが，体が弱くなって年も取ってしまい，もうこの仕事を続けられません」**3**主人は彼に，出ていってもかまわないと言った。貧しい使用人は，ずっと懸命に働いてきた年月の代価をもらえないか尋ねたが，主人は彼に支払うことを拒否した。**4**出ていく前に，彼は動物たちにさよならを言いたかった。彼はまず馬の所へ行った。馬は彼のことが大好きだったので，彼について行くと決めた。雄牛も馬に続いた。男は犬，猫，がちょう，雄鶏にもさよならを言ったが，それらは皆，彼についていった。彼は，動物たちに十分な食べ物をあげられないことを心配し，住みかに戻るよう頼んだ。しかし，動物たちは彼のことが大好きだったので，去りたいと思わなかった。**5**彼らは農場を出発して，住む場所を探し始めた。彼らは歩きに歩いた。そしてついに，森の奥にある美しい家にたどり着いた。そこには誰もいなかったので，彼らは泊まることにした。それぞれが好きな寝場所を選んだ。台所には馬と雄牛，屋根の上には雄鶏，玄関には犬，ソファーの上には猫，そしてストーブの後ろにはがちょう。老人は寝

室に入った。彼はとても疲れていたので，すぐに眠くなり，そして5分後には大きないびきをかいていた。**6**真夜中に，この家の持ち主の1人である泥棒が戻ってきた。犬は彼に向かって吠え，脚にかみついた。泥棒の悲鳴で雄鶏が目を覚ました。雄鶏も驚いて，もう朝だと思い，叫び始めた。「コケコッコー！」　泥棒は台所に逃げ込んだが，馬が彼を蹴り，雄牛はその角で彼に襲いかかろうとした。暗かったので，泥棒には何が起きているのかわからなかった。**7**泥棒は居間に逃げ込み，明かりをつけようとした。彼がソファーの近くでマッチを探しているとき，寝ていた猫に触った。猫は怒り，彼を強く引っかいた。泥棒は叫んで飛びのいた。がちょうが羽をはばたかせ始めた。泥棒は寝室に逃げ込もうとした。彼がドアを開けると，中からとても大きないびきの音が聞こえた。「ああ，だめだ。ここにはいられない。危なすぎる」　彼は静かにドアを閉め，家から出て，泥棒仲間を見つけた。**8**泥棒は仲間たちに家の中での恐ろしい体験を話した。「おい，出ていかないとだめだ。俺たちの家には怪物どもがいるぞ。やつらは何度も俺を襲ってきた。やつらは皆狂ったように俺に叫んできた。おかしな風も感じた。寝室にも大きな怪物がいた。実は暗くて見えなかったが，きっと一番大きいやつに違いない。一番危険なやつが寝ていてくれてよかったよ，俺はまだ生きている」**9**その夜，泥棒の一団は別の場所に向けて出発し，決して戻ってこなかった。その後，老人と動物たちは庭で育てた食べ物をおいしく食べ，平和に暮らした。

1 **＜適語(句)選択＞**(1)'too ～ to …'「…するには～すぎる，～すぎて…できない」の構文。年を取って体が弱ってしまったので働けないのだと考えられる。　(3)雄牛は，老人についていくという馬と同じ行動をとった。　(4)直後に動物たちは老人が大好きだったとあるので，彼のもとを去りたくなかったと考えられる。　(6)続く内容から，老人たちが家に入って寝てもとがめられない状況だったとわかるので，家には誰もいなかったと考えられる。　(7)前の段落で泥棒はひどい目に遭ったのだから，恐怖を感じたのだと推測できる。　experience「経験」　scary「恐ろしい」　(9)最も危険な怪物が寝ていたおかげで，泥棒は襲われて死なずに済んだと思ったのである。

2 **＜整序結合＞**語群より，'so ～ that …'「とても～なので…」の構文になると予想できる。ここから，「彼がとても好きだったので，彼についていった」という内容の文になると判断する。動詞 decide は decide to ～「～することに決めた」の形で使い，it は horse を指す代名詞として that 以下の文の主語とする。　The horse loved him <u>so</u> much that <u>it</u> decided to follow him.

3 **＜英文和訳＞**left は動詞 leave「～を離れる」の過去形(leave－<u>left</u>－left)。　farm「農場」　start ～ing「～し始める」　look for ～「～を探す」　place to ～「～する場所」

4 **＜要旨把握＞**ox「雄牛」は角を持つこと(第6段落最後から2文目)，goose「がちょう」は羽をはばたかせていること(第7段落第5文)，rooster「雄鶏」は朝に鳴くこと(第6段落第4，5文)から推測できる。

5 **＜語句解釈＞**第8段落後半の記述から，a large monster「巨大な怪物」は寝室で寝ていたとわかり，第5段落最後の2文から，寝室にいたのは老人だとわかる。また，第7段落後半から，泥棒は大きないびきを聞いて老人を怪物だと思ったことがわかる。

7 〔条件作文〕

1．電車を降りることを促す表現が考えられる。　get off「(電車・バスなどから)降りる」

2．雨が降りそうかどうか尋ねる表現が考えられる。解答例の it は'天候'を表す文の主語になる用法。

数学解答

1 [Ⅰ] (1) ア…1 イ…6　　　　　　　　　　　　　　ス…2
　　　(2) ウ…4 エ…3 オ…2　　　(2) セ…1 ソ…0 タ…0
　　　(3) カ…4 キ…2　　　　　　　　　　　　チ…3
　　　(4) ク…− ケ…5　　　　**3** [Ⅰ] (1) 7
　　[Ⅱ] (1) コ…5 サ…4 シ…2　　　(2) イ…3 ウ…7 エ…7
　　　(2) 3　(3) 2　　　　　　　(3) オ…2 カ…0 キ…3
　　　(4) ソ…2 タ…7 チ…3　　　　　　　ク…7
　　　　　ツ…4 テ…3 ト…2　　[Ⅱ] (1) ケ…1 コ…5
2 [Ⅰ] ア…1 イ…5 ウ…5 エ…3　　　(2) サ…2 シ…5 ス…1
　　　オ…0　　　　　　　　　　　　セ…2
　　[Ⅱ] (1) カ…2 キ…4　　　　　(3) ソ…2 タ…5 チ…1
　　　(2) ク…2 ケ…4　　　　　　　　　ツ…1 テ…9 ト…1
　　[Ⅲ] (1) コ…8 サ…0 シ…1　　　　　　ナ…2

1 〔独立小問集合題〕

[Ⅰ](1)<数の計算>与式 $=\dfrac{4}{2}\times\left(\dfrac{21}{12}-\dfrac{20}{12}\right)=2\times\dfrac{1}{12}=\dfrac{1}{6}$

(2)<数の計算>与式 $=\dfrac{\sqrt{2}}{3}(6+2\sqrt{18}+3)=\dfrac{\sqrt{2}}{3}(9+2\sqrt{3^2\times2})=\dfrac{\sqrt{2}}{3}(9+6\sqrt{2})=3\sqrt{2}+2\times(\sqrt{2})^2=3\sqrt{2}$ $+2\times2=4+3\sqrt{2}$

(3)<式の計算—因数分解>$x^2+5x+6-3x-9-5=x^2+2x-8=(x+4)(x-2)$

(4)<二次方程式—解の利用>二次方程式 $x^2+ax-4a+2=0$ の解の1つが $x=2$ だから，解を方程式に代入して，$2^2+a\times2-4a+2=0$，$4+2a-4a+2=0$，$-2a+6=0$，$-2a=-6$，$a=3$ である。よって，二次方程式は，$x^2+3x-4\times3+2=0$，$x^2+3x-10=0$ となる。これを解くと，$(x-2)(x+5)=0$ より，$x=2$，-5 となるから，もう1つの解は $x=-5$ である。

[Ⅱ](1)<空間図形—体積>各面の面積が18cm²であるとき，この立方体の1辺の長さは，$\sqrt{18}=3\sqrt{2}$ となる。よって，求める体積は，$(3\sqrt{2})^3=54\sqrt{2}$（cm³）である。

(2)<関数—切片>傾きが $\dfrac{2}{3}$ の直線の式は $y=\dfrac{2}{3}x+b$ とおけ，点(6, 7)を通るので，$x=6$，$y=7$ を代入すると，$7=\dfrac{2}{3}\times6+b$，$7=4+b$，$b=3$ となる。よって，直線 $y=\dfrac{2}{3}x+3$ が y 軸と交わる点の y 座標は 3 である。

(3)<データの活用—平均値>度数分布表より，15人のシュートの成功した回数の平均は，$(0\times3+1\times2+2\times4+3\times4+4\times2)\div15=30\div15=2$（回）である。

(4)<平面図形—面積>右図のように，円Oと辺BCの交点のうち，点C以外の点をDとし，点Aと点D，点Oと点Dを結び，斜線部分の面積を，△ABC−△OCD−〔おうぎ形OAD〕として求める。△ABCは AB＝AC の二等辺三角形で，∠BAC＝120°だから，∠ABD＝∠ACD＝(180°−120°)÷2＝30°であり，$\overset{\frown}{\text{AD}}$ に対する円周角と中心角の関係より，∠AOD＝2∠ACD＝2×30°＝60°である。また，線分ACが円Oの直

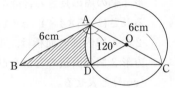

径より，∠ADC＝90°だから，△ABD と △ACD は 3 辺の比が 1：2：$\sqrt{3}$ の合同な直角三角形であり，AD＝$\frac{1}{2}$AC＝$\frac{1}{2}$×6＝3，BD＝CD＝$\sqrt{3}$AD＝$\sqrt{3}$×3＝$3\sqrt{3}$ となる。よって，△ABD＝△ACD

＝$\frac{1}{2}$×CD×AD＝$\frac{1}{2}$×$3\sqrt{3}$×3＝$\frac{9\sqrt{3}}{2}$ より，△ABC＝2△ABD＝2×$\frac{9\sqrt{3}}{2}$＝$9\sqrt{3}$，△OCD＝$\frac{1}{2}$△ACD

＝$\frac{1}{2}$×$\frac{9\sqrt{3}}{2}$＝$\frac{9\sqrt{3}}{4}$，〔おうぎ形 OAD〕＝π×3²×$\frac{60°}{360°}$＝$\frac{3}{2}$π となる。以上より，求める面積は，

$9\sqrt{3}$－$\frac{9\sqrt{3}}{4}$－$\frac{3}{2}$π＝$\frac{27\sqrt{3}}{4}$－$\frac{3}{2}$π（cm²）である。

2 〔独立小問集合題〕

[Ⅰ]＜連立方程式の応用，数量の計算＞仕入れ値100円の商品Aを x 個，仕入れ値200円の商品Bを y 個仕入れたとすると，合わせて20個仕入れたことから，$x+y=20$……①が成り立つ。商品A，Bともに，仕入れ値の10％の利益を見込んで定価をつけたとき，商品Aは 1 個につき，$100×\frac{10}{100}=10$（円）の利益があり，商品Bは 1 個につき，$200×\frac{10}{100}=20$（円）の利益があり，全て売れて利益が全部で250円だったことより，$10x+20y=250$ が成り立ち，両辺を10でわると，$x+2y=25$……②となる。①×2－②より，$2x-x=40-25$，$x=15$ となり，これを①に代入して，$15+y=20$，$y=5$ となる。よって，商品Aは15個，商品Bは 5 個仕入れたことになる。また，商品A，Bの仕入れ総額は，$100×15+200×5=2500$（円）で，別の利益率で全て売って得た利益が全部で750円であったときの見込んだ利益率は，$750÷2500×100=30$（％）である。

[Ⅱ]＜関数―長さ，座標＞(1)右図 1 で，点 P は放物線 $y=x^2$ 上にあり，x 座標が 4 であるとき，$y=4^2=16$ より，P(4，16) である。点 Q は放物線 $y=-\frac{1}{2}x^2$ 上にあり，x 座標は 4 であるから，$y=-\frac{1}{2}×4^2=-8$ より，Q(4，－8) である。よって，線分 PQ の長さは，点 P の y 座標と点 Q の y 座標の差で求められるので，$16-(-8)=24$（cm）である。　(2)図 1 で，A(0，1) をとると，△APQ が AP＝AQ の二等辺三角形になるとき，点 A から辺 PQ に垂線 AR を引くと，点 R は辺 PQ の中点となる。点 P の x 座標を t とおくと，点 P は放物線 $y=x^2$ 上にあるので，P(t，t^2) と表せ，点 Q は放物線 $y=-\frac{1}{2}x^2$ 上にあるので，Q(t，$-\frac{1}{2}t^2$) と表せる。点 R は辺 PQ の中点だから，y 座標は，$\left(t^2-\frac{1}{2}t^2\right)×\frac{1}{2}=\frac{1}{4}t^2$ となり，これは点 A の y 座標 1 と等しい。よって，$\frac{1}{4}t^2=1$ より，$t^2=4$，$t=±2$ となり，$t>0$ だから，$t=2$ である。したがって，$t=2$ のとき，$t^2=2^2=4$ より，P(2，4) である。

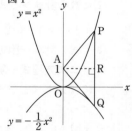

図 1

[Ⅲ]＜平面図形―長さ，面積＞(1)右図 2 の太線の長さの合計は，1 辺 5 cm の正方形 4 個の周の長さの合計から，1 辺 a cm の正方形 4 個の周の長さの合計をひくことで求められる。よって，求める長さは，$5×4×4-a×4×3=80-12a$（cm）と表せる。　(2)図 2 の太線内部の面積は，1 辺 5 cm の正方形 4 個の面積の合計から，重なっている 1 辺 a cm の正方形 3 個の面積の合計をひくことで求められる。よって，求める面積は，$5^2×4-a^2×3=100-3a^2$（cm²）と表せる。

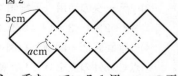

図 2

3 〔独立小問集合題〕

[Ⅰ]**＜平面図形—長さ，面積＞**(1)右図1で，線分BCが円Oの直径だか

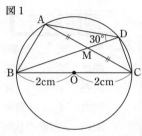

図1

ら，∠BAC＝90°であり，$\overparen{AB}$に対する円周角より，∠ACB＝∠ADB＝30°である。これより，△ABCは3辺の比が$1:2:\sqrt{3}$の直角三角形だから，$AB=\frac{1}{2}BC=\frac{1}{2}\times(2+2)=2$，$AC=\sqrt{3}AB=\sqrt{3}\times2=2\sqrt{3}$となる。点Mは辺ACの中点だから，$AM=\frac{1}{2}AC=\frac{1}{2}\times2\sqrt{3}=\sqrt{3}$である。よって，△ABMで三平方の定理より，$BM=\sqrt{AB^2+AM^2}=\sqrt{2^2+(\sqrt{3})^2}=\sqrt{7}$(cm)となる。　　　(2)図1の△ABMと△DCMにおいて，$\overparen{AD}$に対する円周角より，∠ABM＝∠DCMとなり，対頂角より，∠AMB＝∠DMCであるから，2組の角がそれぞれ等しく，△ABM∽△DCMとなる。これより，MA:MD＝MB:MCとなりMA＝MC＝$\sqrt{3}$，MB＝$\sqrt{7}$だから，$\sqrt{3}:MD=\sqrt{7}:\sqrt{3}$が成り立つ。これを解くと，$\sqrt{7}MD=(\sqrt{3})^2$，$MD=\frac{3}{\sqrt{7}}=\frac{3\times\sqrt{7}}{\sqrt{7}\times\sqrt{7}}=\frac{3\sqrt{7}}{7}$(cm)である。　　　(3)〔四角形ABCD〕＝△ABD＋△CBDと考える。(1)，(2)より，$BM:MD=\sqrt{7}:\frac{3\sqrt{7}}{7}=7:3$となるので，BM:BD＝7:(7+3)＝7:10である。これより，$\triangle ABD=\frac{10}{7}\triangle ABM$，$\triangle CBD=\frac{10}{7}\triangle CBM$であるから，$\triangle ABD+\triangle CBD=\frac{10}{7}\triangle ABM+\frac{10}{7}\triangle CBM=\frac{10}{7}(\triangle ABM+\triangle CBM)$$=\frac{10}{7}\triangle ABC$となる。よって，$\triangle ABC=\frac{1}{2}\times AB\times AC=\frac{1}{2}\times2\times2\sqrt{3}=2\sqrt{3}$より，〔四角形ABCD〕$=\frac{10}{7}\times2\sqrt{3}=\frac{20\sqrt{3}}{7}$(cm²)である。

[Ⅱ]**＜空間図形—面積，長さ，体積＞**(1)右図2で，△ABCはAC＝BC

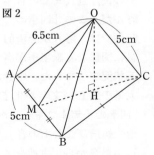

図2

の二等辺三角形だから，辺ABの中点をMとすると，AB⊥CMとなる。$AM=BM=\frac{5}{2}$，$BC=6.5=\frac{65}{10}=\frac{13}{2}$より，△BCMで三平方の定理を利用すると，$CM=\sqrt{BC^2-BM^2}=\sqrt{\left(\frac{13}{2}\right)^2-\left(\frac{5}{2}\right)^2}=\sqrt{\frac{144}{4}}=\sqrt{36}=6$である。よって，$\triangle ABC=\frac{1}{2}\times AB\times CM=\frac{1}{2}\times5\times6=15$(cm²)である。(2)図2で，△ABO≡△ABCだから，点Oと点Mを結ぶと，OM＝CM＝6である。また，面OMCと面ABCは垂直に交わっているので，点Oから底面ABCに引いた垂線OHは線分CMと交わる。ここで，CH＝xとおくと，MH＝CM－CH＝6－xと表せるから，△OHMで三平方の定理より，$OH^2=OM^2-MH^2=6^2-(6-x)^2=36-(36-12x+x^2)=12x-x^2$となり，△OHCで同様に，$OH^2=OC^2-CH^2=5^2-x^2=25-x^2$となる。これより，$12x-x^2=25-x^2$が成り立ち，$12x=25$，$x=\frac{25}{12}$となるから，$CH=\frac{25}{12}$(cm)である。　　　(3)(2)で$OH^2=25-x^2$より，$OH=\sqrt{25-\left(\frac{25}{12}\right)^2}=\sqrt{25-\frac{25^2}{144}}=\sqrt{25\left(1-\frac{25}{144}\right)}=5\sqrt{\frac{119}{144}}=\frac{5\sqrt{119}}{12}$となる。よって，三角錐O-ABCの体積は，$\frac{1}{3}\times\triangle ABC\times OH=\frac{1}{3}\times15\times\frac{5\sqrt{119}}{12}=\frac{25\sqrt{119}}{12}$(cm³)である。

国語解答

一 問一　天皇，貴族〜層の人たち
問二　ア₁　　問三　ア₂
問四　ⅰ…ウ₃　ⅱ…イ₄　　問五　ア₅
問六　イ₆　　問七　エ₇
問八　［和歌の伝統では］蛙は声をよみ山
　　　吹の花と取り合わせると決まって
　　　いたが，芭蕉は古池と取り合わせ
　　　水に飛び込む音をよんだ点。
　　　　　　　　　　　　　（50字）

二 問一　くらわ
問二　②…ア₈　⑤…イ₉
問三　比丘が足に刺さった切り株を抜い
　　　てくれると思ったから。（26字）

問四　イ₁₀　　問五　ウ₁₁　　問六　喜び
三 問一　イ₁₂　　問二　エ₁₃
問三　かつてはその駅にたくさんの列車
　　　が発着し利用者も多かったが，現
　　　在はそれらが非常に減少してしま
　　　っているという変化。（55字）

四 (1)　1　おんびん　2　うるお
　　　3　きんき　4　てんか
(2)　1　募　2　名誉　3　徐行
　　　4　倹約
(3)　1…ウ₁₄　2…ア₁₅　　(4)　イ₁₆
(5)　オ₁₇　　(6)　1…エ₁₈　2…オ₁₉
(7)　ウ₂₀　　(8)　ア₂₁

一 〔説明文の読解―芸術・文学・言語学的分野―文学〕出典：安成哲三『モンスーンの世界　日本，アジア，地球の風土の未来可能性』。

≪本文の概要≫平安時代に『古今和歌集』が編纂され，そこに詠われた季節の歌の構成と内容は，その後，近代までの日本人の四季文化のモデルとなった。シラネはこれを「四季のイデオロギー」と呼んだ。この「四季のイデオロギー」の継承と変容について，俳句に焦点を当てて考察しよう。江戸時代では，町人が経済的・文化的に有力な階級として台頭するとともに，多人数教育が普及して，階級に関係なく識字率が高くなり，また印刷・出版文化の発展によって，身分を超えて古典文学に接する状況が生まれた。中世から近世江戸期への経済や社会体制の変化を背景に，文化が大きく転換し，大量の新しい文学が生まれた。その一つが俳句で，松尾芭蕉が立役者となった。芭蕉は，中世的な「四季のイデオロギー」からの脱却を目指した変革者といわれるが，そのきっかけとなった句が，「古池や蛙飛びこむ水の音」である。芭蕉は，和歌の伝統で決まっていたものをよまずに，蛙が水に飛び込んだ音から，古池をイメージした。「蛙飛びこむ水の音」という事実としての下の句と，「古池や」という心に浮かんだ上の句の間には「切れ」があり，事実と読み手の心の「間」がある。芭蕉の俳句は，古典を題材にした言葉遊びではなく，そのときの心の世界をよむ文学になった。

問一＜文章内容＞『万葉集』に見られた「〈鄙（いなか）〉の農民たち」の自然観とは対照的に，『古今和歌集』に見られるのは，「天皇，貴族や僧侶，高級武士など，荘園の所有が制度的に認められた支配層の人たち」の自然観である。

問二＜指示語＞『古今和歌集』に収録されている歌は，都に住みながら，「季節の移ろいの中での鳥や花や月」や，「天気現象」をよんだものであり，その『古今和歌集』に「詠われた季節の歌の構成と内容」は，「近年までの千年におよぶ日本人の四季文化のモデル」となった。

問三＜文章内容＞『万葉集』の和歌に表れた自然観は，「直接自然と対峙しながら農作業や開墾など」を行う「人間の生の営み」を通じて形成された（イ・ウ…○）。その自然観には，「自然災害や飢饉」や，「夏の蒸し暑さなど耐えがたいもの」も含まれた（エ…○）。だが，それらの視点は，平安時代の『古今和歌集』では失われ，「季節の移ろいの中での鳥や花や月」や，「天気現象」を，「屋内に居て快く視聴覚や嗅覚として詠う歌」が中心になった。『古今和歌集』の和歌に表れた自然観は，

日本人の自然観に影響を及ぼし，「和歌以外の貴族文化としての文学や，屏風絵，襖絵，絵巻のような視覚芸術にも浸透」した（ア…×）。

問四＜慣用句＞ⅰ．「終止符を打つ」は，決着をつけて終わりにする，という意味。　　ⅱ．「流れを汲む」は，ある流派の思想や流儀などの伝統を受け継いでいる，という意味。

問五＜文章内容＞鎖国をしたことで，国内の「水田の新規開墾」や，「農林水産資源」の活用，「鉱物資源の利用」が活発になり，「技術開発」も進んだ。また，農村からの作物や，近海からの海産物が大都市での食料となり，人馬の糞尿は農村での肥料として活用される「流通システム」ができ，衣類や生活必需品も「リサイクル，リユース」する「地域循環型社会」が成立した。

問六＜文章内容＞鎖国によって「海外諸国の人の出入りと通商および日本人の海外渡航が禁止された」ことで，「資源・食料・エネルギー」の確保と流通を，「生物的エネルギー資源に依存しつつ集約的な土地利用」を行って，日本国内だけで完結させるためのシステムが形成された。

問七＜文章内容＞連歌が「共同作業で作り上げるという独特の文化を形成していた」のは，稲作のために，仲間と協力し合って働かなければならないという，「アジアモンスーン地域特有の自然・社会的背景」が基層にあると考えられる。

問八＜文章内容＞中世の王朝時代，和歌では「蛙はその声を詠むもの」と決まっており，和歌の伝統では，「蛙の声には花の山吹が『取り合わせ』」と決まっていた。だが，芭蕉は，その伝統を打ち破り，「古池」の方が「質素で『実』がある」として，蛙と「古池」を取り合わせ，蛙の声ではなく，「蛙が水に飛びこんだ音」をよんだのである。

二 〔古文の読解―説話〕出典：『今昔物語集』巻第五ノ第二十七。

≪現代語訳≫山奥深く入って見てみると，またこの象よりも威厳のある大きな一頭の象がいた。その象のところに（もとの象は）比丘を連れていきその場に降ろした。比丘が思うことには，「なんとまあ私を『この大象に食わせよう』と考えて連れてきたのだ」と思って，「今食うか今食うか」と待っていると，この大象は，もとの象の前で転げ回りこのうえなく喜んだ。比丘はこれを見るにつけても，「私を連れてきたと思ってこのように喜んでいるようだ」と思って，全く生きた心地もしない。比丘がこの大象を見たところ，（大象は）足を差しのばしたまま立ち上がらない。よく見ると，先のとがった大きな切り株を足で踏みつけてしまい，折れて棒状になった切り株が足の裏に刺さったままになっている。その足を比丘のいる方へ差し出して喜んでいるので，比丘は，「もしかして『この切り株を抜いてくれ』と思っているのではないか」と理解して，切り株をつかんで力を出して引き抜くと，切り株は抜けた。／そのときに大象は，いっそう喜んで，このうえなく転げ回った。比丘も，「切り株を抜かせるためだったのだ」と思って安心し，その後もとの象は，比丘をまた鼻に引っかけて遠い場所へ連れていった。大きな墓があった。その墓へ（比丘を）連れて入った。比丘は「不思議だ」と思ったが入ってみると，たくさんの財宝があった。比丘がこの財宝を全て取って出てくると，象はまた鼻に引っかけて，以前の木のもとに連れていって下ろした。象は山奥へ帰っていった。／そのときに比丘は理解した。「なんとまあ大きな象はこの象の親だったのだ。『親の足に切り株が刺さってしまったのを抜かせよう』と思って，比丘を連れていったのだ。そうしてその切り株を抜いたお礼に，この財宝を与えてくれたのだ」。比丘は思いがけない財宝を得て，もとの場所に帰っていったと語り伝えたそうだ。

問一＜歴史的仮名遣い＞歴史的仮名遣いの語頭以外のハ行は，原則として現代仮名遣いでは「わいうえお」になる。

問二＜古文の内容理解＞②大象の前に連れてこられた比丘は，「今や喰らふ今や喰らふ」と待っていた。　　⑤親の足に刺さった切り株を抜いてもらった「喜び」を示すため，「元の象」は，「財ども」を比丘に与えた。

問三<古文の内容理解>大象の足には「大きなる株」が刺さっており，比丘は「この株を抜け」と象が思っているのではないかと考えている。大象は，子が連れてきた比丘に，切り株を抜いてもらえると思って，喜んだのである。

問四<現代語訳>「更に〜非ず」は，全く〜ではない，という意味。大象に食われると思った比丘は，恐ろしくて全く生きた心地もしなかったのである。

問五<古文の内容理解>「元の象」は，親の象の足に刺さった「大きなる株」を抜いてもらうために，比丘をつかまえた（ア…×）。大象の足から切り株を抜いた後，「元の象」は，比丘を「大きなる墓」へ連れてきたので，比丘は「怪し」と思った（ウ…○）。「元の象」は，切り株を抜いたお礼として，墓の中の財宝を比丘に与えて，「ありし木の本」に比丘を帰し，山奥へ去った（イ・エ…×）。

問六<古語>ここでの「喜び」は，大象の足から切り株を抜いたことについてのお礼のことである。「元の象」は，比丘に感謝し，お礼として，「財ども」を与えたのである。

三 〔随筆の読解―自伝的分野―生活〕出典：「天声人語」（「朝日新聞」2023年10月8日朝刊）。

問一<文章内容>汽車に乗って旅行することを楽しみにして，内田氏が「出発までは夜な夜な時刻表を眺め」ながら，口元を緩めてにやにやしているのが想像されるのである。

問二<文章内容>現在は，「時刻表に頼らずとも列車はすぐにやってくる」ことに加えて，電車の時刻は，「ネットで調べておくのが習慣」になった。多くの人が必要としなくなった駅のホームの時刻表を，「行き当たりばったり」の旅を楽しむ筆者だけは必要としていて，時刻表が消えつつあることに「寂しさ」を感じているのである。

問三<文章内容>以前は，小さな駅にも多くの電車が発着し，多くの利用者で「にぎわったのに違いない」のに，現在は，利用者も電車の本数も少なくなったため，時刻表は「空白だらけ」なのである。

四 〔国語の知識〕

(1)<漢字>1．「穏便」は，方法などが穏やかで，事を荒立てないこと。　2．音読みは「湿潤」などの「ジュン」。　3．「禁忌」は，絶対にやってはいけないこととして禁止したり避けたりすること。　4．「転嫁」は，過失や責任などを他人になすりつけること。

(2)<漢字>1．音読みは「募集」などの「ボ」。　2．「名誉」は，体面のこと。または，すばらしいものとしてたたえられること。　3．「徐行」は，ゆっくりとした速度で進むこと。　4．「倹約」は，無駄なものを省き，出費をできるだけ減らすこと。

(3)<語句>1．「奇抜」は，思いがけないほど，風変わりなこと。　2．「寄与」は，社会や他人のために力を尽くすこと。

(4)<品詞>「人から信頼される」と「含まれる」の「れる」は，受け身を表す。「しのばれる」の「れる」は，自発を表す。「耐えられなかった」の「られ」は，可能を表す。「鈴木先生は〜降りられます」の「られ」は，尊敬を表す。

(5)<ことばの単位>単語に分けると，「学生（名詞）／で（助動詞）／あれ（動詞）／ば（助詞）／だれ（名詞）／でも（助詞）／図書館（名詞）／を（助詞）／利用できる（動詞）」となる。

(6)<文の組み立て>1．「飲むこと」が「できなかった」という形になるので，「飲む／ことさえ」という二分節が，述語の「できなかった」に対応する主部。　2．述語は「好きだ」だが，誰がりんごを「好き」なのかは書かれておらず，対応する主語はない。

(7)<俳句の技法>「名月」は，秋の季語。「師走」「こがらし」「雪」は，冬の季語。

(8)<文学史>『伊豆の踊子』は，大正15（1926）年に発表された，川端康成の小説。

【英　語】　（50分）〈満点：100点〉

1 リスニングテスト（放送による指示に従って答えなさい。）

問題A　次の①〜④から最も適切なものを一つ選んで、番号をマークしなさい。

1. [1]

① Because he's sick.

② Because he's going to the hospital.

③ Because he's going to be late.

④ Because it's time to get up.

2. [2]

① When he was a child.

② Three years.

③ The food is very good in Singapore.

④ Next month.

3. [3]

① Mike did.

② Mike's father did.

③ Isabella did.

④ Isabella's father did.

問題B　次の①〜④から最も適切なものを一つ選んで、番号をマークしなさい。

4. [4]

① I did it last night.

② I don't like history.

③ We have to finish the history homework by tomorrow.

④ About three hours.

5.　　　　　5

① That's OK. How do you want to pay?

② Of course. Here's your change.

③ Would you like anything to drink?

④ I'm sorry, we only take cash.

※　リスニングテスト放送文は，英語の問題の終わりに付けてあります。

2　次の問い（A, B, C）に答えなさい。

A　下線部の発音が他の三つと異なる語を一つ選んで、番号をマークしなさい。

問1　　6　　① br<u>ea</u>kfast　　② alr<u>ea</u>dy　　③ h<u>ea</u>vy　　④ th<u>ea</u>ter

問2　　7　　① liv<u>ed</u>　　② help<u>ed</u>　　③ enjoy<u>ed</u>　　④ chang<u>ed</u>

B　最も強く発音する部分が他の三つと異なる語を選んで、番号をマークしなさい。

> 例題　① pen-cil　　② win-dow　　③ fin-ger　　④ Ja-pan
> 正解は④（①,②,③は第一音節を強く読むが、④は第二音節を強く読む）

問1　　8

① ex - am - ple　　② fes - ti - val　　③ pop - u - lar　　④ his - to - ry

問2　　9

① com - mon　　② mis - take　　③ mes - sage　　④ for - eign

C　（　　　　）に入る最も適切な語句を①～④から一つずつ選んで、番号をマークしなさい。

問1　　10

A：　I'm sorry, but I'll be late. You can start the party without me.

B：　It's your birthday. （　　　　　　　　）

①　　What do you want for a present?

②　　Let's order a big cake.

③　　Happy birthday to you!

④　　Everyone is waiting for you.

問2 　　11

A : Do you know (　　　　　　　　)?

B : In Yokohama.

① where does he live

② where is he live

③ where he lives

④ where his house

問3 　　12

A : Is your train always (　　　　　　) in the morning?

B : Not really. I can sit down if I'm tired.

① empty 　　　　② crowded 　　　　③ early 　　　　④ quiet

問4 　　13

This sofa is very (　　　　　　). It looks like a very big baseball glove. I've never seen anything like it.

① important 　　　② unique 　　　③ expensive 　　　④ comfortable

3 次の問い (A, B) に答えなさい。答えはすべて記述式解答欄に記入すること。

A 　(　　)に当てはまる単語を書きなさい。ただし、与えられたアルファベット一文字で始まる英語一語とする。

問1 　【　あ　】

A : Shall we go to (　l ※エル　) together?

B : I had a big breakfast this morning, and I'm still not hungry.

問2 　【　い　】

A : Where is my (　c　)?

B : Our mother is using it in the living room. She's standing on it to change a light bulb*. 　light bulb 電球

問3　　【　う　】

　A：　Mr. Maeda, do you have a minute?

　B：　Sorry, I'm（　b　）right now. Can you come again tomorrow?

問4　　【　え　】

　A：　Our school festival will be held on September 10 and 11.

　B：　That's next（　T　）and Friday.

B　　次の各会話文の（　　）に入る最も適切な語をあとの語群から一つずつ選び、適切な形に変えて記述解答欄に書きなさい。ただし、語群の単語は一度ずつしか使えない。また、一語で答えること。

【　　catch　break　four　happy　　】

問1　　【　お　】

April is the（　　　）month of the year.

問2　　【　か　】

She has never（　　　）her promise.

問3　　【　き　】

I was absent yesterday because I（　　　）a cold.

問4　　【　く　】

When my daughter was born, I thought it was the（　　　）moment in my life.

4 日本文に合う英文になるように、語群から語句を選んで[　]に入れなさい。ただし文頭に来る語も小文字にしてある。解答は 14 ～ 21 に入る語句の番号をマークすること。

問1　彼の言った何かが、彼の妻を怒らせた。

[　　] [　　] [14] [　　] [　　] [　　] [15].

① said　　　　② something　　　③ he　　　　④ made

⑤ wife　　　　⑥ his　　　　　　⑦ angry

問2　時間がなくてまだ彼女のメールを読んでいない。

I [　　] [　　] [16] [　　] [17] [　　] from her.

① got　　　　② haven't　　　　③ an email

④ to　　　　　⑤ time　　　　　⑥ read

問3　次に我々が何をするべきか、教えてくれますか。

[　　] [18] [　　] [　　] [　　] [19] [　　] do next?

① we　　　　② can　　　　　③ me　　　　④ tell

⑤ should　　　⑥ what　　　　⑦ you

問4　舞台上で歌っていた女性が、私の顔を見て驚いた。

The woman [20] [　　] [　　] [　　] [21] [　　] [　　] my face.

① surprised　　② singing　　　③ see　　　④ the stage

⑤ on　　　　　⑥ was　　　　　⑦ to

5 次の対話文中の 22 ～ 29 に入るものを、後の①～⑩から一つずつ選んで番号を
マークしなさい。

介助犬(service dogs)をテーマにグループ発表をしようと、Harumi、Akira、Noriko が話をしている。

Harumi : Dogs play an important role* for us. I think everyone knows guide dogs*. In fact, when I went to school, I often saw a woman with a guide dog at the station. The dog was big, but didn't bark and was quiet. 22 After that, he usually lay down between the seat and her legs. About five minutes later, the woman got off the train with her dog. 23 So I thought she went to work.

Akira : He is very clever, isn't he? I have watched on TV that dogs are trained on the same things again and again to become guide dogs. The training looked so hard for them.

Noriko : I have heard there are 848 guide dogs in Japan now. Dogs are quite clever and friendly. There is another kind of service dog. Do you know about hearing dogs*?

Harumi : I knew about guide dogs. 24 Are they different from guide dogs?

Noriko : Yes. Guide dogs work for people who can't see, but hearing dogs work for people who can't hear. 25 But they are very important and helpful for people who can't hear. They live with their owners* and the owners feel safe with them. 26 For example, when someone comes or a child cries, they take the owner to the place that the sounds come from. They also help their owners to know when an alarm* is ringing.

Harumi : I see. They are very good dogs! What kind of dogs can be hearing dogs?

Noriko : The kind is not important. 27

Akira : Are there many hearing dogs in Japan?

Noriko : Can you imagine how many there are in Japan?

Akira : Let me see... About 400?

Noriko : No, no. In 2010, there were only 26 hearing dogs in Japan. Even now in 2022, there are only 63 hearing dogs. And in Tokyo, there are 16 hearing dogs. The number is too small. A lot of people need such helpful dogs, but there are not enough.

Akira : I didn't know that. That's a big problem.

Noriko : We started using guide dogs about 70 years ago, but we only started using hearing dogs about 40 years ago. And not many people know about hearing dogs. When owners want to go into restaurants or hotels with their hearing dogs, sometimes they are told " 28 " Even if* they say, "It's not just a pet. It is a hearing dog," other people don't understand it is very important. Everyone needs to know more about hearing dogs, I think.

Akira : I've never seen hearing dogs and have never thought about them. 29 So we should learn more about them.

Harumi　：　Right, let's get ready for our presentation!

（注）　play a role 役割を果たす　　　guide dogs 盲導犬　　　hearing dogs 聴導犬

owners 飼い主　　　an alarm 警報機　　　even if ～ たとえ～でも

① He waited quietly until she came home.

② Hearing dogs help their owners to know what is happening around them.

③ Do you have a hearing dog?

④ But I haven't heard about hearing dogs before.

⑤ Sorry, pets can't come in.

⑥ He led the woman to a seat which she was able to sit on.

⑦ Hearing dogs are not so popular now.

⑧ In this world, there are a lot of people who need many kinds of help.

⑨ I saw her on the train around 7 o'clock almost every day.

⓪ All kinds of dogs can be hearing dogs if they like people.

6 次の英文を読んで後の問いに答えなさい。

Eureka!

Archimedes was a Greek* man who lived about 2,200 years ago. Even today, he is respected by many people as one of the greatest scientists in the world. Here is one of the oldest and the most famous stories about him.

One day, the king sent a man to Archimedes to ask for some help. Archimedes was going to have a bath, but of course, he went to see the king. "I am here now. King, how can I help you?" The king took out his golden crown* and a bar of gold*. "This is my new crown. I gave a gold bar just like this to a goldsmith* and told him to make one." It was a beautiful crown. Archimedes wondered, "Why does the king look so worried? It looks (1) to me. Is there anything wrong with it?" Slowly, the king began to talk.

Three days ago, the goldsmith brought him the new crown. The king thought it was beautiful, and liked it very much. He checked the crown on a scale*, and the weight was right. So, the king thanked the goldsmith and paid money to him. The goldsmith went home happily with the money he got. But the next day, the king started to (2). "Is this crown really 100% gold? (3)Is it possible that the goldsmith put in a little silver and stole some gold for himself?" He didn't want to use the crown if it was not pure gold.

"That's the reason I asked you for help. Can you help me find out if the goldsmith stole some gold from me?" Archimedes had the answer. "It's easy. Just check the size. (4) (①as ②gold ③as heavy ④isn't ⑤silver). If the goldsmith uses some silver, the crown is larger than the original gold bar." "I understand. (5)Let's do that. But how are we going to see which is bigger? The shape of the crown is not simple like the gold bar." The king said. Archimedes said that it would be a good idea to melt* the crown into a simpler shape like a (6). "No! If it's a pure gold crown, I really like it!" The king became angry. Archimedes had to check the size of the two without (7). It was a difficult task.

Archimedes went home and decided to take a bath and think about how to solve this problem. He entered the bathtub with his right foot. Then he noticed that the water inside the bathtub rose. Next, he put his left foot in, and the water rose more. "Eureka!" He shouted. Eureka is a Greek word, and it means "(8)!" in English. He jumped out of his bath and ran into the street, shouting "Eureka!" over and over.

He came to see the king again, and told him that when we put things that are the same size in water, the same amount of water rises. The wise king knew what they were going to do next. He talked to his new crown. "Do you want to have a (9)?"

Archimedes filled a bowl* with water and put the gold bar in. Then he took it out, and next, the king put his crown in the bowl. The water rose much higher when the crown was put in! In this way, they found that the crown was much larger than a 100% gold crown of the same weight. "The next time you make a new crown, you should ask someone (10)," Archimedes said, and the king agreed.

(注)　Greek　ギリシャ人の、ギリシャ語の　　　　　　　　crown　王冠
　　　　a bar of gold　金の延べ棒　　　goldsmith　金細工職人　　　scale　てんびん
　　　　melt　溶かす　　　　　bowl　ボウル

問1　(1), (2), (6), (7), (8), (9), (10)に入る適切なものを、次の①～④から一つずつ
　　　選んで、番号をマークしなさい。

　　　(1)　　30
　　　　　　①　perfect　　　②　heavy　　　③　nervous　　　④　bright
　　　(2)　　31
　　　　　　①　pay　　　②　celebrate　　　③　worry　　　④　explain
　　　(6)　　32
　　　　　　①　castle　　　②　silver　　　③　bathtub　　　④　bar
　　　(7)　　33
　　　　　　①　using a scale　　　　　　②　spending a lot of money
　　　　　　③　damaging the crown　　　④　taking a bath
　　　(8)　　34
　　　　　　①　It's too difficult!　　　　②　Beautiful flowers!
　　　　　　③　Too hot!　　　　　　　　④　I found it!
　　　(9)　　35
　　　　　　①　talk　　　②　dinner　　　③　sleep　　　④　bath
　　　(10)　　36
　　　　　　①　quickly　　　②　different　　　③　comfortable　　　④　healthy

問2　下線部(3)を日本語にして、記述式解答欄【け】に書きなさい。

問3　下線部(4)の(　　　)内の語句を並べかえて、前後の文脈に合う英文を作りなさい。
　　　解答は、　37　と　38　に入る語句の番号をマークしなさい。

　　　(4) [　　　] [　37　] [　　　] [　　　] [　38　].

問4　下線部(5)について、王様は何をしようと言ったのか、日本語で説明しなさい。
　　　記述式解答欄【こ】に書くこと。

問5　本文の内容に合う英文を、次の①〜④から一つ選び、番号をマークしなさい。

　　　39

　　　① 新しい王冠と金の延べ棒は同じ重さだった。
　　　② 新しい王冠は金の延べ棒よりも小さかった。
　　　③ 新しい王冠は水に沈まなかった。
　　　④ 新しい王冠は純金でできていたことが分かった。

7 次のような状況で、あなたなら英語でどう言うかを考え、記述式解答欄に書きなさい。

　（例）　映画を観た後で、相手に感想をたずねる場合
　　　　　How did you like it?

問1　記述式解答欄【　さ　】
　　　テストの日に筆箱を忘れてしまい困っている友人に、親切に声をかける場合

問2　記述式解答欄【　し　】
　　　グループで山登りに来たが、皆の歩くのが速すぎてついていけない場合

これから2023年度杉並学院高等学校入学試験リスニングテストを行います。問題用紙の1ページを見なさい。リスニングテストは，すべて放送による指示で行います。リスニングテストの問題には，**問題A**と**問題B**の2つがあります。答えはすべて解答用紙にマークしなさい。問題用紙の余白にメモをとってもかまいません。

問題A　問題Aは，英語による対話文を聞いて，その質問に対する答えとして最も適切なものを1から4の中から選ぶ問題です。対話文と質問はそれぞれ2度読まれます。それでは，**問題A**を始めます。

Number 1　W：Mason, it's time to get up.　You'll be late for work.

M：I don't feel very well.　I think I'll stay home today.

W：OK.　Are you going to the hospital?

M：No.　I'll just stay in bed and rest.

　Question：Why isn't Mason going to work today?

　もう一度繰り返します。

Number 2　W：I'm going to Singapore next month.

M：You'll love it.　Especially the food.

W：Really?　Have you been there?

M：Been there?　I lived there for three years when I was a child.

　Question：How long did the man live in Singapore?

　もう一度繰り返します。

Number 3　W：Is that a new smartphone, Mike?

M：It's not new, Isabella.　My father bought a new one, so he gave his old one to me.

W：What about your old one?

M：I've still got it.　Do you want it?

　Question：Who got a new smartphone?

　もう一度繰り返します。

問題B　問題Bは，英語による対話文を聞いて，その最後の文に対する応答として最も適切なものを1から4の中から選ぶ問題です。対話文は2度読まれます。それでは，**問題B**を始めます。

Number 4　M：Hi, Madison.　It's Ethan.　Have you finished the history homework yet?

W：Yes, I finished it just now.　It was hard, wasn't it?

M：Yes.　How long did it take?

　もう一度繰り返します。

Number 5　M：One large coffee and a pizza, please.

W：OK.　That will be thirteen dollars and fifty cents, please.

M：Can I pay by credit card?

　もう一度繰り返します。

以上でリスニングテストは終わりです。2ページ以降の問題に答えなさい。

【数　学】　（50分）〈満点：100点〉

1

[Ⅰ] 次の各問いに答えなさい.

(1) $7-4\div2=$ ア

(2) $2\sqrt{42}\div\sqrt{24}+\sqrt{52}\times\sqrt{117}-\sqrt{7}=$ イウ

(3) $25x^2-40ax+16a^2-5x+4a=($ エ $x-$ オ $a)($ カ $x-$ キ $a-$ ク $)$

(4) 2次方程式 $(4x+3)^2-14(4x+3)+49=0$ の解は $x=$ ケ である.

(5) $\sqrt{10}$ の整数部分を a, 小数部分を b とするとき, $a=$ コ, $b(b+6)=$ サ である.

[Ⅱ] 次の各問いに答えなさい.

(1) 男子と女子の人数の比が 4 : 5 である部活動で, 6 人の班と 7 人の班に分かれて練習することになった. 6 人の班は 2 つでき, 7 人の班は男子と女子の人数の差だけできた. このとき, 男子の人数は シス 人で, 女子の人数は セソ 人である.

(2) 10%の食塩水が 100g ある. これから タチ g の食塩水を取り出し, そのかわりに同じ重さの水を入れてよくかき混ぜた後, 今度は ($2\times$ タチ) g の食塩水を取り出して, そのかわりに同じ重さの水を入れた. その結果, 7.2%の食塩水が 100g できた.

(3) 大小 2 つのさいころを同時に投げるとき, 出た目の数が異なる確率は $\dfrac{\text{ツ}}{\text{テ}}$ である.

(4) 右の表は, A 中学校の 3 年生 100 人から無作為に 30 人選び, 1 日のテレビの視聴時間の分布を表したものである. A 中学校の 3 年生の中で, 1 日のテレビの視聴時間が 2 時間未満の生徒はおよそ トナ 人いる.

階級(時間)	度数(人)
以上　未満	
0 ～ 1	2
1 ～ 2	16
2 ～ 3	9
3 ～ 4	3
計	30

(5) A 町を出発して, 170km 離れた B 町まで自動車で行った. A 町から途中の P 町までは時速 50km, P 町から B 町までは時速 40km で進んだところ, 全体で 4 時間かかった. A 町から P 町までの道のりは ニヌ km である.

2

[Ⅰ] 容積が 3600L の貯水タンクに，プールから水をくみ上げる．ポンプ A，B それぞれ 1 台ずつ同時に 50 分間運転し，水が 2400L 貯まったところで中断した．そこにポンプ B を 4 台追加し運転を再開したところ 10 分後に貯水タンクが満水になった．ポンプ A，B が 1 分間にくみ上げる水量をそれぞれ x L，y L とすると，

$$\begin{cases} \boxed{アイ}\,(x+y) = 2400 \\ 10(x+\boxed{ウ}\,y) = \boxed{エオカキ} \end{cases}$$

が成り立ち，$x = \boxed{クケ}$，$y = \boxed{コサ}$ となる．

また，ポンプ A，B は 1 台それぞれ 8000 円と 5000 円である．ポンプ A，B を組み合わせて，1 分間で 100L 以上の水をくみ上げたい．購入金額の合計が 最 も安くなるのは，ポンプ B を $\boxed{シ}$ 台購入したときである．

[Ⅱ] 右の図のように，放物線 $y = ax^2\,(a>0)$ と正方形 ABCD がある．2 点 A，C は $y = ax^2$ 上の点で，辺 AB，CD は x 軸と平行である．点 A の座標が $(-3, 9)$ で，点 C の y 座標が点 A の y 座標よりも大きい．このとき，a の値は $\boxed{ス}$ である．

また，点 O を通り，正方形 ABCD の面積を二等分する直線の方程式は，$y = \boxed{セソ}\,x$ である．

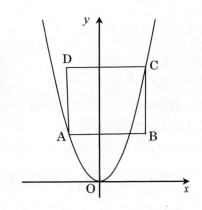

[Ⅲ] G を 1 から 8 までの自然数とする．自然数 a に対して，1 の位の数が G 以下であれば切り捨て，$(G+1)$ 以上であれば切り上げた数を $S_G(a)$ で表す．

例えば，$S_5(46) = 50$，$S_6(46) = 40$ である．

(1) $S_6(a) = 80$ を満たす自然数 a のうち，最小の a の値は $\boxed{タチ}$ である．

(2) $S_4(a) + S_5(a) + S_6(a) = 100$ を満たす自然数 a は $\boxed{ツテ}$ である．

3

[I] 右の図のように，AB＝AC＝15 cm，BC＝10 cm の二
等辺三角形 ABC と円 O がある．∠ABC の二等分線と辺
AC，円 O との交点をそれぞれ D，E とし，線分 AE を
ひく．点 A を通り線分 EB に平行な直線と円 O の交点を
F とし，線分 FE と辺 AB，辺 AC との交点をそれぞれ H，
G とする．

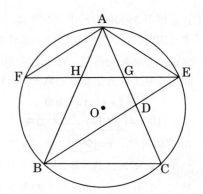

(1) 線分 CD の長さは $\boxed{ア}$ cm であり，線分 DG の長さは
$\dfrac{\boxed{イウ}}{\boxed{エ}}$ cm である．

(2) △AFH と △DBC の面積の比は，$\boxed{オカキ}:\boxed{クケコ}$ である．

[II] 右の図のように，1 辺の長さが 4 cm の立方体
ABCD‐EFGH がある．

(1) この立方体を 3 点 A，C，F を通る平面で

切るとき，△AFC の面積は $\boxed{サ}\sqrt{\boxed{シ}}$ cm² で

あり，点 B から △AFC に下した垂線の長さは

$\dfrac{\boxed{ス}\sqrt{\boxed{セ}}}{\boxed{ソ}}$ cm である．

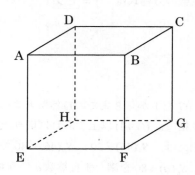

(2) 点 H を含む立体において，辺 AF 上に点 P，
辺 CF 上に点 Q をとる．3 つの線分の和の値
T＝EP＋PQ＋QG が最も小さくなるとき，
T の 2 乗は $\boxed{タチ}\left(\sqrt{\boxed{ツ}}+\boxed{テ}\right)$ である．

解 答 上 の 注 意

1 解答用紙には，中学校名・氏名・受験番号欄があります．それぞれ正しく記入し，受験番号はその下の
   マーク欄もマークしなさい．正しくマークされていない場合は，採点できないことがあります．

2 解答は，解答用紙の問題番号に対応した解答欄にマークしなさい．

3 問題の文章の ア ， イウ などには，特に指示がないかぎり，符号（−，±），数字（0〜9），または文字
   （a, b, x, y）が入ります．**ア，イ，ウ**，…の一つ一つは，これらいずれか一つに対応します．それら
   を解答用紙の**ア，イ，ウ**，…で指示された解答欄にマークして答えなさい．

例1 アイウ に−83と答えたいとき

例2 エオ に$2a$と答えたいとき

4 分数で解答する場合，分数の符号は分子につけ，分母につけてはいけません．

   例えば，$\dfrac{キク}{ケ}$ に$-\dfrac{4}{5}$と答えたいときは，$\dfrac{-4}{5}$として答えなさい．

   また，それ以上約分できない形で答えなさい．例えば，$\dfrac{3}{4}$と答えるところを，$\dfrac{6}{8}$のように答えてはいけ
   ません．

5 根号を含む形で解答する場合は，根号の中に現われる自然数が最小となる形で答えなさい．

   例えば，$コ\sqrt{サ}$ に$4\sqrt{2}$と答えるところを，$2\sqrt{8}$のように答えてはいけません．

6 分数形で根号を含む形で解答する場合，$\dfrac{シ+ス\sqrt{セ}}{ソ}$ に$\dfrac{3+2\sqrt{2}}{2}$と答えるところを，$\dfrac{6+4\sqrt{2}}{4}$ や

   $\dfrac{6+2\sqrt{8}}{4}$ のように答えてはいけません．

【国　語】（五〇分）〈満点：一〇〇点〉

一　次の文章を読んで、後の問いに答えなさい。

熊本の石橋は、長崎の石橋とちがって、農村部にかけられたものが多い。それは、人間より水をわたす水道橋の必要性から生じたものである。わが国ではじめてのスイドウバシである早鐘眼鏡橋（一六七四年、大牟田市）もそうであるが、肥後の名工・岩永三五郎のさいしょの橋とされる雄亀滝橋（一八一四年、砥用町）もスイドウバシだった。したがって、熊本の眼鏡橋は、多くは橋面が一直線に水平なのがその特色である。

この通潤橋も、三五郎の甥にあたる種山の丈八の作とされるが、清流に清流をわたすその水平線は、肥後の美林の垂直の線をなでさするようにみごとである。

ところで、スイドウバシをかけるほうが、歩道橋をかけるよりも何倍も難かしい。水は高きより低きに流れるが、その勾配がちょっとでも狂えばもう水は流れない。また橋が不同沈下（注1）でもおこせば、水道管は破裂するだろう。それに水流がもたらすたえざる振動が、壁石を微妙に痛めつける恐れがある。

そのうえで、通潤橋は、橋の高さと渓谷の深さの関係から、その水道管をU字型の逆サイホン（注2）とする必要があった。［ i ］、いっぽうの崖から通潤橋に落ちこんだ水は、また他方の崖の上まで駆けあがらなければならないのだ。そのあいだの落差約三〇メートル。そしてその水圧に耐えられる水道管として、さいしょ厚い板をもちいたが、いっぺんに噴き破られたため、やむをえず石が採用された。すなわち石のなかをくりぬいて導管とする石樋である。その石の継目にははじめ鉄が鋳こまれたが、漏水がはげしいので（注3）漆喰にかえられた。それでもうまくゆかず「八斗漆喰」なるものをもちいてやっと安定した。八斗漆喰とは、この地方の土蔵につかわれる強度の高いシックイで、石灰、粘土のほかに、塩、松脂、松若葉等をくわえたものである。

このようにして逆サイホンの石樋はつくられたが、高さ二〇メートル、長さ四八メートル、アーチの直径二七メートルという大石造架構体を、洪水や通水による振動によっても微動だにしないようにたもつ工夫がなお必要である。［ ii ］、熊本城にもちいられている「鞘石垣」の手法をまねて、橋の両端の下部に大きく湾曲した石垣を補強した。橋の本体をふんばるようにささえている石積みの壁がそれである。これによりアーチはしっかりと安定した。

いっぽう、この逆サイホン式の水道管にも問題があった。それは水中にふくまれる土砂が導水管のなかでたまって、やがて管をつまらせることだ。そこで橋の中央部を低くし、そこの導水管に孔をあけ、平常は樫の栓をうちこんで楔締めにし、田に水をおくる必要がなくなった秋に、栓をあけて土砂を水流で噴きとばすことをかんがえた。そのけっかは大成功だった。アーチ橋の中央部から泥水がいっせいに噴きだしてくるそのさまは、まるで奇術をみるようである。その水流は滝のようにすさまじい。①「秋水落し」といって、このあたりの名物になった。

通潤橋の秋水落し

②以上の技術的なことがらは、とうじの記録によりその詳細をしることができる。一口にスイドウバシといっても、それはよういならざるものであることがわかる。とりわけこの通潤橋は、江戸時代の農村にたくわえられた技術の［ iii ］を結集したものだったのだ。

かんがえてみると、江戸時代の農村に、都市の<u>それ</u>③にも匹敵する、あるいはそれ以上のものとも言ってよい技術が秘められていたことは驚異ではないか。

だいいち、明治以前のわが国で石橋というのは、社寺や庭園にかかるものをそのぞけば、九州以外の地ではほぼ無といってよい。その九州の石橋、長崎の眼鏡橋のように町のなかにかけられたものもあるが、その多くは農村にかけられた。石橋は九州の誇っている物質文化であり、しかも<u>農村文化である</u>④、というところにその大きな特色がある。

なぜ農村に、このようなすぐれた技術が芽ばえたか。それは日本の農村のもつ特異な性格をあげねばなるまい。

日本の古代の農村は、他の国の農村とはあまり異なるところがなかったとかんがえられるが、中世以降、東国開発を契機として、この国に生まれた惣村という名の自治村落は「一所懸命」すなわち一所に命を懸けるという超定住社会であった。「超定住」という意味は、家というものを通じて、幾世代にもわたって人々がひところに連続と生活しつづけることを意味する。それを可能にしたのは、

<u>生きかはり死にかはりして打つ田かな</u>⑤

の村上鬼城の句がしめすように、水田とその灌漑施設の維持管理というわが国の独特の生産基盤にあった。それらの生産基盤によって、超世代的な投資が可能となったのだ。

古代日本の農村社会では、農民の逃亡が絶えなかったといわれる。ヨーロッパの農村社会をみると、地力の減退から、農民の移動がこれまた常態であったことを歴史は教えている。ところが中世以降に成立した日本の惣村は、人々は、幾世代、幾百年にもわたって一つの土地にしがみつくようになったのだ。すると、そこにいろいろの知恵や経験が積みかさねられてくる。その知的蓄積のうえにたって技術や文化も花開いたのである。石橋という超世代的な永久建造物をつくろうという発想が農民の側からでてきて、農村の石工たちの手によってみごとに完成されたのも、ゆえなしとしないのである。

では、<u>なぜそれが九州にだけかぎられたのか</u>⑥。本州の他の地域にまでおよばなかったのだろう。

それは、地理的の関係から中国や沖縄の石文化が導入しやすかった、ということのほかに、九州が中央すなわち畿内、鎌倉、江戸などからみて、地方に位置していたからである。中央では戦乱の絶え間なく、武士たちは農民を駆りたてて、川や濠を「城塞」とみたて、国土防衛に腐心したが、九州では、中世以降ほとんど大きな戦乱がなく、千年の治をえたからである。そのことが人々の頭から、石橋は戦争のさいの防衛に不向きという観念を消しさったのであろう。

いっぽう本州の人間の川や濠を天然の要塞とみたて頭からは、というにも、石橋をかけようというアイディアは浮かんでこない。洪水の多い日本で、水に浮く木で橋をかけることの愚かしさを熟知しながらも、いざ戦闘というときの川の防衛機能を壊すようなことはしない。そこで木橋にしがみついてきたのが日本本州の橋文化であるが、そのほうが、世界の橋文化からみて、よほど特殊なものというべきであろう。

さて、技術的にみても美的にみても、この九州に花咲いた石橋文化の頂点だったのが、この通潤橋である。スイドウ橋（注5）は迫持橋の最高の技術が要求される。それを設計し施工したが、一種山の石工の丈八ともされるが、かれはその功によって藩主から苗字帯刀を許され、以後、橋本勘五郎と名のったという。（注6）

その橋本は、明治になるとその技術を買われ、ときの政府によばれ、日本橋、江戸橋、浅草橋、万世橋、さらには皇居の二重橋などの石橋をかけた。残念ながらこれらの橋は現存していないが、

中央からみればくんぴ（注7）を肥後の農村の一石工が、明治期に首都の表玄関の橋をかけまくった、というところに、　ⅳ　の一側面をうかがうことができる。

それは、一所に定住して命を懸けた人々がつくりだした　ⅴ　だったのである。

（上田篤『橋と日本人』より）

（注1）不同沈下………建築用語で、建造物が重量や地盤の関係でふぞろいに沈下すること。
（注2）逆サイホン………密閉された水道管を使用することで、高い位置の水源から落とした水を再び高い位置へ揚げる装置のこと。
（注3）漆喰………石灰を原料とした塗り壁の材料で、城や寺社や家屋の壁に塗って使用した。
（注4）村上鬼城………明治時代の俳人。
（注5）迫持………アーチ。石やレンガを弧状に積んでせり合せ、荷重を支える構造。
（注6）苗字帯刀………苗字（名字）を称し、帯刀することを許されること。江戸時代、庶民に手柄があったときだけそれらが許された。
（注7）くんぴ………都会から遠く離れているこ。

問一、　　部ⅰ・ⅲに入る語として最も適切なものを次の中からそれぞれ選び、その記号をマークしなさい。（解答番号はⅰは　１　、ⅲは　２　）

ア　つまり　　イ　ただし　　ウ　たとえば　　エ　たしかに　　オ　もりに

問二、―――線部①「秋水落し」とありますが、これは何のためにするのですか。二十五字以内（句読点を含みます）で説明しなさい。解答は記述欄に記入すること。

問三、―――線部②「以上の技術的なことから」とありますが、その内容としてあてはまらないものを次の中から一つ選び、その記号をマークしなさい。（解答番号は　３　）

ア　スイドウばしは勾配が少しも狂わないように注意して作らなければならない。
イ　通潤橋の水道管は非常に高い水圧に耐えられるように作られている。
ウ　通潤橋では橋自体を軽くするための工夫として人斗漆喰が用いられている。
エ　通潤橋を強く安定した橋にするため、熊本城の石垣と同じ技術が用いられている。

問四、　　部ⅲにあてはまる一字の漢字を次の中から選び、その記号をマークしなさい。
（解答番号は　４　）

ア　華　　イ　道　　ウ　実　　エ　粋

問五、―――線部③「それ」が指示するものは何ですか。次の中から選び、その記号をマークしなさい。（解答番号は　５　）

ア　スイドウばし　　イ　技術　　ウ　農村　　エ　記録

問六、──線部④「なぜ農村に、このようなすぐれた技術が芽ばえたか」について、次のように図式化してまとめたとき、□□部A〜Dには、それぞれどのような語句が入りますか。本文中から □□ 部にある指定字数で抜き出して答えなさい。解答は記述欄に記入すること。

日本の農村社会 ＝ ┃ A （三字） ┃ 社会 ＝ 日本独特の生産基盤によって幾世代にもわたって人々がひとところに連綿と生活し続ける

（対照的な社会：ヨーロッパの農村社会
＝ ┃ B （五字） ┃ が常態であった）

↓

┃ C （七字） ┃ が可能になる

↓

石橋という ┃ D （五字） ┃ の発想が出る

問七、──線部⑤「生きかはり 死にかはりして 打つ田かな」の句の引用は、本文の構成においてどのような役割をしていますか。その説明として最も適切なものを次の中から選び、その記号をマークしなさい。（解答番号は ┃ 6 ┃ ）

ア、直前に筆者が述べたことを補強している。
イ、ここまで述べてきたことをまとめている。
ウ、話題を転換し新たな問題を提起している。
エ、説明のための対照的な例を提示している。

問八、──線部⑥「なぜそれが九州にだけかぎられたのか」とありますが、それはなぜですか。本文から読みとれる二つの理由を、七十字以内（句読点を含みます）でまとめて答えなさい。解答は記述欄に記入すること。

問九、□□部iv・vに入る語の組み合わせとして最も適切なものを次の中から選び、その記号をマークしなさい。（解答番号は ┃ 7 ┃ ）

ア、iv＝石橋文化 ・ v＝近代文化
イ、iv＝農村文化 ・ v＝石橋文化
ウ、iv＝日本文化 ・ v＝農村文化
エ、iv＝技術文化 ・ v＝日本文化

二　次の古文を読んで、後の問いに答えなさい。

これも今は昔、多田満仲のもとに、たけくあしき郎等(注1)ありけり。物の命を殺すをもて業とす。野に出で、山に入りて、鹿を狩り、鳥を取りて、いささかの善根(注2)することなし。

あるとき、出でて狩するあひだ、馬を馳せて鹿を追ふ。矢をはげ、弓を引きて、鹿にしたがひて、走らせてゆく道に、寺ありけり。その前を過ぐる程に、ふと見やりたれば、内に地蔵立ち給へり。左の手をもちて弓を取り、右の手して笠を脱ぎて、いささか帰依(注3)の心をいたして、馳せ過ぎにけり。

そののち、いくばくの年を経ずして、病つきて、日ごろよく苦しみわづらひて、命絶えぬ。冥途に行きむかひて、閻魔の庁に召されぬ。見れば、多くの罪人、罪の軽重にしたがひて、打ちせためて、罪せらるること、いといみじ。わが一生の罪業を思ひ続くるに、涙落ちて、せん方なし。

かるほどに、一人の僧出で来たりて、のたまはく、「なんぢを助けんと思ふなり。早く故郷に帰りて、罪を懺悔(注4)すべし」とのたまふ。僧に問ひ奉りて言はく、「これは誰の人のかくは仰せらるるぞ」と。僧答へ給はく、「われは、なんぢ、鹿を追ひて、寺の前を過ぎしに、寺の中にありて、なんぢに見えし地蔵菩薩なり。なんぢ、罪業深重なりといへども、いささかわれに帰依の心をおこしし業によりて、われ、今、なんぢを助けんとするなり」とのたまふと思ひて、よみがへりてのちは、殺生(注5)をながく断ちて、地蔵菩薩に仕うまつりけり。

（『宇治拾遺物語』より）

(注1) 郎等……家来。中世の武士の家臣で、主人と血縁関係がなく、自身で所領を持たない者。
(注2) 善根……仏教で、よい結果を招くもととなる行為。
(注3) 帰依……神仏を信じること。
(注4) 懺悔……過去の罪悪を悔いて、仏菩薩などに詫びること。
(注5) 殺生……生きものを殺すこと。

問一　―――線部①「業」とありますが、ここで使われている漢字の意味として最も適切なものを次の中から選び、その記号をマークしなさい。（解答番号は 8 ）

ア　罪業　　　イ　偉業　　　ウ　兼業　　　エ　生業

問二、═══線部a「わうらひ」を現代仮名遣いに直して書きなさい。解答は記述欄に記入すること。

問三、次の現代語訳にあたる言葉を、本文中からそれぞれ抜き出して答えなさい。解答は記述欄に記入すること。

【例】たくさん → あまた

（1）どうしようもない　　（2）あなた

問四、───線部②「一人の僧」の正体は何ですか。本文中より五字以内で抜き出して答えなさい。解答は記述欄に記入すること。

問五、───線部③「なんぢを助けんと思ふなり」とありますが、助けようと思ったのはなぜですか。二十五字以内（句読点を含みます）で答えなさい。解答は記述欄に記入すること。

問六、本文の内容と合致するものを次の中から一つ選び、その記号をマークしなさい。
（解答番号は　9　）

ア、多田満仲は、帰依の心を起こし、狩りに行くことを止めた。

イ、多田満仲は、家臣による無益な殺生を、厳しく罰した。

ウ、多田満仲の家臣は、生き返った後は、殺生をすることを止めた。

エ、多田満仲の家臣は、一人の僧に出会った後に、出家をした。

三 次の文章を読んで、後の問いに答えなさい。

竹のおもしろみは、季節にあらがうようなところにある。秋の草木が色づく頃には青々として、自分だけ春の装いとなる。やや場違いなその様子は「竹の春」と呼ばれ、季語にもなっている。そして今の春の季節は「竹の秋」である。

葉が黄色くなるのは、勢いよく伸びるタケノコに養分を回しているからららしい。自らは秋に身を置き、若い仲間たちに春をもたらす。次の世代への思いやりにも見える。

ときに優しく、ときに厳しく、次世代をどう育てるかが問われる季節である。あちらこちらの職場で、新たに入社した人たち、異動で新たな仕事を始める人たちの姿がある。新人研修でも実地の訓練でも、すでに育った竹たちの出番である。

かなり昔になるが、学校を出て最初に入った出版社の研修で聞いた話がある。講師役は、少女向け雑誌に長く携わったくベテラン編集者だった。子どもがいなかったその人は、読者の気持ちに少しでも近づこうと、自分の中で架空の少女を思い描いていた。

少女に名前をつけ、あの子はいま学校に行っているかな、友だちと遊んでいるかな、などというのも想像していたと話してくれた。学んだのは、雑誌を手にとってくれる人を常に考える姿勢である。どんな製品、サービスでも同じであろう。

タケノコたちは、背の高くしなやかな竹に出会い、あのような人のようになれるだろうかと不安を覚えるかもしれない。しかし誰でもタケノコの時代は悩みながら過ごしたはずだ。誰かから養分を受け取りながら。

（朝日新聞「天声人語」二〇二二年四月十日朝刊より）

問一、――線部①「あらがう」の本文中の意味を次の中から選び、その記号をマークしなさい。
（解答番号は □10□ ）

ア、逆らう　　イ、従う　　ウ、ゆだねる　　エ、沿う

問二、――線部②「タケノコたち」とありますが、それは何をたとえたものですか。三十字以内（句読点を含みます）で探し、最初と最後の三字を答えなさい。解答は記述欄に記入すること。

問三、本文から読みとれる筆者が考える望ましい人材育成とはどのようなものですか。「――すること。」につながるように四十五字以内（句読点を含みます）で答えなさい。解答は記述欄に記入すること。

四 次の各問いに答えなさい。

(1) 次の――線部の漢字の読みを答えなさい。解答は記述欄に記入すること。
　1、閑静な住宅街に行く。
　2、極秘の任務にあたる。
　3、敵を欺く作戦を考える。
　4、親友に胸の内を吐露する。

(2) 次の――線部のカタカナを漢字に直しなさい。解答は記述欄に記入すること。
　1、職人のコウボウを見学する。
　2、チリョウに専念する。
　3、故郷への思いがツノる。
　4、国境をコえる。

(3) 次の語句の意味として最も適切なものを、後のア～エの中からそれぞれ選び、その記号をマークしなさい。(解答番号は1は ☐11 、2は ☐12)
　1、心もとない
　　ア、ほんやりとしてはっきりしない様子。　　イ、理解しがたい様子。
　　ウ、頼りなく心配な様子。　　　　　　　　　エ、気持ちが落ち込む様子。
　2、意表を突く
　　ア、実際に見ているように言う。　　　　　　イ、予想外のことをする。
　　ウ、奇妙なことをする。　　　　　　　　　　エ、弱点を言い当てる。

(4) 次の――線部の品詞を、後のア～キの中からそれぞれ選び、その記号をマークしなさい。
(解答番号は1は ☐13 、2は ☐14 、3は ☐15 、4は ☐16)
　1、隣の犬の声がうるさく感じる。
　2、今度はもっとゆっくり休みたい。
　3、昨日は、雪が降るとはまったく思わなかった。
　4、もし好きなら、その本を持っていっても構わない。
　　　　ア、動詞　　　イ、形容詞　　　ウ、形容動詞　　　エ、副詞
　　　　オ、接続詞　　カ、助動詞　　　キ、助詞

(5) 次の文章は、ある作品の冒頭部分です。作者名を漢字で書きなさい。解答は記述欄に記入すること。また、この作品が成立した時代を、後のア～エの中から選び、その記号をマークしなさい。(解答番号は ☐17)
　月日は百代の過客にして、行きかふ年もまた旅人なり。
　　　　ア、平安時代　　　イ、鎌倉時代　　　ウ、江戸時代　　　エ、大正時代

英語解答

1 問題A　1…①　2…②　3…②
　　問題B　4…④　5…④

2 A　問1…④　問2…②
　　B　問1…①　問2…②
　　C　問1…④　問2…③　問3…②
　　　　問4…②

3 A　問1　lunch　問2　chair
　　　　問3　busy　問4　Thursday
　　B　問1　fourth　問2　broken
　　　　問3　caught　問4　happiest

4 問1　14…①　15…⑦
　　問2　16…⑤　17…⑥
　　問3　18…⑦　19…①
　　問4　20…②　21…①

5 22　⑥　23　⑨　24　④　25　⑦
　　26　②　27　⓪　28　⑤　29　⑧

6 問1　(1)…①　(2)…②　(6)…④　(7)…③
　　　　(8)…④　(9)…④　(10)…②
　　問2　金細工職人が銀を少し入れて，自分の分の金を盗んだということはありえるだろうか。
　　問3　37…④　38…②
　　問4　王冠と金の延べ棒の大きさを比べようと言った。
　　問5　①

7 問1　(例) You can use my pencil.
　　問2　(例) Please walk more slowly.

---

1 〔放送問題〕解説省略

2 〔総合問題〕

　A＜単語の発音＞

　問1．①　br<u>ea</u>kfast[e]　②　alr<u>ea</u>dy[e]　③　h<u>ea</u>vy[e]　④　th<u>ea</u>ter[iːə]

　問2．①　live<u>d</u>[d]　②　helpe<u>d</u>[t]　③　enjoye<u>d</u>[d]　④　change<u>d</u>[d]

　B＜単語のアクセント＞

　問1．①　ex-ám-ple　②　fés-ti-val　③　póp-u-lar　④　hís-to-ry

　問2．①　cóm-mon　②　mis-táke　③　més-sage　④　fór-eign

　C＜対話文完成─適文・適語(句)選択＞

　問1．A：申し訳ないけど，遅れると思う。僕抜きでパーティーを始めてていいよ。／B：君の誕生日だよ。<u>みんな君を待っているよ。</u>／遅刻しそうな誕生日会の主役に対して，④は配慮を示す内容となる。

　問2．A：彼が<u>どこに住んでいるか</u>知っていますか？／B：横浜です。／where 以下は know の目的語なので間接疑問（'疑問詞＋主語＋動詞…'）の語順になる。

　問3．A：あなたの乗る電車は，朝はいつも<u>混んでいるの？</u>／B：そうでもないよ。疲れていたら座れるよ。／Bが座れると答えていることから，電車の混み具合を尋ねたと考えられる。Bが否定の返答をして，「疲れていたら座れる」と言っているので①は不適切。

　問4．I've never seen「一度も見たことがない」とあるので，unique「独特の，珍しい」が適切。「このソファはとても珍しい。とても大きな野球のグローブに見える。このようなものは一度も見たことがない」

③〔総合問題〕

　A＜対話文完成―適語補充＞

　問1．A：一緒にお昼ごはんに行かない？／B：今朝は朝ごはんをたくさん食べたから，まだおなかがすいていないの。／朝食の次の食事と考えられる。

　問2．A：僕の椅子はどこにあるの？／B：お母さんがリビングで使っているよ。それの上に立って電球を取り替えているの。／高い所で作業をするための台となりうる道具で，子どもが持っている可能性のあるものを考える。

　問3．A：前田さん，少し時間はありますか？／B：すみません，今忙しいのです。また明日来てもらえますか？／人との面談を断らなくてはならない理由を考える。

　問4．A：学園祭は9月の10日と11日に行われます。／B：それは今度の木曜日と金曜日だね。／11日が金曜日と考えられるので，10日は木曜日となる。

　B＜適語選択・語形変化＞

　問1．April「4月」は「4番目」の月なので，four を序数（順番を表す数）に変えればよい。「4月は1年の4番目の月だ」

　問2．break ～'s promise で「～がした約束を破る」。has があるので現在完了の文と考え過去分詞にする（break－broke－broken）。　「彼女は一度も約束を破ったことがない」

　問3．catch a cold で「風邪をひく」。過去の出来事を表す文なので過去形にする（catch－caught－caught）。　「私は風邪をひいたので昨日欠席した」

　問4．前後の意味と，前に the があることから happy を最上級にする。happy のような‘子音字＋y’で終わる語の最上級は，y を i に変えて -est をつける。　「娘が生まれたとき，それは私の人生で最も幸せな瞬間だと思った」

④〔整序結合〕

　問1．主語の「彼の言った何か」は something の後に he said を続けた関係詞節で表せる（目的格の関係代名詞は省略）。「彼の妻を怒らせた」は‘make＋目的語＋形容詞’「～を…（の状態）にする」の形で表せる。　Something he <u>said</u> made his wife <u>angry</u>.

　問2．与えられた日本文を「彼女からのメールを読む時間がまだない」と読み換え，time to ～「～する時間」の形をつくる。‘～’に「彼女からのメールを読む」を表す read an email from her を続ければ，残りは現在完了形の I haven't got (time) とまとまる。　I haven't got <u>time</u> to <u>read</u> an email from her.

　問3．「（あなたは）～を（私に）教えてくれますか」は Can you tell me ～？の形で表せる。ここでの can は‘依頼’を表す用法。「我々が何をするべきか」は‘疑問詞＋主語＋助動詞＋動詞…’の語順の間接疑問で what we should do とまとめ，tell の2つ目の目的語として me の後に置く。　Can <u>you</u> tell me what <u>we</u> should do next？

　問4．「舞台上で歌っていた女性」は‘名詞＋現在分詞＋その他の語句’の形（過去分詞の形容詞的用法）で The woman singing on the stage とまとめる。「～をして驚いた」は be surprised to ～ の形で表せる（‘感情の原因・理由’を表す to 不定詞の副詞的用法）。　The woman <u>singing</u> on the stage was <u>surprised</u> to see my face.

5 〔会話文完成─適文選択〕

≪全訳≫**1**ハルミ（H）：犬は私たちにとって大切な役割を果たしているよ。盲導犬は誰もが知っていると思う。実際，私が学校に通っていた頃，駅で盲導犬を連れた女性をよく見かけたの。犬は大きかったけど，ほえることもせず，おとなしくしていた。₂₂そしてその犬は，その女性が座れる席まで連れていったの。その後，犬はたいてい座席と女性の脚の間で寝そべっていた。5分くらい後に，その女性は犬を連れて電車を降りたの。₂₃ほとんど毎日，7時頃に彼女を電車で見かけたわ。だから，彼女は仕事に行くんだと思っていた。**2**アキラ（A）：その犬はとても賢いよね？　盲導犬になるために，犬たちが同じことを何度も何度も訓練しているのをテレビで見たことがあるよ。その訓練は犬にはとても大変そうだった。**3**ノリコ（N）：今，日本には848頭の盲導犬がいると聞いたことがあるわ。犬はとても賢いし，人懐っこいの。介助犬の種類はもう1つあるのよ。聴導犬について何か知ってる？**4**H：盲導犬なら知っていたよ。₂₄でも聴導犬のことは，私は聞いたことがないわ。それは盲導犬とは違うの？**5**N：うん。盲導犬は目の見えない人のために働くけど，聴導犬は耳が聞こえない人のために働くの。₂₅聴導犬は，今はあまり知られていないの。でも，耳の聞こえない人にとって，とても大切だし，役に立つのよ。聴導犬は飼い主と一緒に暮らしているから，一緒にいると飼い主は安心なの。₂₆聴導犬は，飼い主が自分の周りで何が起きているのか知るのに役立つんだ。例えば，誰かが来たときや子どもが泣いたとき，その音のする場所まで飼い主を連れていってくれる。それに，警報機が鳴っているときに飼い主がわかるようにするんだよ。**6**H：なるほど。すごく優秀な犬だね！　どんな種類の犬が聴導犬になれるの？**7**N：種類は重要じゃないの。₂₇人が好きなら，どんな種類の犬でも聴導犬になれるのよ。**8**A：日本にはたくさんの聴導犬がいるの？**9**N：日本に何頭いるか想像できる？**10**A：えーと…。400頭くらい？**11**N：違う，違う。2010年には日本に26頭の聴導犬しかいなかったの。2022年の今も63頭しかいない。そして東京にいる聴導犬は16頭よ。数が少なすぎるわ。多くの人がそういう役に立つ犬を必要としているのに，十分な数がいないの。**12**A：それは知らなかった。それは大きな問題だね。**13**N：盲導犬を使い始めたのは70年くらい前だけど，聴導犬を使い始めたのはたった40年くらい前なの。そして，聴導犬のことを知っている人はあまり多くない。飼い主が聴導犬と一緒にレストランやホテルに入りたいと思っても，「₂₈すみませんが，ペットは入れません」と言われることもあるのよ。たとえ飼い主が「ただのペットではありません。聴導犬なんです」と言っても，他の人たちはそれがとても大切だとわかってくれない。みんなもっと聴導犬のことを知らないといけないって私は思うの。**14**A：僕は聴導犬を見たことがないし，それについて考えたこともなかった。₂₉この世界には，いろいろな種類の助けを必要としている人がたくさんいる。だから，僕たちはもっとそうした人たちのことについて学ぶべきだ。**15**H：そうね，プレゼンテーションの準備をしましょう！

＜解説＞**22.** 次の文にある the seat が⑥にある a seat を受けている。　　**23.** 直後の So「だから」に注目。その後に続く「彼女が仕事に行くと思っていた」理由となる内容が入る。　　**24.** 次の文で盲導犬との違いを尋ねていることから，聴導犬のことは知らなかったと考えられる。　　**25.** 直後にある'逆接'の But「しかし」に注目。あまり知られていないが，重要だという文脈である。　　**26.** 続く2文が，飼い主の周囲に起きていることを犬が知らせる例になっている。　　**27.** 聴導犬になれる犬の種類を尋ねる質問への返答である。　　**28.** 前後の内容より，聴導犬を知らないレストランやホテルの従業員の言葉が入るとわかる。　　**29.** 直後の So「だから」に注目。助けを必要としてい

る人がたくさんいるから，そうした人のことをもっと知らなければいけない，という文脈である。

6 〔長文読解総合―伝記〕

≪全訳≫エウレカ！ **1**アルキメデスは，約2200年前に生きていたギリシャ人だ。今日でも，彼は世界で最も偉大な科学者の１人として多くの人々から尊敬されている。これは彼にまつわる最も古く，最も有名な話の１つだ。**2**ある日，王様がアルキメデスのもとに人を送って助けを求めた。アルキメデスは風呂に入ろうとしていたが，もちろん王様に会いに行った。「ただ今到着しました。王様，どのようなご用でしょうか？」　王様は金の王冠と金の延べ棒を取り出した。「これは私の新しい王冠だ。私はちょうどこれと同じような金の延べ棒を金細工職人に渡し，王冠をつくるように言った」　それは美しい王冠だった。アルキメデスは不思議に思った。「どうして王様はあんなに心配そうなのだろう？　それは私には完璧に見える。それには何か問題があるのだろうか？」　ゆっくりと，王様は話し始めた。**3**３日前，金細工職人が新しい王冠を持ってきた。王様はそれを美しいと思い，とても気に入った。王様がその王冠をてんびんで調べると，重さはぴったり合っていた。そこで，王様は金細工職人にお礼を言い，お金を払った。金細工職人は手に入れたお金とともにうれしそうに家に帰った。しかし次の日，王様は心配し始めた。「この王冠は本当に100％の金なのだろうか？　金細工職人が銀を少し入れて，自分の分の金を盗んだということはありえるだろうか？」　もし純金でないなら，彼はその王冠を使いたくなかった。**4**「そういうわけでお前に助けを求めたのだ。金細工職人が私から金を盗んだかどうかを明らかにするのを手伝ってくれないか？」　アルキメデスは答えを持っていた。「それは簡単です。とにかく大きさを調べてください。(4)銀は金ほど重くありません。その金細工職人がもし銀をいくらか使っていれば，王冠は元の金の延べ棒より大きくなります」「わかった。そうしよう。だが，どうやってどちらが大きいかを調べるのだ？　王冠の形は，金の延べ棒のように単純ではないぞ」と王様は言った。アルキメデスは，王冠を溶かして延べ棒のようなもっと単純な形にするのがいい考えだろうと言った。「だめだ！　もしこれが純金の王冠ならば，私はこれを気に入っているのだ！」　王様は怒り出した。アルキメデスは王冠を傷つけずに，その２つの大きさを確かめなくてはならなかった。それは難しい仕事だった。**5**アルキメデスは家に帰り，風呂に入ってこの問題を解決する方法を考えることにした。彼は右足から浴槽に入った。そのとき，浴槽の中の水位が上がったことに気がついた。次に彼が左足を入れると，さらに水位が上がった。「エウレカ！」と彼は叫んだ。エウレカとはギリシャ語の単語であり，それは英語で「わかった！」という意味だ。彼は風呂から飛び出すと，何度も「エウレカ！」と叫びながら通りを走っていった。**6**彼は再び王様に会いに来て，同じ大きさのものを水の中に入れると，同じ量の水の分だけ水位が上がることを話した。賢い王様は，次に何をするのかを知っていた。彼は自分の新しい王冠に話しかけた。「お前は風呂に入りたいか？」**7**アルキメデスはボウルを水で満たし，金の延べ棒を入れた。それから彼はそれを取り出し，次に王様が王冠をボウルに入れた。王冠が入れられると水位はずっと高くなった！　こうして，その王冠は同じ重さの金100％の王冠よりもはるかに大きいとわかった。「今度新しい王冠をつくるときは，違う誰かに頼むべきです」　アルキメデスが言うと，王様は同意した。

　問１＜適語(句)・適文選択＞(1)前後の内容から，アルキメデスには王冠に欠陥がないように見えたことがわかる。　　　(2)直後の王様の言葉から，王冠が純金製かどうか不安に思っていることがわかる。　　(6)王冠と金の延べ棒の大きさを比較する方法について述べている場面。王冠を溶かしてどんな形に

すれば比較できるか考える。前にある like は「〜のような」の意味の前置詞。　simple「単純な」　　(7)直前の王様の言葉から，王様は王冠を溶かすことを許さなかったことがわかる。つまり，王冠を傷つけずにその金の大きさを証明する必要があったのである。　without 〜ing「〜せずに」　　(8)王冠の金の大きさを証明する方法を考えていたアルキメデスは，お風呂に入っているときにその解決法を「見つけた」のである。　　(9)アルキメデスに解決法を聞いた王がどうするのか考える。王冠を水の中に入れると考えられる。　　(10)アルキメデスにより，王冠には重さを水増しするために銀が多く含まれていたことがわかった。つまり，この王冠をつくった金細工職人は不正をしていたのだから，次回は違う人間に頼むべきである。

問2＜英文和訳＞'It is 〜 that＋主語＋動詞'「…することは〜だ」の形の形式主語構文の疑問文。ここでの put in 〜 は「〜を入れる〔加える〕」という意味。stole は動詞 steal「〜を盗む」の過去形(steal－stole－stolen)。for 〜self は「〜自身のために」。

問3＜整序結合＞'not … as〔so〕＋原級＋as 〜'「〜ほど…ない」の構文。次の文より，(同じ重さでも)銀を混ぜた方が純金の場合より王冠(の体積)は大きくなる，つまり銀の方が比重が軽いとわかるので，主語は silver になる。　silver isn't as heavy as gold.

問4＜英文解釈＞下線部の that が指す内容を考える。この Let's do that.「そうしよう」は，この前でアルキメデスが言った check the size.「大きさを調べてください」を受けた発言である。ここでは王冠が金の延べ棒と同じ大きさかどうかが問題なので，王冠の大きさを調べるということは，それを調べて金の延べ棒の大きさと比べるということである。

問5＜内容真偽＞①…○　第3段落第3文に一致する。right は，王冠が材料であった金の延べ棒とちょうど同じ重さだったということを表している。　　②…×　最終段落第4文参照。　　③…×　そのような記述はない。　　④…×　最終段落第4文参照。純金ならば大きさが一致する。

7 〔条件作文〕

問1．友人に筆記用具を貸してあげる文が考えられる。解答例の can は'許可'を表す用法。

問2．遅く歩いてくれるよう皆に頼む文が考えられる。（別解例）Can you walk more slowly ?

数学解答

1 [Ⅰ] (1) 5　　(2) イ…7　ウ…8

(3) エ…5　オ…4　カ…5
　　キ…4　ク…1

(4) 1　　(5) コ…3　サ…1

[Ⅱ] (1) シ…2　ス…4　セ…3
　　　ソ…0

(2) タ…1　チ…0

(3) ツ…5　テ…6

(4) ト…6　ナ…0

(5) ニ…5　ヌ…0

2 [Ⅰ] ア…5　イ…0　ウ…5　エ…1
　　　オ…2　カ…0　キ…0　ク…3

ケ…0　コ…1　サ…8　シ…4

[Ⅱ] ス…1　セ…2　ソ…5

[Ⅲ] (1) タ…7　チ…7

(2) ツ…3　テ…5

3 [Ⅰ] (1) ア…6　イ…2　ウ…7
　　　　エ…8

(2) オ…1　カ…3　キ…5
　　　ク…2　ケ…5　コ…6

[Ⅱ] (1) サ…8　シ…3　ス…4
　　　セ…3　ソ…3

(2) タ…1　チ…6　ツ…3
　　　テ…2

---

1 〔独立小問集合題〕

[Ⅰ](1)<数の計算>与式 $= 7 - 2 = 5$

(2)<数の計算>与式 $= 2\sqrt{42} \div 2\sqrt{6} + 2\sqrt{13} \times 3\sqrt{13} - \sqrt{7} = \sqrt{7} + 78 - \sqrt{7} = 78$

(3)<式の計算—因数分解>与式 $= (5x-4a)^2 - (5x-4a)$ とし，$5x-4a = A$ とおくと，与式 $= A^2 - A$ $= A(A-1) = (5x-4a)(5x-4a-1)$ となる。

(4)<二次方程式>$4x+3 = X$ とおくと，$X^2 - 14X + 49 = 0$，$(X-7)^2 = 0$，$X = 7$ となるので，$4x+3 = 7$，$4x = 4$　∴$x = 1$

(5)<数の計算>$\sqrt{9} < \sqrt{10} < \sqrt{16}$ より，$3 < \sqrt{10} < 4$ だから，$\sqrt{10}$ の整数部分は $a = 3$ である。よって，$a + b = \sqrt{10}$ より，$3 + b = \sqrt{10}$，$b = \sqrt{10} - 3$ となるので，$b(b+6) = (\sqrt{10}-3)(\sqrt{10}-3+6) = (\sqrt{10}-3)(\sqrt{10}+3) = 10 - 9 = 1$ である。

[Ⅱ](1)<一次方程式の応用>男子と女子の人数の比が $4:5$ だから，x を自然数として，男子と女子の人数はそれぞれ $4x$ 人，$5x$ 人と表すことができる。7 人の班の数は男子と女子の人数の差だから，$5x - 4x = x$(班)となる。よって，部活動全体の人数について，$6 \times 2 + 7x = 4x + 5x$ が成り立つ。これを解くと，$12 + 7x = 9x$，$-2x = -12$，$x = 6$ となるので，男子の人数は $4 \times 6 = 24$(人)，女子の人数は $5 \times 6 = 30$(人)である。

(2)<二次方程式の応用>10%の食塩水100gに含まれる食塩の重さは，$100 \times \dfrac{10}{100} = 10$(g)である。この食塩水100gから x gの食塩水を取り出すと，残った食塩水 $100-x$ gに含まれる食塩の重さは，$10 \times \dfrac{100-x}{100}$ gとなる。その後，同じ重さの水を入れてよくかき混ぜた後，$2x$ gを取り出すと，残った食塩水 $100-2x$ gに含まれる食塩の重さは，$10 \times \dfrac{100-x}{100} \times \dfrac{100-2x}{100}$ gとなる。そして，同じ重さの水を入れると7.2%の食塩水が100gできたので，この中に含まれる食塩の重さは，$100 \times \dfrac{7.2}{100} = 7.2$(g)である。よって，含まれる食塩の重さについて，$10 \times \dfrac{100-x}{100} \times \dfrac{100-2x}{100} = 7.2$ が成り立つ。これを解くと，両辺を1000倍して，$(100-x)(100-2x) = 7200$，$10000 - 300x + 2x^2 = 7200$，$2x^2 - 300x + 2800 = 0$，$x^2 - 150x + 1400 = 0$，$(x-10)(x-140) = 0$，$x = 10$，$140$ となる。した

がって，$0 < x < 100$ だから，$x = 10$ である。

(3)＜確率―さいころ＞大小 2 つのさいころを同時に投げるとき，目の出方は全部で $6 \times 6 = 36$（通り）ある。出た目の数が同じになるのは，（大，小）＝（1, 1），（2, 2），（3, 3），（4, 4），（5, 5），（6, 6）の 6 通りだから，出た目の数が異なるのは，$36 - 6 = 30$（通り）ある。よって，求める確率は $\dfrac{30}{36} = \dfrac{5}{6}$ である。

(4)＜データの活用―標本調査＞度数分布表から，無作為に選んだ30人のうち，1 日のテレビの視聴時間が 2 時間未満の生徒は，$2 + 16 = 18$（人）である。A中学校の生徒100人のうち，1 日のテレビの視聴時間が 2 時間未満の生徒を x 人とすると，$100 : x = 30 : 18$ が成り立つ。これを解くと，$30x = 1800$，$x = 60$ となるので，求める人数は60人である。

(5)＜一次方程式の応用＞A町からP町までの道のりを x km とすると，P町からB町までの道のりは $170 - x$ km である。かかった時間を考えると，A町からP町までは $\dfrac{x}{50}$ 時間，P町からB町までは $\dfrac{170 - x}{40}$ 時間で，全体で 4 時間かかったから，$\dfrac{x}{50} + \dfrac{170 - x}{40} = 4$ が成り立つ。両辺を200倍して，$4x + 5(170 - x) = 800$，$4x + 850 - 5x = 800$，$-x = -50$，$x = 50$ となるので，A町からP町までの道のりは50km である。

2 〔独立小問集合題〕

[I]＜連立方程式の応用，数量の計算＞ポンプA，Bが 1 分間にくみ上げる水量をそれぞれ x L，y L とすると，ポンプA，Bそれぞれ 1 台ずつ同時に運転したとき，1 分間に貯まる水量は $x + y$ L である。50分間で水が2400L 貯まるので，$50(x + y) = 2400 \cdots\cdots$①が成り立つ。その後，ポンプBを 4 台追加したから，ポンプBは合わせて，$1 + 4 = 5$（台）で，1 分間に貯まる水量は $x + 5y$ L となる。運転を再開して10分間で満水になったから，$10(x + 5y) = 3600 - 2400$ より，$10(x + 5y) = 1200 \cdots\cdots$②が成り立つ。①÷50 より，$x + y = 48 \cdots\cdots$①′，②÷10 より，$x + 5y = 120 \cdots\cdots$②′，②′−①′ より，$5y - y = 120 - 48$，$4y = 72$，$y = 18$ となる。これを①′ に代入して，$x + 18 = 48$，$x = 30$ となる。また，ポンプA，Bの台数をそれぞれ a 台，b 台とすると，1 分間でくみ上げる水量は $30a + 18b$ L となる。また，ポンプA，Bは 1 台それぞれ8000円，5000円だから，購入金額の合計は $8000a + 5000b$ 円となる。1 分間で100L 以上の水をくみ上げ，購入金額をなるべく安くしたいから，$30a + 18b$ の値が100以上となるときの a，b の値を考える。$a = 0$ のとき，$30 \times 0 + 18b = 18b$ となり，これが100以上になるのは，b が 6 以上だから，$(a, b) = (0, 6)$ とする。同様に考えると，$(a, b) = (0, 6)$，（1, 4），（2, 3），（3, 1），（4, 0）である。このとき，$8000a + 5000b$ の値は，順に，$8000 \times 0 + 5000 \times 6 = 30000$（円），$8000 \times 1 + 5000 \times 4 = 28000$（円），$8000 \times 2 + 5000 \times 3 = 31000$（円），$8000 \times 3 + 5000 \times 1 = 29000$（円），$8000 \times 4 + 5000 \times 0 = 32000$（円）となるので，$(a, b) = (1, 4)$ のときが最も購入金額の合計が安くなる。よって，購入金額の合計が最も安くなるのは，ポンプBを 4 台購入したときである。

[II]＜関数―比例定数，直線の式＞右図で，放物線 $y = ax^2$ は A$(-3, 9)$ を通るので，$9 = a \times 3^2$ より，$a = 1$ である。また，正方形 ABCD の 1 辺の長さを t とすると，点Cの座標は，$(-3 + t, 9 + t)$ となる。点Cは放物線 $y = x^2$ 上にあるので，$9 + t = (-3 + t)^2$，$9 + t = 9 - 6t + t^2$，$t^2 - 7t = 0$，$t(t - 7) = 0$，$t = 0$，7 となり，$t > 0$ だから，$t = 7$ である。よって，点Cの x 座標は $-3 + 7 = 4$，y 座標は $9 + 7 = 16$ より，C$(4, 16)$ となる。正方形 ABCD の面積を二等分する直線は必ず対角線の交点，つまり，対角線の中点を通る。対角線 AC の中点をMとすると，点M

の x 座標は $\dfrac{-3+4}{2}=\dfrac{1}{2}$，$y$ 座標は $\dfrac{9+16}{2}=\dfrac{25}{2}$ より，$\mathrm{M}\left(\dfrac{1}{2},\ \dfrac{25}{2}\right)$ となる。2点O，Mを通る直

線の式は $y=bx$ とおくことができるから，点Mの座標より，$\dfrac{25}{2}=b\times\dfrac{1}{2}$，$b=25$ となる。よって，

求める直線の式は $y=25x$ である。

[Ⅲ]**＜数の性質，一次方程式の応用＞**(1)$S_6(a)$ は a の一の位の数が6以下であれば切り捨て，7以上

であれば切り上げるので，$S_6(a)=80$ を満たす自然数 a のうち，最小となる a は，一の位の数が7

で，切り上げて80となるので，77である。　　　(2)$S_4(a)+S_5(a)+S_6(a)=100$ を満たす a の値を考

える。a の一の位の数を切り捨てた数を x とすると，切り上げた数は $x+10$ と表される。a の一の

位の数が0から4のとき，$S_4(a)=x$，$S_5(a)=x$，$S_6(a)=x$ となるので，$x+x+x=100$，$3x=100$，x

$=\dfrac{100}{3}$ となり，x は自然数なので条件を満たさない。a の一の位の数が5のとき，$S_4(a)=x+10$，

$S_5(a)=x$，$S_6(a)=x$ となるので，$(x+10)+x+x=100$，$3x=90$，$x=30$ より，$a=35$ である。a の一

の位の数が6のとき，$S_4(a)=x+10$，$S_5(a)=x+10$，$S_6(a)=x$ となるので，$(x+10)+(x+10)+x$

$=100$，$3x=80$，$x=\dfrac{80}{3}$ より，条件を満たさない。a の一の位の数が7から9のとき，$S_4(a)=x+$

10，$S_5(a)=x+10$，$S_6(a)=x+10$ となるので，$(x+10)+(x+10)+(x+10)=100$，$3x=70$，$x=\dfrac{70}{3}$ よ

り，条件を満たさない。以上より，$S_4(a)+S_5(a)+S_6(a)=100$ を満たす自然数 a は，$a=35$ である。

3 〔独立小問集合題〕

[Ⅰ]**＜平面図形—長さ，面積比＞**(1)右図1のように，2点A，Bから線分EB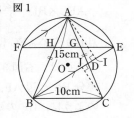

に垂線 AI，CJ を引くと，△ABI と△CBJ において，線分 BE は∠ABC の

二等分線より∠ABI＝∠CBJ であり，∠AIB＝∠CJB＝90° だから，2組の

角がそれぞれ等しく，△ABI∽△CBJ である。これより，AI：CJ＝AB：

CB＝15：10＝3：2 となる。また，AI∥JC より，△ADI∽△CDJ だから，

AD：CD＝AI：CJ＝3：2 となる。よって，$CD=\dfrac{2}{3+2}AC=\dfrac{2}{5}\times15=6(cm)$

である。次に，△ADE と△BDC において，$\overset{\frown}{AB}$ に対する円周角より∠AED＝∠BCD，対頂角より

∠ADE＝∠BDC なので，2組の角がそれぞれ等しく，△ADE∽△BDC となる。これより，AE：

ED＝BC：CD＝10：6＝5：3 である。また，△ABC は AB＝AC の二等辺三角形で，∠ABE＝∠CBE

より，∠ACB＝∠ABC＝∠ABE＋∠CBE＝2∠ABE であり，∠AEB＝∠ACB＝2∠ABE となる。

さらに，$\overset{\frown}{AE}$ に対する円周角より∠AFE＝∠ABE，AF∥EB より∠AFE＝∠BEF だから，∠BEF

＝∠ABE である。よって，∠AEF＝∠AEB－∠BEF＝2∠ABE－∠ABE＝∠ABE となり，∠AFE

＝∠AEF であるから，△AFE は AF＝AE の二等辺三角形である。したがって，AF：ED＝AE：

ED＝5：3 となり，AF∥EB より△AFG∽△DEG なので，AG：DG＝AF：DE＝5：3 である。こ

れと AD＝AC－CD＝15－6＝9 より，$DG=\dfrac{3}{5+3}AD=\dfrac{3}{8}\times9=\dfrac{27}{8}$ となる。　　　(2)△AFH と△AEG

において，△ABC が AB＝AC の二等辺三角形より∠AFH＝∠AEG，AF＝AE である。$\overset{\frown}{BF}$ に対

する円周角より∠HAF＝∠BEF＝∠ABE，$\overset{\frown}{CE}$ に対する円周角より∠GAE＝∠CBE＝∠ABE なの

で，∠HAF＝∠GAE となる。よって，1辺とその両端の角がそれぞれ等しいから，△AFH≡

△AEG であり，△AFH＝△AEG となる。ここで，△AEG と△DEG の面積の比を求める。△AEG

と△DEG の底辺を AG，DG と見ると，高さは等しいから，△AEG：△DEG＝AG：DG となる。

これと $AG=AD-DG=9-\dfrac{27}{8}=\dfrac{45}{8}$ より，△AEG：△DEG＝$\dfrac{45}{8}:\dfrac{27}{8}$＝5：3 となるから，△AEG

$=\dfrac{5}{3}\triangle\mathrm{DEG}$ であり，$\triangle\mathrm{AFH}=\dfrac{5}{3}\triangle\mathrm{DEG}$ となる。また，$\angle\mathrm{CBE}=\angle\mathrm{BEF}$ より錯角が等しいから，

$\mathrm{FE}/\!/\mathrm{BC}$ となり，$\triangle\mathrm{DEG}\infty\triangle\mathrm{DBC}$ で，相似比は $\mathrm{DG}:\mathrm{DC}=\dfrac{27}{8}:6=9:16$ である。これより，

$\triangle\mathrm{DEG}:\triangle\mathrm{DBC}=9^2:16^2=81:256$ となるから，$\triangle\mathrm{DBC}=\dfrac{256}{81}\triangle\mathrm{DEG}$ となる。以上より，$\triangle\mathrm{AFH}:$

$\triangle\mathrm{DBC}=\dfrac{5}{3}\triangle\mathrm{DEG}:\dfrac{256}{81}\triangle\mathrm{DEG}=135:256$ である。

[Ⅱ]＜空間図形─長さ＞(1)右図2のように，$\triangle\mathrm{AFC}$ は，3辺とも1辺の長 図2

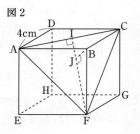

さが4cmの正方形の対角線だから，1辺が，$\mathrm{AF}=\mathrm{FC}=\mathrm{AC}=\sqrt{2}\mathrm{AB}=$

$\sqrt{2}\times4=4\sqrt{2}$ の正三角形である。点Fから線分ACに垂線FIを引くと，

$\angle\mathrm{AIF}=90°$，$\angle\mathrm{FAI}=60°$ より，$\triangle\mathrm{AFI}$ は3辺の比が $1:2:\sqrt{3}$ の直角三

角形となるので，$\mathrm{FI}=\dfrac{\sqrt{3}}{2}\mathrm{AF}=\dfrac{\sqrt{3}}{2}\times4\sqrt{2}=2\sqrt{6}$ である。よって，$\triangle\mathrm{AFC}$

$=\dfrac{1}{2}\times\mathrm{AC}\times\mathrm{FI}=\dfrac{1}{2}\times4\sqrt{2}\times2\sqrt{6}=8\sqrt{3}\,(\mathrm{cm}^2)$ である。次に，点Bから$\triangle\mathrm{AFC}$

に垂線BJを引くと，BJは，正三角錐ABCFで，$\triangle\mathrm{AFC}$ を底面と見たときの高さである。正三角

錐ABCFは$\triangle\mathrm{ABC}$ を底面と見たときの高さはBFとなるので，〔正三角錐ABCF〕$=\dfrac{1}{3}\times\triangle\mathrm{ABC}$

$\times\mathrm{BF}=\dfrac{1}{3}\times\dfrac{1}{2}\times4\times4\times4=\dfrac{32}{3}$ となる。したがって，正三角錐ABCFの体積について，$\dfrac{1}{3}\times$

$\triangle\mathrm{AFC}\times\mathrm{BJ}=\dfrac{32}{3}$ より，$\dfrac{1}{3}\times8\sqrt{3}\times\mathrm{BJ}=\dfrac{32}{3}$ が成り立ち，$\mathrm{BJ}=\dfrac{32}{8\sqrt{3}}=\dfrac{4\times\sqrt{3}}{\sqrt{3}\times\sqrt{3}}=\dfrac{4\sqrt{3}}{3}$ となるので，

点Bから$\triangle\mathrm{AFC}$ に下ろした垂線の長さは $\dfrac{4\sqrt{3}}{3}$cm である。　(2)$T=\mathrm{EP}+\mathrm{PQ}+\mathrm{QG}$ が最も小さく

なるのは，右図3のように，$\triangle\mathrm{AEF}$，$\triangle\mathrm{AFC}$，$\triangle\mathrm{CGF}$ を展開したとき， 図3

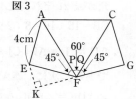

線分EGと辺AF，CFの交点がそれぞれP，Qとなる場合である。図3

のように，GFの延長に，点Eから垂線EKを引くと，$\angle\mathrm{EFK}=180°-45°$

$-60°-45°=30°$ となるから，$\triangle\mathrm{EFK}$ は3辺の比が $1:2:\sqrt{3}$ の直角三角

形である。よって，$\mathrm{EF}=4$ より，$\mathrm{EK}=\dfrac{1}{2}\mathrm{EF}=\dfrac{1}{2}\times4=2$，$\mathrm{FK}=\sqrt{3}\mathrm{EK}=$

$\sqrt{3}\times2=2\sqrt{3}$ となる。これより，直角三角形GEKにおいて，$\mathrm{GK}=\mathrm{GF}+\mathrm{FK}=4+2\sqrt{3}$ となるから，

三平方の定理 $\mathrm{GE}^2=\mathrm{GK}^2+\mathrm{EK}^2$ を利用して，$\mathrm{GE}^2=(4+2\sqrt{3})^2+2^2=16+16\sqrt{3}+12+4=16\sqrt{3}+32$

$=16(\sqrt{3}+2)$ である。したがって，$T^2=16(\sqrt{3}+2)$ となる。

国語解答

一 問一　ⅰ…ア　ⅱ…オ
　　問二　導水管にたまった土砂を水流によって噴き飛ばすため。（25字）
　　問三　ウ　　問四　エ　　問五　イ
　　問六　A　超定住　B　農民の移動
　　　　　C　超世代的な投資
　　　　　D　永久建造物
　　問七　ア
　　問八　中国や沖縄の石文化が導入しやすく，また中世以降大きな戦乱がほとんどなく，石橋が戦争の際の防衛に不向きだという発想が人々になかったため。（67字）
　　問九　ウ
二 問一　エ　　問二　わずらい
　　問三　(1)　せん方なし　(2)　なんぢ
　　問四　地蔵菩薩

　　問五　郎等は生前，ほんの少しの帰依の心を起こしたから。（24字）
　　問六　ウ
三 問一　ア　　問二　新たに～人たち
　　問三　若い世代に対し，思いやりを持って自分の経験を伝え，ときには優しくときには厳しく育成（41字）〔すること。〕
四 (1)　1　かんせい　2　ごくひ
　　　　3　あざむ　4　とろ
　　(2)　1　工房　2　治療　3　募
　　　　4　越
　　(3)　1…ウ　2…イ
　　(4)　1…イ　2…エ　3…カ　4…ウ
　　(5)　作者名　松尾芭蕉
　　　　成立した時代　ウ

一 〔説明文の読解―文化人類学的分野―日本文化〕出典；上田篤『橋と日本人』。

≪本文の概要≫熊本の石橋は，水道橋の必要性から農村部に架けられたものが多く，橋面が一直線に水平であるという特色がある。通潤橋には，その水道管をU字型の逆サイホンとする必要があったため，大きな落差の水圧に耐えられるよう，石をくり抜いた石樋と，強度の高い八斗漆喰が用いられた。そして，橋の安定性を保つために，熊本城の石垣の手法を用いて下部が補強された。また，橋の中央部の導管に穴を開け栓をし，秋に栓を開けて，管を詰まらせないようにされた。農村にこのように優れた技術が芽生えたのは，日本の農村の特異な性格による。日本の農村社会では，水田とその灌漑施設の維持管理という日本独特の生産基盤によって，幾世代にもわたって人々が一つの土地に連綿と生活し続けてきた。その社会において，知恵や経験の蓄積のうえに技術や文化が花開き，石橋をはじめとする，超世代的な投資の発想が生まれた。石橋が九州だけに限られたのは，地理的に中国や沖縄の石文化が導入しやすかったこと，九州が地方に位置していたことで川の防衛に腐心する必要がなく，千年の治を得たことがその理由である。その多くが農村に架けられた九州の石橋は，九州の誇っていい物質文化であり，農村文化である。その文化の頂点に立つ通潤橋を設計し施工した種山の丈八は，首都のいくつもの主要な橋を架けた。一つの土地に定住して命を懸けた人々がつくり出した農村文化が，日本文化の一端を担っているのである。

問一＜接続語＞ⅰ．通潤橋は，「その水道管をU字型の逆サイホンとする必要があった」，ということは，「いっぽうの崖から通潤橋に落ちこんだ水は，また他方の崖の上まで駆けあがらなければならない」のである。　ⅱ．大きな架構体を「洪水や通水による振動によっても微動だにしないようにたもつ工夫がなお必要である」ので，「熊本城にもちいられている」手法をまねたのである。

問二＜文章内容＞水中に含まれる土砂が導水管の中にたまるので，橋の中央部の導水管に穴を開けて栓をし，秋に栓を開けて，導水管にたまった「土砂を水流で噴きとばす」ようにした。その水流を

「秋水落とし」という。

問三＜文章内容＞通潤橋の水道管は，落差約三〇メートルの水圧に耐えられるようにつくられており，そのために，石をくり抜いた石樋が採用され，その石の縫目には，強度の高い八斗漆喰が用いられている（ウ…×）。

問四＜語句＞「粋」は，優れているもの。「技術の粋を結集した」は，さまざまな技術の中から，特に優れたものを選んで集めた，という意味。

問五＜指示語＞「通潤橋は，江戸時代の農村にたくわえられた技術の粋を結集したものだった」ということを考えてみると，江戸時代の農村に，都市の建造物に用いられていた技術と同程度の，「あるいはそれ以上のものともいっていい技術が」潜んでいたことは，驚くべきことである。

問六＜文章内容＞中世以降の日本に生まれた「惣村」という名の村落は，「幾世代にもわたって人々がひとところに連綿と生活しつづける」という意味の「超定住」社会である（…A）。ヨーロッパの農村社会を見ると「農民の移動」が常態であったのである（…B）。日本の農村は，「水田とその灌漑施設の維持管理というわが国の独特の生産基盤」によって，超定住社会であることが可能になり，そのことでさらに，「超世代的な投資」が可能となったのである（…C）。人々が幾世代にもわたって一つの土地に住み続けるようになったために，知恵や経験が積み重ねられ，その知的蓄積のうえに技術や文化が花開き，石橋という「永久建造物」をつくろうという発想が出てきた（…D）。

問七＜文章内容＞「生きかはり〜」の句は，先祖代々耕し続けてきた田を耕す人の姿があるが，生まれては死んでいくはかない存在の人間であっても，その命と営みは永久に引き継がれ，水田も続いていく，という意味である。この句の直前では，中世以降に生まれた日本の農村は，幾世代にもわたって人々が一つの土地で生活し続ける超定住社会であった，ということが述べられており，このことを，幾世代にもわたって同じ田を耕し続けることをよんだこの句は，補い強めている。

問八＜文章内容＞農村における石橋が九州に限られた理由として，「地理的関係から中国や沖縄の石文化が導入しやすかった」ということと，「九州では，中世以降ほとんど大きな戦乱がなく」，そのため，石橋は戦争の際の防衛に不向きだという発想が人々になかった，ということがある。

問九＜文章内容＞「へんぴな肥後の農村の一石工が，明治期に首都の表玄関の橋をかけまくった」ということは，明治期では，農村の文化が主要な建造物に反映された，という日本の文化の一側面を表している（iv…ウ）。日本文化の一端を担ったのは，農村の人々が「一所に命を懸ける」生活をして，知恵や経験の蓄積のうえにつくり出した農村の文化だった（v…ウ）。

二 〔古文の読解─説話〕出典；『宇治拾遺物語』巻第三ノ十二。

≪現代語訳≫これも今は昔，多田満沖のところに，荒々しく凶悪な家来がいた。生き物を殺すことをなりわいとしていた。（家来は）野に出て，山に入って，鹿を狩り，鳥を捕らえて，ほんの少しの善行もすることがない。／あるとき，（家来は，）出かけて狩をするときに，馬を走らせて鹿を追う。（家来が）矢をつがえ，弓を引いて，鹿を追って，（馬を）走らせていく途中に，寺があった。その前を通り過ぎるときに，（家来が）ちらっと見やったところ，その中に地蔵がお立ちになっていた。（そこで家来は，）左の手に弓を取り，右の手で笠を脱いで，ほんの少し神仏を信じる心を示して，走り過ぎていった。／その後，何年もたたないうちに，（家来は）病気になり，何日もひどく苦しみわずらって，命が絶えた。（家来は，）冥途に行って，閻魔大王の法廷に呼び出された。見れば，多くの罪人が，（生前の）罪の軽重に従って，責めさいなまれ，罰せられることが，実に手厳しい。（家来も，）自分の一生の悪行を思い続けると，涙が落ちて，どうしようもない。／そうしているうちに，一人の僧が出てきて，「あなたを助けようと思う。早く人間界に帰って，過去の罪悪を悔いて仏菩薩にわびよ」とおっしゃる。（家来が）僧にお尋ねして言うには，「これはどなた様が，このようにおっしゃるのですか」と。僧はお答えになっ

て、「私は、あなたが、鹿を追って、寺の前を通り過ぎたときに、寺の中にいて、あなたに見えた地蔵菩薩である。あなたは、悪行が深く重いが、ほんの少し、私を信じる心を起こした行為によって、私は、今、あなたを助けようとするのだ」とおっしゃると思うや、(家来は)生き返りその後は、生き物を殺すことをすっかりやめて、地蔵菩薩にお仕え申し上げたということだ。

問一＜古語＞「罪業」は、仏教で、報いを受ける罪の原因となる悪い行いのこと。「偉業」は、偉大な事業や業績のこと。「兼業」は、本業の他に別の事業・仕事を兼ねて行うこと、また、その事業・仕事のこと。「生業」は、なりわいで、生活をしていくための仕事のこと。

問二＜歴史的仮名遣い＞歴史的仮名遣いの「ぢ」「づ」は、現代仮名遣いでは原則として「じ」「ず」となる。また、語頭以外のハ行は、現代仮名遣いでは原則として「わいうえお」となる。

問三＜古語＞(1)「せん方なし」は、どうしようもない、という意味。　(2)「なんぢ」は、あなた、という意味。

問四＜古文の内容理解＞「一人の僧」が、あなたを助けようと思う、と言ったので、家来が、これはどなた様が、このようにおっしゃるのですか、と尋ねると、僧は、私は、あなたが鹿を追って寺の前を通り過ぎたときに、寺の中にいて、あなたに見えた地蔵菩薩である、と答えた。

問五＜古文の内容理解＞家来は生前、鹿を追って寺の前を通り過ぎたときに、寺の中に地蔵菩薩が立っているのを見て、ほんの少し、神仏を信じる心を起こした。そして、僧は、あなたが、ほんの少し、私に帰依の心を起こした行為によって、私は今、あなたを助けようとするのだ、と言った。

問六＜古文の内容理解＞多田満仲の家来、つまり、家臣は、生き返った後は、生き物を殺すことをすっかりやめて、地蔵菩薩に仕えたのである。

三 〔随筆の読解―教育・心理学的分野―教育〕出典；「天声人語」（「朝日新聞」2022年4月10日朝刊）。

問一＜語句＞「あらがう」は、従わずに争う、抵抗する、という意味。

問二＜文章内容＞春は、竹がタケノコに養分を回すように、職場にすでにいる人たちが、「新たに入社した人たち、異動で新たな仕事を始める人たち」の育成にあたる。そして、新入社員や異動してきた人たち、つまりタケノコたちは、頼もしい先輩社員に出会い、あのような人のようになれるだろうかと不安になる。新入社員や異動してきたばかりの時代は、誰もが悩みながら過ごすのである。

問三＜主題＞若い仲間たちに春をもたらそうとする竹のように、「次の世代への思いやり」を持って育成にあたるべきである。また、筆者がかつて受けた研修の講師のように、自らの経験を伝えることが、大切な学びにつながる。そして、「ときに優しく、ときに厳しく」育成することが望まれる。

四 〔国語の知識〕

(1)＜漢字＞1．環境が静かで落ち着いていること。　2．きわめて秘密であること。　3．音読みは「詐欺」などの「ギ」。　4．心の中で思っていることを隠さずに述べること。

(2)＜漢字＞1．画家・彫刻家・工芸家などの仕事場のこと。　2．病気やけがを治すこと。　3．音読みは「募集」などの「ボ」。　4．音読みは「優越」などの「エツ」。

(3)＜語句＞1．頼りなくて不安であるさま。　2．「意表」は、考えに入れていないこと。「意表を突く」は、相手が予想しなかったことをする、という意味。

(4)＜品詞＞1．「うるさく」は、形容詞「うるさい」の連用形。　2．「もっと」は副詞で、副詞「ゆっくり」を修飾している。　3．「思わなかった」は、動詞「思う」＋打ち消しの意味の助動詞「ない」の連用形「なかっ」＋過去の意味の助動詞「た」。　4．「好きなら」は、形容動詞「好きだ」の仮定形。

(5)＜文学史＞「月日は百代の過客にして〜」を冒頭とする紀行『おくのほそ道』は、俳人松尾芭蕉の俳諧紀行文で、江戸時代初期の元禄期に成立した。

【英　語】 (50分) 〈満点：100点〉

1 リスニングテスト（放送による指示に従って答えなさい。）

問題A　次の①〜④から最も適切なものを一つ選んで、番号をマークしなさい。

1. ☐ 1 ☐
   - ① 15.
   - ② 50.
   - ③ $1.20.
   - ④ 80 cents.

2. ☐ 2 ☐
   - ① She wants to meet a famous movie star.
   - ② She wants to be a famous movie star.
   - ③ She wants to watch a movie with Steve.
   - ④ She wants to take a photograph with a famous movie star.

3. ☐ 3 ☐
   - ① In a restaurant.
   - ② In a shop.
   - ③ In a school.
   - ④ In a bank.

問題B　次の①〜④から最も適切なものを一つ選んで、番号をマークしなさい。

4. ☐ 4 ☐
   - ① Do you want to come to my house for dinner?
   - ② Shall we go to a curry restaurant?
   - ③ I can cook soup, too.
   - ④ Can you make pizza?

5. ☐ 5 ☐
   - ① It was a birthday present.
   - ② Because my father has a computer.
   - ③ Mine is broken.

④ Sorry, but I'm using it right now.

※ リスニングテスト放送文は，英語の問題の終わりに付けてあります。

2 次の問い（A, B, C）に答えなさい。

A 下線部の発音が他の三つと異なる語を一つ選んで、番号をマークしなさい。

問1 | 6 | ① reach<u>ed</u> ② push<u>ed</u> ③ stopp<u>ed</u> ④ expect<u>ed</u>

問2 | 7 | ① th<u>ou</u>ght ② t<u>ou</u>ch ③ tr<u>ou</u>ble ④ c<u>ou</u>ntry

B 最も強く発音する部分が他の三つと異なる語を選んで、番号をマークしなさい。

> 例題 ① pen-cil ② win-dow ③ fin-ger ④ Ja-pan
> 正解は④（①,②,③は第一音節を強く読むが、④は第二音節を強く読む）

問1 | 8 |
① es-sen-tial ② de-ci-sion ③ in-tro-duce ④ mu-si-cian

問2 | 9 |
① lan-guage ② sup-port ③ some-body ④ pock-et

C （　　）に入る最も適切な語句を①～④から一つずつ選んで、番号をマークしなさい。

問1 | 10 |

A : Why is your dog barking?

B : Because he's (　　). I should give him something to eat now.

① angry ② hungry ③ sleepy ④ tired

問2 | 11 |

A : In my (　　), pandas are the cutest type of bear.

B : Really? I think polar bears are cuter.

① eyes ② world ③ opinion ④ family

問3 | 12 |

A : Your first science test is tomorrow.

B : That's (　　)! We haven't learned anything yet!

① impossible ② interesting ③ unique ④ nervous

問4　　　13

A : What do you think of this?

B : It's a very good cap, but the color doesn't go well with your clothes.

A : (　　　　　　　)

① I'll try a bigger one.

② I don't think it's a good one.

③ OK, I'll take it.

④ I'll find it in another color.

3 次の問い（A, B）に答えなさい。答えはすべて記述式解答欄に記入すること。

A　　（　）に当てはまる単語を書きなさい。ただし、与えられたアルファベット一文字で始まる英語一語とする。

問1　　【　あ　】

A : Mom, I'm looking for the picture we took in front of Tokyo Tower.

B : It's inside the photo (　a　) with a red cover.

問2　　【　い　】

A : What do you think about his new hairstyle?

B : Oh, he had a haircut? I wasn't paying (　a　).

問3　　【　う　】

A : Did you forget to set your (　a　) last night?

B : No, but I set it for the wrong time. So, I was late for school this morning.

問4　　【　え　】

A : Did you notice the earthquake this morning?

B : No. I don't easily wake up while I'm (　a　).

B　　次の各会話文の（　）に入る最も適切な語をあとの語群から一つずつ選び、適切な形に変えて記述解答欄に書きなさい。ただし、語群の単語は一度ずつしか使えない。また、一語で答えること。

【　it　　sing　　begin　　five　】

問1　　　【　お　】

A：　What is the name of the song (　　　) at the end of the ceremony?

B：　That was "Sakura."

問2　　　【　か　】

A：　Has the movie (　　　) yet?

B：　It will in a few minutes.

問3　　　【　き　】

A：　Excuse me, where is the Computer Room?

B：　It's on the (　　　) floor. Take the elevator there.

問4　　　【　く　】

A：　Did you see the movie that won the Academy Award last year?

B：　Which one?

A：　Oh, I can't remember (　　　) title.

4　問1は日本文に合う英文になるように、問2~4は対話文が完成するように、語群から語句を選んで(　　　)に入れなさい。解答は　14　～　21　に入る語句の番号をマークすること。

問1　　　私は、新しい洗濯機の使い方を知らせるために妻が送ってきたEメールを読んだ。

I (　　　)(　14　)(　　　)(　15　)(　　　) tell me how to use the new washing machine.

① sent　　　　　　　　② read　　　　　　　　③ the email

④ to　　　　　　　　　⑤ my wife

問2　　A：　Oh, these glasses are so light.

B：　Yes, (　　　)(　16　)(　　　)(　　　)(　　　)(　17　)(　　　).

① forget　　　　　② may　　　　　③ you're　　　　④ them

⑤ that　　　　　　⑥ wearing　　　　⑦ you

問3　A：（　　）（ 18 ）（　　）（　　）（ 19 ）（　　）going to buy?

　　　B：Not yet. Can you wait ten minutes more?

① are　　　　　　　　② you decided　　　　　③ which

④ you　　　　　　　　⑤ watch　　　　　　　　⑥ have

問4　A：Why are you leaving early today?

　　　B：I（　　）（ 20 ）（　　）（　　）（ 21 ）（　　）the shopping mall.

① to　　　　　　　　② my　　　　　　　　　③ promised

④ son　　　　　　　　⑤ him　　　　　　　　　⑥ to take

5 次の対話文中の 22 ～ 29 に入るものを、後の①～⓪から一つずつ選んで番号を
マークしなさい。

高校生の Mei と、留学から帰ってきた友達 Ryo と Kae が話をしている。

Mei　　：Hey guys! How was your study abroad experience?

Ryo　　：We were just talking about that now. Both of us had a great time.

Mei　　：Did you have fun at Christmas abroad?

Ryo　　：Yeah. It's totally different from Christmas in Japan. And Halloween, too. I made a huge
　　　　　pumpkin lantern with my host family.

Kae　　：I wanted to stay longer. My English skills were improving every day. I was getting better
　　　　　at skiing, too.

Ryo　　： 22 　I'm sure Mei will be surprised to see how good you are.

Mei　　：Wait a second, I don't understand. 23

Kae　　：It was so cold that the clothes I brought from Japan were useless.

Mei　　：I thought the seasons were opposite to each other.

Ryo　　：You might be misunderstanding. We went to Canada.

Mei　　：Oh, I thought you went to Australia. Sorry.

Kae　　：That's OK.

Mei　　：I am thinking of studying abroad in the future. Do you think I can do it?

Ryo　　： 24 　People were very kind to foreigners.

Kae　　：I was worried about the same thing last year. Don't worry! Everyone will like you.

Mei　　：Actually, I am not so much worried about that. I guess it's very hard to study in English.
　　　　　What classes did you take?

Kae : | 25 | I took cooking, math, dance and English. I enjoyed cooking the best. In math class, we were allowed to use calculators*, so it was easy.

Ryo : I took art, English, music and French. I didn't know any French, so it was a little difficult. I asked my teacher a lot of questions and got help from my friends.

Mei : | 26 |

Ryo : Mostly, we read newspaper articles* and shared opinions on the topics. We also learned how to make good presentations* in English.

Kae : It was almost the same for me. But it wasn't too difficult.

Ryo : Really? Everyone speaks too fast, so classes with native speakers* were really hard. I had to study until late to prepare for the next day. | 27 |

Kae : Were the students from abroad in the same English class as the Canadian students in your school?

Ryo : Yes. So, your English lessons were for non-native speakers only!

Mei : | 28 |

Kae : Five students were in the studying abroad program this year, but none of us went to the same school.

Mei : I see. It was very helpful to hear all about this from you. I've always been interested in studying abroad, but I didn't know who to ask about it.

Ryo : Why don't you see Ms. Sekine? | 29 |

Mei : I will!

（注） calculator 計算機　　　　　　　　　　　article 記事
　　　 presentation プレゼンテーション　　　　native speaker 母語話者

① Don't believe what Kae says.
② I didn't know that you two went to different schools.
③ Where did you buy your clothes?
④ Students can choose four subjects they want to learn.
⑤ What did you do in English classes?
⑥ It's not difficult to make friends.
⑦ Isn't it hot there this time of year?
⑧ Will I be able to do that, too?
⑨ She can tell you everything you need to know about studying abroad.
⓪ Yes, Kae, show her your video later.

6 次の英文を読んで後の問いに答えなさい。

John Hendrick had a terrible pain in his head, so he went to his doctor. The doctor sent him to the hospital for tests and then told him the bad news. "Mr. Hendrick, you are a very (　1　) man," the doctor said. "You have only six months to live." "Isn't there anything you can do?" John asked the doctor. "Medicine? Surgery*?" "I'm sorry," the doctor answered. "There's (　2　) we can do. Enjoy the time you have. I'm very, very sorry."

John was 62 years old. He had two grown children. He told his sons the bad news. Then he told Sally, his partner. "Let's not be sad," he told them. "The doctor told me, 'Enjoy the time you have.' That's what we're going to do. Please just think I'm normal. (3)Enjoy each day, and it'll make me feel better."

The next day, John quit his job. He decided to spend all of his money. John and Sally lived on the coast* of England, in a beautiful area where tourists often visit. John and Sally took short trips along the coast and stayed at the best hotels. He took (4)(①to ②most ③restaurants ④his family ⑤one ⑥the ⑦expensive ⑧of) in England. He bought expensive gifts for his family and friends. All spring and summer, John spent his money.

When fall came, he began thinking about his death. "What will my family do with all my things after I die?" he wondered. "I'll sell my things now so that (　5　) won't have to." John sold most of his furniture*. Then he sold his car. "I won't need my winter clothes," he thought, "because I (　6　) alive this winter." He gave away all his winter clothes to a charity*. The hardest thing for him was to plan his own funeral*. He showed a black suit, a white shirt, and a red tie to Sally. "Bury* me in this suit," he told Sally. Everything was ready. (　7　).

Fall came and went. Winter came and went. Spring came again, and John was still alive. He went back to his doctor. "How's the headache?" the doctor asked. "It's gone," John said. The doctor sent John to the hospital for tests and then told him the good news. "You are perfectly healthy," the doctor said. "So I'm not going to die soon?" John asked. "No," the doctor said. "I think you're (　8　)." "But what about the tests I had at this hospital a year ago?" John asked. "From the results of the last tests, I believe any doctor would say that there was no way to save you," the doctor said. "I don't know why this happened."

After the (9)good news, John's view of his life turned upside-down* again. At first, he was surprised and glad that he wouldn't die. John, Sally and their children had a big party. But later John thought, "I'm going to live. But how am I going to live with no job, no furniture, no car, no warm clothes, and no money?"

John wants the hospital to pay him for its (　10　). He insists* that the hospital should give him money for new furniture, a new car, and new clothes. If not, he will have to sell his house, as he has nothing else. John wants everybody to make sure by going to another hospital before doing the same thing as him.

（注）　surgery　手術　　　　　　the coast　沿岸地方　　　　furniture　家具

charity　慈善団体　　　　funeral　葬式　　　　　　　bury　埋葬する

upside-down　上下逆さに　　insist　主張する

問1　（1），（2），（5），（6），（8），（10）に入る適切なものを、次の①～④から一つずつ選ん
で、番号をマークしなさい。

（1）　　30

① clever　　　　　② strange　　　　　③ sick　　　　　④ weak

（2）　　31

① nothing　　　　② something　　　　③ anything　　　④ many things

（5）　　32

① the shops　　　② my family　　　　③ I　　　　　　④ the doctor

（6）　　33

① must be　　　　② could be　　　　③ will be　　　④ won't be

（8）　　34

① dead　　　　　② fine　　　　　　③ tired　　　　④ glad

（10）　　35

① party　　　　　② promise　　　　　③ test　　　　④ mistake

問2　下線部(3)を日本語にしなさい。記述式解答欄【　け　】

問3　下線部(4)の（　　）内の語句を並べかえて、意味の通る英文を完成しなさい。
解答は（　　）内で三番目と七番目にくるものの番号をマークしなさい。
三番目　　36　　　七番目　　37

問4　（7）に入る最も適切な英文を、次の①～④から選び番号をマークしなさい。
38

①　However, John was not ready. He was still planning for the trip next year.

②　He was sure that he would live a long happy life with his family.

③　All he had to do was to wait for the day to come.

④　He was sad because he thought nobody was going to come to his funeral.

問5　下線部(9)を聞いた後、John は何について困ってしまったのか。日本語で説明しなさい。
記述式解答欄【　こ　】

問6　次の英文から、本文の内容に合うものを一つ選び番号をマークしなさい。
39

① John's two children were too young to understand what happened to him.

② When fall came, John's pain in his head got worse.

③ After he took the second test, the doctor told John that he was going to die soon.

④ John thinks it's better to go to several hospitals to check that test results are correct.

7 次のような状況で、あなたなら英語でどう言うかを考え、記述式解答欄に書きなさい。

（例）　映画を観た後で、相手に感想をたずねる場合

How did you like it?

問1　記述式解答欄【　さ　】

電車で、誰のものか分からないペンが床に落ちていて、周りの人に声をかけるとき

問2　記述式解答欄【　し　】

学校で、友達の具合が悪いことを先生に知らせたいとき

これから2022年度杉並学院高等学校入学試験リスニングテストを行います。問題用紙の1ページを見なさい。リスニングテストは，すべて放送による指示で行います。リスニングテストの問題には，問題Aと問題Bの2つがあります。答えはすべて解答用紙にマークしなさい。問題用紙の余白にメモをとってもかまいません。

問題A　問題Aは，英語による対話文を聞いて，その質問に対する答えとして最も適切なものを1から4の中から選ぶ問題です。対話文と質問はそれぞれ2度読まれます。それでは，問題Aを始めます。

Number 1　W：Hello.　I'd like to buy some New Year's cards.　I need about fifty of them.

M：How about these ones?　They're one dollar twenty each.

W：Does that include the stamps?

M：No, the stamps are eighty cents each.

　　Question：How many cards does the woman want to buy?

　　もう一度繰り返します。

Number 2　W：Wow!　You're Steve Reeves, the movie star.　You are him, aren't you?

M：Well, yes, it's true, I am.

W：I love your movies, Steve.　Can I take a picture of us together?

M：Sure.　Go ahead.

　　Question：What does the woman want to do?

　　もう一度繰り返します。

Number 3　W：Excuse me.　We ordered thirty minutes ago and we're still waiting.

M：I'm very sorry ma'am.

W：What's the problem?

M：Well, we're very busy today and one of the cooks is sick.

　　Question：Where is this conversation probably taking place?

　　もう一度繰り返します。

問題B　問題Bは，英語による対話文を聞いて，その最後の文に対する応答として最も適切なものを1から4の中から選ぶ問題です。対話文は2度読まれます。それでは，問題Bを始めます。

Number 4　M：I really enjoyed dinner last night.　Your soup was delicious.

W：You're welcome.　I enjoyed it, too.

M：Next time I'll cook something for you.　What do you like?

　　もう一度繰り返します。

Number 5　M：That's a nice computer, Madison.　Did you get it for your birthday?

W：It isn't mine.　It's my father's.

M：Why are you using it?

　　もう一度繰り返します。

以上でリスニングテストは終わりです。

【数　学】 (50分)〈満点：100点〉

[I] 次の各問いに答えなさい.

(1) $(2022 - 2 \times 10^3) \div \dfrac{11}{4} = \boxed{\text{ア}}$

(2) $\left(1 + \dfrac{1}{2} + \dfrac{1}{3} + \dfrac{1}{5} + \dfrac{1}{7}\right) \times 210 = \boxed{\text{イウエ}}$

(3) $\sqrt{6} \times 2\sqrt{2} - \dfrac{3}{\sqrt{6}} \times 3\sqrt{2} + \sqrt{3} = \boxed{\text{オ}}\sqrt{\boxed{\text{カ}}}$

(4) $x = \sqrt{6} + 3$ のとき, $(x^2 - 6x + 8)(x^2 - 6x + 5) = \boxed{\text{キク}}$

(5) 2次方程式 $x^2 + 14 = 6(2x - 1)$ の解は $x = \boxed{\text{ケ}}$, $\boxed{\text{コサ}}$ である.

[II] 次の各問いに答えなさい.

(1) 567 を素因数分解すると, $\boxed{\text{シ}}^4 \times \boxed{\text{ス}}$ である.

(2) 大小2つのさいころを同時に投げるとき, 出た目の和が素数となる確率は $\dfrac{\boxed{\text{セ}}}{\boxed{\text{ソタ}}}$ である.

(3) ある濃度の食塩水150 g に食塩を10 g 加えると10 %の食塩水となった. もとの食塩水の濃度は $\boxed{\text{チ}}$ %である.

(4) 半径6 cm, 中心角50° の扇形の面積は $\boxed{\text{ツ}}\,\pi$ cm² である.

(5) 右の図で, 線分 AB の長さが $\sqrt{3}$ cm のとき線分 DC の長さは $\boxed{\text{テ}}$ cm である.

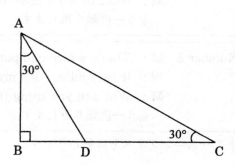

2

[I] A 君は，「カーシェアサービス」を利用することにした．このサービスでは車を15分借りるごとに200円の時間料金がかかる．例えば，$\boxed{\textbf{ア}}$ 時間 $\boxed{\textbf{イウ}}$ 分利用する場合は2800円の時間料金がかかる．また，このサービスでは利用時の総走行距離に対して1km あたり16円の距離料金が発生する．このとき，毎時40kmで $\boxed{\textbf{エ}}$ 時間走り続けて合計 $\boxed{\textbf{オカキ}}$ km 移動した場合，時間料金と距離料金を合わせて11520円がかかる．

[II] 右の図のように，1目盛りが縦，横ともに1cm の等しい間隔で線が引かれている方眼紙の縦線と横線の交点に点（●）が打たれている．

点 O を原点としてx軸とy軸をとり，放物線$y=x^2$・・・①上にx座標が2の点 A，x座標が-3の点 B をとる．このとき，△OAB の面積は $\boxed{\textbf{クケ}}$ cm² である．

また，放物線①と直線 AB で囲まれる部分の線上または内部にある1点（●）と2点 A，B を結んでできる三角形を考える．このとき，$\boxed{\textbf{クケ}}$ cm² の $\frac{2}{3}$ 倍の面積となる三角形は $\boxed{\textbf{コ}}$ 個ある．

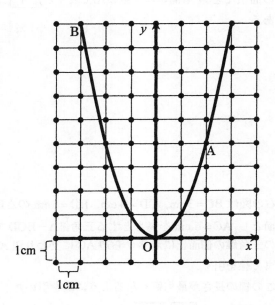

[III] A さんは $\boxed{1}$，$\boxed{3}$，$\boxed{5}$，$\boxed{7}$ の合計4枚のカードを，B さんは $\boxed{2}$，$\boxed{4}$，$\boxed{6}$，$\boxed{8}$ の合計4枚のカードをはじめに持っている．

(1) A さんと B さんがカードをよくきって，互いのカードを1枚ずつ交換する．このとき，A さんが持つカードに書かれた数の合計と B さんが持つカードに書かれた数の合計の差が6となる確率は $\dfrac{\boxed{\textbf{サ}}}{\boxed{\textbf{シス}}}$ である．

(2) カードをよくきって，A さんのカード2枚と B さんのカード1枚を交換する．このとき，A さんが持つカードに書かれた数の合計と B さんが持つカードに書かれた数の合計の差が6より小さくなる確率は $\dfrac{\boxed{\textbf{セ}}}{\boxed{\textbf{ソタ}}}$ である．

③

[I] 右の図において，面積が $\sqrt{3}$ cm² の正三角形と，同じく面積が $\sqrt{3}$ cm² の正六角形にそれぞれ円が外接している．

(1) 正三角形の 1 辺の長さは $\boxed{ア}$ cm である．

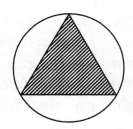

(2) 正三角形に外接している円と正六角形に外接している円の面積比を最も簡単な整数の比で表すと，$\boxed{イ}:\boxed{ウ}$ である．

[II] 右の図は BC＝3 cm，CD＝4 cm，BD＝5 cm の △BCD を底面とし，AC＝6 cm を高さとする三角錐 A－BCD である．この三角錐の側面上に点 B から辺 AC に交わり辺 AD 上の点まで線を引く．

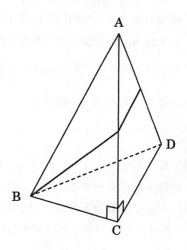

(1) この線の長さが最も短くなるように線を引いたとき，この線の長さは $\dfrac{\boxed{エオ}\sqrt{\boxed{カキ}}}{\boxed{クケ}}$ cm である．

(2) (1)のときの辺 AD 上の点を E とする．AE：ED を最も簡単な整数の比で表すと，$\boxed{コ}:\boxed{サ}$ である．

【国語】（五〇分）〈満点：一〇〇点〉

I 次の文章を読んで、後の問いに答えなさい。

コミュニティに関する仕事をしていると、プライベート（私）とパブリック（公）ということを考える機会が多い。コミュニティの活動が盛り上がって、まちを賑やかにするために、道路で何かイベントをやろう、広場にお店を出そう、河川敷で音楽を演奏しようなどと計画するのだが、実際にはやれないことのほうが多い。あれはダメ、これもダメ。公園で何かしようと思っても注意事項がやたらとたくさんある①渡される。公園ではなく官園ではないかと思うくらい、官の持ち物かのような決まりの多さだ。たくさんの「べからず」を聞くたびに「公」や「パブリック」の意味を考えてみたくなる。

いうまでもなく、「パブリック」は「官」ではない、「公」である。「公」はたくさんのプライベート（私）から成り立っている。「公」という字の下にある「ム」はプライベートを示す。その「ム（プライベート）」を「八（開く）」というのが「公」の意味だ。「私」が少しずつ開くことで「公」が生まれる。　I　、パブリックはプライベートが集まって、それらを少しずつ開くことで生じる状態だといえよう。

イギリスのパブリックスクールは、パブリックという言葉の意味を明確に示しているように思う。日本でパブリックスクールというと公立（官立）の学校のように聞こえるが、イギリスのパブリックスクールは私立学校である。日本でいう私塾のような学び舎を一般に開放したのがパブリックスクールのはじまりであり、個人や企業などのプライベートセクションが集まって設立し、その他の人たちも通うことができるように開いたのがパブリックスクールだ。同様に、ニューヨークのパブリックライブラリーも大規模な私立図書館であり、イギリスで誕生したパブリックベーもあるもともとは私有地だったパーク（狩猟場）を一般に開放することによって生まれた空間である。

「私（プライベート）」が集まってコミュニティをつくる。コミュニティが共有する物や場所や価値観などを示す場合に「コモン」という言葉が使われる。「コミュニティ」と「コモン」に共通している「コム」という接頭語は「ともに」という意味を持つ。日本語ではコモンのことを「共」と示すことが多い。「共」は、それを構成する人数が少なくなると「私」に近づき、多くなると「公」に近づいていく。このことを、島根県海士町の総合振興計画『島の幸福論』では「一人でできること」「一〇人でできること」「一〇〇人でできること」「一〇〇〇人でできること」と表現した。コモンは集まる人数によってプライベートに近づいたりパブリックに近づいたりする。②プライベートとパブリックは別々の概念なのではなく、コモンという規模を自由に変化させる概念によってつながっている、ということを示したかったのである。

「公」も「共」も「私」が基本となる概念であり、「官」や「行政」という意味ではない。だから本来的には「公共事業」というのは「行政事業」ではないはずなのである。公共的な事業については、行政が担ってもいいし、市民が担ってもいいし、企業が担ってもいい。

一九八〇年ごろから盛んになった「住民参加」は公共的な事業に対する住民の参加である。30年

以上続けられてきた住民参加の実践により、公共的な事業に対する住民の参加方法はかなりの蓄積をみるようになった。ところが、③ここに行政がうまく参加できていない。そもそも「参加する」という意識がない。いまだに「公共的な事業」は「行政の事業」だと思い込んでいる人も多い。　Ⅱ　「これまでどおり」業者に仕事を発注するかのごとく、住民のボランティアに仕事を「発注」する。

　僕たちの仕事は、住民参加のコミュニティをつくったり、すでにできあがっているコミュニティの合意形成を　Ⅲ　したりすることだが、同時に行政職員が持つ「公共」に対する意識を　Ⅳ　し、公共的な事業に対する住民参加と行政参加の方法を対等に考えるところからスタートすることが多い。「行政参加」という言葉は聞き慣れない言葉かもしれない。あるいは「住民が行政の仕事に参加すること」だと受け取られるかもしれない。実際、行政職員のなかには「行政参加」をそう捉えている人も多い。コミュニティデザインを進めるうえで、行政職員の意識を少しずつ変えていくことも大切な要素である。

　同様に住民側の意識も変えねばならないこともある。これまでの「住民参加」より積極的な活動を展開することが可能なのだということを実感してもらうことが大切になる。

　現在でも中山間離島地域^(注1)の集落では「私」と「共」の概念が残っている場合が多いが、都市部ではほとんど④この考え方が消えてしまった。かつて、日本人の8割は農村部に住んでいた。この時代、「私」が集まり、協力しながら「共」を成立させていた。里山や火除け地など^(注2)の入会地や共有地があちこちにあり、共同体としての生活が成立していた。みんなで協力して生活し、つながりを維持した。[ア]

　その時代は、共同体に属する人たちは、お互いに誰がどんな人で、何ができる人なのかをよく知っていた。日々の協同作業のなかで自ずと共同体の構成員の特徴を理解した。だから協力できたし、いざというときに助け合うことができた。みんなでお金を積み立てたり、仕事を紹介し合ったり、協力して草刈りをしたりした。元気がなさそうな人がいたら声をかけたり、相談に乗ったりした。[イ]

　しかし、それがしがらみに変わる場合も少なくなかった。結びつきやつながりが積み重なりすぎると、親や祖父の代のいざこざが自分に関係していることもある。「三代前からあの家とは喧嘩しているんだ」という話になる。つながりが強すぎて、自分がどんな人か、どこで働いているか、誰と付き合っているのかなど、すべて共同体内で情報が共有されてしまう。[ウ]

　そのつながりが窮屈すぎて共同体を出る人もいた。高度経済成長期には都市部に仕事がたくさん生まれたため、多くの人が共同体を抜け出して都市で生活し始めた。最初はとても清々しかっただろう。扉を閉めれば隣に誰が住んでいるのかもわからない。自分が誰なのか知られない。どんな服を着て出かけても噂にならない。快適な生活だと感じたはずだ。[エ]

　しかし一方で漠然とした不安もあっただろう。誰ともつながりがなく、何かあっても誰にも相談できない。かつての共同体ほど強いつながりでなくてもいいが、自分のことを知っていてくれている人がいて欲しい。相談できる人が欲しい。同じ価値観を持った人たちと一緒にいたいと思ったはずだ。(中略)

都市部で生活することになって、しがらみから抜け出すことに成功した若者たちは都市的生活を謳歌することになる。が、一方でつながりのなさに不安を感じ、気の合う仲間たちと集まるようになる。日本語で言うところの「サークル活動」などが盛んになる。同時に、つながりがキシ化⑤することで社会的な問題が顕在化し始めるようになる。児童虐待、鬱、自殺、孤立死など、つながりがないことによって起きるであろう事件や事故が社会問題となる。これらすべてが「つながりがない」ことに起因する問題かどうかはさだかではない。ただし、農村集落での暮らしと全く違う暮らしの実感から、つながりがないことによって起きそうな社会問題が次々と顕在化し、人々のなかに「つながりがなくなってきたためにさまざまな問題が生まれてきている」という気持ちが生じたことは確かだろう。そのころから「コミュニティ」という言葉が新しい響きを持ち始めた。町内会などの「共同体」をイメージさせないように「コミュニティ」を英語のまま使ったのだろう。コミュニティはよいものだというイメージが作られた。

　都市部では「私」が閉じることになり、それ以外は「公」なのだが、「私」がつながっていないので「共」が生まれず、「公共」が生まれにくい。自ずと「公」は「官」と近づいていく。長い間、「官」がほとんどの「公」を担ってきた（もちろん、回覧板や町内会の掃除なども残ってはいるが、そこに参加しない「私」が増えている）。しかし、もはや「官」が「公」を担い続けることは難しい。税財源も縮小しているし、人々はつながりを求めている。もう一度「私」をつなげて「共」をつくり、それを外部に開くことによって「公」を作り出すことが必要だろう。

　「新しい公共」という言葉が使われるが、これは結局「古くて新しい公共」ということなのだ。

（山崎亮『コミュニティデザインの時代』より）

（注１）中山間離島地域 …… 農作物を作るまとまった土地や人口が少ない山間部や離島地域。
（注２）入会地 …………… 村や部落などで共同利用が認められた土地。

問一　――線部①「たくさんの『くからす』を聞くたびに『公』や『パブリック』の意味を考えてみたくなる」とありますが、筆者がそう考えた具体的なきっかけは何ですか。最も適切なものを次の中から選び、その記号をマークしなさい。（解答番号は　１　）

ア　広場や公園などは公共の場のはずなのに、やってはいけないことがあまりにも多すぎたこと。
イ　町おこしのために何かやろうとしても、なかなか企画を通してもらうことができなかったこと。
ウ　コミュニティの活動を盛り上げるために何か企画しても、地元の人が参加してくれなかったこと。
エ　河川敷や広場などは実際には官の持ち物で、プライベートでできることはほとんどなかったこと。

問二　　□　部Ⅰ・Ⅱに入る語として、最も適切なものを次の中からそれぞれ選び、その記号をマークしなさい。ただし、同じ記号をマークしてはいけません。（解答番号はⅠは　２　、Ⅱは　３　）

ア　つまり　　　イ　ところが　　　ウ　もして　　　エ　だから　　　オ　さらに

問三、——線部②「プライベートとパブリック」について、筆者はどのように述べていますか。最も適切なものを次の中から選び、その記号をマークしなさい。（解答番号は　4　）

ア　プライベートとパブリックは本来的に相いれないもので、コミュニティ形成をするためにはそのことを知っておかねばならない。

イ　コミュニティはプライベートが集まって構成されるもので、その構成人数の多少によってパブリックの度合いが変わってくる。

ウ　多くのプライベートの集まりの方がパブリックとしてできることが多いので、できるだけ大きなパブリックを形成するべきだ。

エ　パブリックなものは一般に広く開かれている必要があり、規制を減らしてプライベートでも十分活用することができる。

問四、——線部③「ソレ」が指す内容を、本文中の言葉を用いて十五字以内（句読点を含みます）で答えなさい。解答は記述欄に記くすること。

問五、　　　部Ⅲ・Ⅳに入る語として、最も適切なものを次の中からそれぞれ選び、その記号をマークしなさい。（解答番号はⅢは　5　、Ⅳは　6　）

ア　督促　　イ　創造　　ウ　改善　　エ　刷新　　オ　展開　　カ　促進

問六、——線部④「この考え方」とありますが、それはどのような「考え方」ですか。最も適切なものを次の中から選び、その記号をマークしなさい。（解答番号は　7　）

ア　「公共事業は官や行政が行うものだ」という住民の意識を変えなければならないという考え方。

イ　住民が積極的に行政に参加することで、地域に根差したコミュニティが形成されるという考え方。

ウ　共同体の生活は、もともとたくさんの人々の「私」が集まって円滑に営まれるものだという考え方。

エ　多くの日本人が農村部に住んでいた時のように、「私」が集まって「共」を成立させるべきだという考え方。

問七、本文中から次の一文が抜け落ちています。補うのに最も適切な場所を本文中の　ア　～　エ　から選び、記号で答えなさい。（解答番号は　8　）

　いわば、つながりの中で生きてきた。

問八、──線部⑤「キハク化」のカタカナ部分と同じ漢字が使われている単語を次の中から選び、その記号をマークしなさい。(解答番号は 9)

ア、キカク模様を描く。

イ、ハクリキ粉でお菓子を作る。

ウ、万国ハクラン会に行く。

エ、経営のキバンを固める。

問九、━━━線部「古くて新しい公共」とありますが、「古くて新しい」とはどういうことですか。「農村」「都市」ということばを用いて五十字以内(句読点を含みます)で答えなさい。解答は記述欄に記入すること。

二 次の古文を読んで、後の問いに答えなさい。

式部の大輔大江匡衡朝臣の息、式部の権の大輔挙周朝臣、病気をうけて、たのみなく見えければ、母赤染衛門、住吉にまうでて、七日籠りて、「このたびたすかりがたくは、すみやかにわが命にめしかふべし」と申して、七日に満ちける日、御幣のしでに書きつけ侍りける、

　かはらんと祈る◻は惜しからでさても別れんことぞかなしき

かくよみて奉りけるに、神感やありけん、挙周が病よくなりにけり。母下向して、喜びながらこの様を語るに、挙周いみじく嘆きて、「我生きたりとも、母を失ひては何の生き甲斐があらん。かつは不孝の身なるべし」と思ひて、住吉にまうでて申しけるは、「母我にかはりて命終るべきならば、速かにもとのごとくわが命をめして、母をたすけさせ給へ」と泣く泣く祈りければ、神あはれみて御たすけやありけん、母子共に事ゆゑなく侍りけり。

（『古今著聞集』より）

(注1)住吉‥‥‥今の住吉大社。現在の大阪市にある。

(注2)籠りて‥‥‥祈願などのために社寺に泊まって。

(注3) 御幣のしで … 串に紙や布を挟んで神にささげるもの。
(注4) 神感 ………… 神が感応すること。

問一、——線部a「けれ」b「すみやかに」の品詞名を次の中からそれぞれ選び、その記号をマークしなさい。(解答番号はaは 10 、bは 11)

ア 名詞　イ 動詞　ウ 形容詞　エ 形容動詞　オ 副詞
カ 助詞　キ 助動詞

問二、次の現代語にあたる言葉を、文中から抜き出して答えなさい。解答は記述欄に記入すること。

【例】 励み → いそみ

(1) 参詣して →　　　(2) いのうちに →

問三、——線部①③④の主語として適切なものを次の中からそれぞれ選び、その記号をマークしなさい。なお同じ記号を使っても構いません。(解答番号は①は 12 、③は 13 、④は 14)

ア 武部の大輔大江匡衡朝臣
イ 武部の権の大輔挙周朝臣
ウ 赤染衛門
エ 神

問四、本文中の和歌の □ 部に入る適切な一語を本文中から抜き出して、解答欄に記入しなさい。

問五、——線部②「挙周いみじく嘆きて」とありますが、それはなぜですか。最も適切なものを次の中から選び、その記号をマークしなさい。(解答番号は 15)

ア 母が挙周の命と引き換えにして、彼女の病気を治そうとしていると思ったから。
イ 挙周の病気が非常に重く、自分は長らく生きることができないと悟ったから。
ウ 母が彼女自身の命を引き換えにして、挙周の病気を治してくれたと知ったから。
エ 母が挙周の病気のことを知っているはずなのに、喜んでいる様子が見えたから。

問六、———線部⑤「神あはれみて」とありますが、神様はこの母子のどういう点を「あはれ」に思ったと考えられますか。三十字以内(句読点を含みます)で答えなさい。解答は記述欄に記入すること。

問七、『古今著聞集』は鎌倉時代の説話集ですが、同じ時期に書かれたものとして適切なものを次のア〜エから選び、記号をマークしなさい。(解答番号は ⓪⑥)

　　ア、宇治拾遺物語　　　　　　　イ、万葉集
　　ウ、源氏物語　　　　　　　　　エ、竹取物語

Ⅲ　次の文章を読んで、後の問いに答えなさい。

　いつかは最後まで読みたい小説に、島崎藤村の『夜明け前』がある。明治維新の前後を描いた大作である。頭から読んで何度も挫折し、いつも第二部から始めようとページをめくるが　Ａ　の歩みだ。

　このままでは一生無理かもしれない、ダイジェスト版を手に取った。うーむ、これでは読んだことにならないか。でも挫折で終わるよりはましか……。要約という近道。11時間ほどの映画にも、そんなものがあると知って驚いた。ファスト映画というらしい。

　映画を一〇分程度に編集し、字幕などであらすじを紹介する。そんな動画が昨年春からネット上に広がっていると本紙デジタル版が伝えている。予告編と違って結末が分かってしまうから、本編くのいざないではなく広告収入が目当てだろう。著作権法違反に当たるとして投稿者が逮捕される例も出ている。

　要約がビジネスになる。代表的な例が一九二〇年代に創刊された米国の雑誌「リーダーズダイジェスト」だ。様々な雑誌から記事を抜粋し、要約する手法は大当たりした。米紙によると創業者は、多すぎる情報に人々が圧倒されており、　Ｂ　が必要だと考えた。

　最近のネット記事でも頭に要点を記すのがはやりのようだ。情報や論考であれば要約がなじむのは分かる。しかし芸術や娯楽は違うのではないか。ファスト映画に需要があるのは、もしや映画も情報の一つだと考える人が増えているからか。

　『夜明け前』のダイジェスト本はやはり、遠ざけておくことにした。

　　　　　　　　　　　　　　　　(朝日新聞「天声人語」二〇二一年六月二十八日朝刊より)

問一、　　　部Ａに適切な言葉を補うと「進行がゆっくりである様子」を表す慣用句になります。補うのに最も適切なことばを次の中から選び、その記号をマークしなさい。(解答番号は ⑰)

ア 亀　　イ 馬　　ウ ロバ　　エ 牛

問二、□部Bに補う四字熟語として、最も適切なものを次の中から選び、その記号をマークしなさい。(解答番号は 18)

ア 取捨選択　　イ 一期一会　　ウ 巧言令色　　エ 上意下達

問三、━━━線部に「遠ざけておくようにしたら」とありますが、筆者はなぜそう思ったと考えられますか。本文全体の趣旨を踏まえ、四十五字以内(句読点を含みます)で答えなさい。解答は記述欄に記入すること。

四　次の各問いに答えなさい。

(1) 次の━━線部の漢字の読みを答えなさい。解答は記述欄に記入すること。

1、失敗をこれからの糧にする。
2、雌雄を決する時がきた。
3、刃先を鋭く研ぐ。
4、結果に如実に現れる。

(2) 次の━━線部のカタカナを漢字に直しなさい。解答は記述欄に記入すること。

1、漢和辞典のサクインをひく。
2、テイチョウにもてなす。
3、爪で弦をハジく。
4、杉並君を次期会長にオす。

(3) 次の語の意味として最も適切なものを次のア〜エの中からそれぞれ選び、その記号をマークしなさい。(解答番号は1は 19 、2は 20)

1、プロセス　　ア 過程　　イ 結果　　ウ 端緒　　エ 経験

2、コンプライアンス
　　ア 意見を取りまとめること
　　イ 自分勝手に行動すること
　　ウ 法や社会的ルールを守ること
　　エ 場面に応じて適切に表現すること

(4) 次の——線部の故事成語の意味として最も適切なものを次のア～エの中から選び、その記号をマークしなさい。（解答番号は 21 ）

あそこにいる若い男が私の弟子の中の白眉である。

ア、最も努力家な人物
イ、最も優れている人物
ウ、一番の年長者
エ、一番苦労を重ねている人物

(5) 次の語の対義語になるように、空欄に適切な漢字を入れなさい。解答は記述欄に記入すること。

1、拒否　　承【　　】
2、保守　【　　】新

(6) 次のア～エの組み合わせのうち、正しくないものを一つ選び、その記号をマークしなさい。
（解答番号は 22 ）

　　　　〈成立時代〉　〈作品名〉　　〈ジャンル〉
ア、江戸時代 ―『奥の細道』― 紀行文
イ、室町時代 ―『太平記』 ― 軍記物語
ウ、平安時代 ―『枕草子』 ― 随筆
エ、鎌倉時代 ―『平家物語』― 歴史物語

英語解答

1 問題A 1…② 2…④ 3…①
　　　問題B 4…④ 5…③

2 A 問1…④ 問2…①
　　　B 問1…③ 問2…②
　　　C 問1…② 問2…③ 問3…①
　　　　　問4…④

3 A 問1 album 問2 attention
　　　　　問3 alarm 問4 asleep
　　　B 問1 sung 問2 begun
　　　　　問3 fifth 問4 its

4 問1 14…③ 15…①
　　　問2 16…② 17…⑥
　　　問3 18…③ 19…④
　　　問4 20…② 21…⑤

5 22 ⓪ 23 ⑦ 24 ⑥ 25 ④
　　26 ⑤ 27 ① 28 ② 29 ⑨

6 問1 (1)…③ (2)…① (5)…②
　　　　　(6)…④ (8)…② (10)…④
　　　問2　1日1日を楽しんでおくれ，そう
　　　　　すれば僕も気持ちが良くなる。
　　　問3 36…⑤ 37…⑦
　　　問4 ③
　　　問5　仕事を辞めて，家具も車も冬服も
　　　　　売ってしまったこと。
　　　問6 ④

7 問1 （例）Is this yours ?
　　　問2 （例）My friend is feeling sick.

---

1 〔放送問題〕解説省略

2 〔総合問題〕

A＜単語の発音＞

問1．① reach<u>ed</u>[t]　② push<u>ed</u>[t]　③ stopp<u>ed</u>[t]　④ expect<u>ed</u>[id]

問2．① th<u>ou</u>ght[ɔː]　② t<u>ou</u>ch[ʌ]　③ tr<u>ou</u>ble[ʌ]　④ c<u>ou</u>ntry[ʌ]

B＜単語のアクセント＞

問1．① es-sén-tial　② de-cí-sion　③ in-tro-dúce　④ mu-sí-cian

問2．② lán-guage　② sup-pórt　③ sóme-body　④ póck-et

C＜対話文完成─適語・適文選択＞

問1．A：なぜあなたのイヌはほえているの？／B：おなかがすいているからだよ。今，彼に何か食べるものをあげた方がいいね。／「何か食べるものをあげた方がいい」と続くことから，hungry「空腹の」が適切。

問2．A：私の考えでは，パンダが一番かわいいクマの種類だわ。／B：本当？　私はシロクマの方がかわいいと思うわ。／2人とも自分がかわいいと思うクマの種類をあげているので，in my opinion「私の考えでは」が適切。

問3．A：1回目の理科のテストは明日です。／B：それは無理です！　私たちはまだ何も習っていません！／「私たちはまだ何も習っていない」と続くことから，「それは無理だ」となるimpossible が適する。

問4．A：これをどう思う？／B：とてもいい帽子だけど，色が服と合ってないわ。／A：別の色のを探すよ。／帽子の色が服と合っていないと言われたのだから，別の色の帽子を探すという④が適切。

3 〔語彙・文法総合〕

A＜対話文完成─適語補充＞

問１．Ａ：ママ，僕たちが東京タワーの前で撮った写真を探しているんだけど。／Ｂ：赤い表紙の写真アルバムの中にあるわよ。

問２．Ａ：彼の新しい髪型をどう思う？／Ｂ：へえ，彼は髪を切ったんだ？　気づいてなかったよ。∥pay attention で「注意を払う」。

問３．Ａ：昨夜，アラームをセットし忘れたの？／Ｂ：いいや，でも時間を間違えてセットしたんだ。だから，今朝学校に遅刻したんだ。

問４．Ａ：今朝，地震に気づいた？／Ｂ：いいや。僕は睡眠中は簡単には起きないんだ。

B＜対話文完成─語形変化＞

問１．Ａ：式の最後で歌われた歌の名前は何？／Ｂ：「さくら」だよ。∥sing「歌う」を，「〜された」という受け身の意味で，後の語句とともに直前の名詞(the song)を修飾するはたらきを持つ形容詞的用法の過去分詞として用いる。　sing－sang－sung

問２．Ａ：映画はもう始まった？／Ｂ：数分後に始まるよ。∥疑問文の文頭に Has，文末に yet があるので，現在完了 'have/has＋過去分詞' の疑問文にするとわかる。文脈から begin「始まる」を使うとわかるので，これを過去分詞にする。　begin－began－begun

問３．Ａ：すみません，コンピュータ室はどこですか？／Ｂ：５階ですよ。そこのエレベーターに乗ってください。∥「〜階にある」は be on the 〜 floor で表す。five を，「５番目の」を意味する fifth にする。　five－fifth

問４．Ａ：去年アカデミー賞を受賞した映画を見た？／Ｂ：どの映画？／Ａ：ああ，その題名が思い出せない。∥「その(映画の)題名」となる，it の所有格の its が適する。　it－its－it

4 〔整序結合〕

問１．I read the email「私はＥメールを読んだ」が文の骨組み。「妻が送ってきたＥメール」は my wife sent が the email を後ろから修飾する形で表す。「知らせるために」は to不定詞の副詞的用法で表せるので，to tell 〜 として tell 以下につなげる。　I read <u>the email</u> my wife <u>sent</u> to tell me how to use the new washing machine.

問２．「このめがねはとても軽い」に対して「はい」と答えているので，語群の forget と wearing より「あなたはそれをかけていることを忘れるかもしれない」という内容が続くと推測できる。「あなたは〜ということを忘れるかもしれない」は you may forget that 〜 と表せる。「あなたはそれをかけている」は you're wearing them とまとめて，that の後に置く。　Yes, you <u>may</u> forget that you're <u>wearing</u> them.　Ａ：ああ，このめがねはとても軽いですね。／Ｂ：はい，あなたはかけていることを忘れるかもしれません。

問３．Ｂが Not yet.「まだだ」と答えているので，'完了' 用法の現在完了の疑問文（'Have/Has＋主語＋過去分詞…'）で Have you decided と始める。残った語に which, watch, are があり，空所の直後に going to buy が続くので「あなたはどの腕時計を買うつもりか決めましたか」という内容の文にすると推測できる。よって，decided の後に間接疑問（'疑問詞＋主語＋動詞…'）を続ける。　Have <u>you</u> decided which watch <u>you</u> are going to buy？　Ａ：どの腕時計を買うのか決めた？／Ｂ：まだ。あと10分待ってくれない？

問4．語群の promised と to take より「私はショッピングモールに連れていく約束を息子とした」という内容の文にすると推測できる。「〈人〉と〜する約束をする」は 'promise＋人＋to＋動詞の原形' で表せる。「〜を…に連れていく」は take 〜 to …。　I promised <u>my</u> son to take <u>him</u> to the shopping mall.　Ａ：なぜ今日は早退するの？／Ｂ：ショッピングモールに連れていく約束を息子としたんだよ。

5 〔対話文完成―適文選択〕

≪全訳≫**1**メイ（M）：ねえ，2人とも！　留学経験はどうだった？**2**リョウ（R）：今ちょうどそれについて話していたところだよ。2人ともすばらしい時を過ごしたよ。**3**M：外国のクリスマスを楽しんだ？**4**R：うん。日本のクリスマスとは全然違うんだ。それから，ハロウィーンもね。ホストファミリーと巨大なカボチャのちょうちんをつくったよ。**5**カエ（K）：私はもっと長くいたかったな。英語力が毎日上達していたし。スキーもうまくなっていったのよ。**6**R：₂₂<u>そうだね，カエ，後で動画を見せてあげなよ。</u>メイは，君がどれだけ上手なのかを見てきっと驚くよ。**7**M：ちょっと待って，訳がわからないんだけど。₂₃<u>そこはこの時期は暑くないの？</u>**8**K：とても寒くて，日本から持っていった服は役に立たなかったわ。**9**M：こことは季節が正反対だと思っていたけど。**10**R：君は誤解しているのかもね。僕たちはカナダに行ったんだよ。**11**M：あら，オーストラリアに行ったと思っていたわ。ごめんね。**12**K：いいのよ。**13**M：私は将来留学したいと思っているの。私にできると思う？**14**R：₂₄<u>友達をつくるのは難しくないよ。</u>人々は外国人にとても親切だった。**15**K：去年私も同じことを心配していたわ。心配しないで！　みんながあなたのことを好きになるわ。**16**M：実は，それについてはそれほど心配していないの。英語で勉強するのがとても大変だと思うのよ。あなたたちは何の授業を受けたの？**17**K：₂₅<u>生徒は学びたい科目を4つ選べるの。</u>私は料理，数学，ダンス，英語を受けたわ。料理が一番楽しかったわね。数学の授業では計算機の使用が認められていたから，簡単だったわ。**18**R：僕は美術，英語，音楽，フランス語を受けたよ。僕はフランス語を全然知らなかったから，ちょっと難しかったな。先生にたくさん質問して，友達に助けてもらったよ。**19**M：₂₆<u>英語の授業では何をしたの？</u>**20**R：たいていは，新聞記事を読んで，話題に関する意見を共有したよ。英語ですばらしいプレゼンテーションを行う方法も学んだよ。**21**K：私とほぼ同じね。でも，あまり難しくなかったわ。**22**R：本当？　みんながあまりにも速く話すものだから，母語話者と一緒の授業はとても大変だったよ。翌日の準備のために遅くまで勉強しなければならなかった。₂₇<u>カエの言うことを信じちゃだめだよ。</u>**23**K：あなたの学校では，留学生はカナダ人学生と同じ英語のクラスだったの？**24**R：うん。ということは，君の英語の授業は非母語話者ばっかりだったんだ！**25**M：₂₈<u>あなたたち2人が別々の学校に通っていたとは知らなかったわ。</u>**26**K：今年は5人の生徒が留学プログラムに参加したけど，誰も同じ学校に通わなかったわ。**27**M：なるほどね。あなたたちから留学についていろいろと聞けてとても参考になったわ。留学にはずっと興味があったけど，それについて誰に聞けばいいのかわからなかったのよ。**28**R：セキネ先生に会ってみたらどう？　₂₉<u>留学について君が知る必要があることを何でも教えてくれるよ。</u>**29**M：そうするわ！

＜解説＞22．直後の発言で，どれだけカエが上手なのかを見てメイはきっと驚くと言っているので，その姿を見ることができる動画を見せる提案をしている⓪が適切。　　23．直後でカエが「とても寒かった」と答えているのに対して，メイは「こことは季節が正反対だと思っていた」と言っていることから，気候を尋ねる⑦が適切。　　24．直後の発言で「人々は外国人にとても親切だった」と言っているので，友達をつくるのは難しくないと述べている⑥が適切。　　25．直後で学んだ科目を具体

的に４つあげているので，選択できる科目の数を述べている④が適切。　　　26.　直後でリョウが，留学先での英語の授業について説明していることから，英語の授業の内容を尋ねる⑤が適切。　　　27.カエは英語の授業はあまり難しくなかったと言っているのに対して，リョウはとても大変だったと言っている。よって，リョウはカエの言っていることは信じられないと思っていることがわかるので，①が適切。　　　28.　直前のカエとリョウの対話から，２人が留学先で別々の学校に通っていたことがわかるので，②が適切。　　　29.　留学について誰に聞けばいいのかわからなかったと言うメイに対し，リョウはセキネ先生に会うことを提案しているので，その理由を説明する⑨が適切。

6 〔長文読解総合―物語〕

≪全訳≫■ジョン・ヘンドリックはひどい頭痛がしたので，主治医に診てもらった。医者は彼を検査のために病院に行かせ，それから彼に悪い知らせを告げた。「ヘンドリックさん，あなたは重病人です」と医者は言った。「半年しか生きられません」「先生に何かできることはないのですか？」とジョンは医者に尋ねた。「薬は？　手術は？」「申し訳ございません」と医者は答えた。「我々にできることは何もありません。余生を楽しんでください。大変お気の毒ですが」２ジョンは62歳だった。彼には成長した子どもが２人いた。彼は息子たちに悪い知らせを告げた。それから，パートナーのサリーに伝えた。「悲しまないようにしよう」と彼は彼らに言った。「医者は私に『余生を楽しんでください』と言ったんだ。それが私たちがこれからすることだよ。とにかく私は健康だと考えておくれ。１日１日を楽しんでおくれ，そうすれば僕も気持ちが良くなる」３翌日，ジョンは仕事を辞めた。彼は自分のお金を全部使うことに決めた。ジョンとサリーはイングランドの沿岸地方に住んでいて，そこは観光客がよく訪れる美しい地域にあった。ジョンとサリーは海岸沿いに小旅行をして，最高級のホテルに泊まった。彼は家族をイングランドで最も高額なレストランの１つに連れていった。彼は家族や友人に高価な贈り物を買った。春と夏中に，ジョンは自分のお金を使った。４秋がきて，彼は自らの死について考え始めた。「私の死後，家族は私の所持品の全てをどうするつもりだろう？」と思った。「家族が売る必要がないように，私が今それらを売ってしまおう」　ジョンは自分の家具の大半を売った。それから彼は自分の車を売った。「冬服は必要ないだろう」と彼は思った。「だってこの冬は私は生きていないのだから」　彼は慈善団体に冬服を全て譲った。彼にとって最もつらかったのは，自分の葬式を計画することだった。彼はサリーに黒のスーツ，白いシャツ，赤色のネクタイを見せた。「このスーツを着せて埋葬してくれ」とサリーに言った。あらゆることの準備ができた。₇彼はその日がくるのを待ちさえすればよかった。５秋がきて，去っていった。冬がきて，去っていった。再び春がきて，ジョンはまだ生きていた。彼はまた医者のもとへ行った。「頭痛はいかがですか」と医者が尋ねた。「なくなりました」とジョンは言った。医者は彼を検査のために病院に行かせ，それから彼に良い知らせを告げた。「あなたは完全に健康です」と医者は言った。「それでは，私はすぐには死なないのですね？」とジョンは尋ねた。「はい」と医者は答えた。「あなたは健康だと思いますよ」　「でも，１年前にこの病院で受けた検査については何だったのですか？」とジョンは尋ねた。「前回の検査の結果では，あなたを救う方法はないとどの医者でも言ったと思いますよ」と医者は言った。「なぜこんなことが起きたのか私にはわかりません」６良い知らせの後で，ジョンの人生観は再び根底から覆った。最初は，自分が死なないことに驚き喜んだ。ジョンとサリーと子どもたちは盛大なパーティーを開いた。しかしその後，ジョンは「私は生きることになる。でも，仕事も家具も車も暖かい服もお金もなく，どうやって生きていこうか？」と思った。７ジョンは病院に，犯した誤りの代価を払ってほしいと思っている。彼は，病院は新しい家具や新しい車，

新しい服を買うためのお金を自分に与えるべきだと主張している。そうでなければ，彼は他に何も持っていないので，自宅を売らなければならないだろう。ジョンはみんなに，自分と同じ事をする前に別の病院に行って確認してほしいと思っている。

問1＜適語（句）選択＞(1)「半年しか生きられない」と続くことから，「重病人」だとわかる。　(2)「余生を楽しんでください。大変お気の毒です」と続くことから，病気に対して医者としてできることは何もないと伝えたと考えられる。　(5)「私の死後，家族は私の所持品の全てをどうするつもりだろうか」と思っていることから，「家族が売る必要がないように，私が今それらを売ってしまおう」とする。so that 〜 で「〜するように」という意味。　(6)ジョンが冬服は必要ないと思った理由が当てはまる。半年しか生きられないと余命宣告をされたジョンは，この冬は生きていないだろうと考えていることが読み取れる。　(8)ジョンが「私はすぐには死なないのですね？」と尋ねると，医者は「はい」と答えていることから，医者はジョンが健康だと思っていることがわかる。　(10)直後に「病院は新しい家具や新しい車，新しい衣服を買うためのお金を自分に与えるべきだとジョンは主張している」と続くことから，ジョンは病院が誤診したと考えていると推測できる。pay … for 〜's mistake で「…に〜が犯した誤りの代価を払う」。

問2＜英文和訳＞'命令文, and 〜' は「…しなさい，そうすれば〜」，'make＋目的語＋動詞の原形' は「〜に…させる」という意味。

問3＜整序結合＞直前に動詞 took があり，語群には to と his family があるので，take 〜 to …「〜を…に連れていく」の形を用いて，took の後に his family to を続ける。残った語句で 'one of＋最上級＋複数名詞'「最も〜な…の１つ」の形を用いて one of the most expensive restaurants というまとまりをつくり，これを to の後に置いて文末の in England. につなげる。　He took his family to one of the most expensive restaurants in England.

問4＜適文選択＞第3，4段落から，ジョンは自らの死に向けての準備したことが読み取れるので，「後は自分が亡くなる日がくるのを待ちさえすればいい」という③が適切。

問5＜要旨把握＞下線部の「良い知らせ」とは，医者に余命半年と宣告されたジョンが健康を取り戻し，すぐには死なないことがわかったことである。その知らせを聞いたジョンは当初は喜んだが，その後は「仕事も家具も車も暖かい服もお金もなく，どうやって生きていこうか」と困っている様子が，第6段落最終文に書かれている。

問6＜内容真偽＞①「ジョンの２人の子どもは幼すぎて，彼に何が起きたのか理解できなかった」…× 第2段落第2文参照。成長した子どもとある。　②「秋がきたとき，ジョンの頭痛は悪化した」…× このような記述はない。　③「2度目の検査を受けた後に，医者はジョンに彼は間もなく死ぬだろうと言った」…× 第5段落後半参照。2度目の検査では健康だと判明した。　④「ジョンは，検査の結果が正しいことを確認するために病院はいくつか行った方がいいと思っている」…○ 第7段落最終文の内容と一致する。

7 〔条件作文〕

問1．「これはあなたのものですか」と尋ねればよい。Whose pen is this？「これは誰のペンですか」などと持ち主を尋ねる文も考えられる。

問2．現在，友達の具合が悪いことを伝えるので，現在進行形（'be動詞＋〜ing'）を用いて表せばよい。「具合が悪い」は feel sick。

数学解答

1	[Ⅰ]	(1) 8	

[Ⅰ]
(1) 8
(2) イ…4 ウ…5 エ…7
(3) オ…2 カ…3
(4) キ…1 ク…0
(5) ケ…2 コ…1 サ…0

[Ⅱ]
(1) シ…3 ス…7
(2) セ…5 ソ…1 タ…2
(3) 4 (4) 5 (5) 2

2 [Ⅰ] ア…3 イ…3 ウ…0 エ…8

オ…3 カ…2 キ…0
[Ⅱ] ク…1 ケ…5 コ…4
[Ⅲ] (1) サ…5 シ…1 ス…6
(2) セ…7 ソ…2 タ…4

3 [Ⅰ] (1) 2 (2) イ…2 ウ…1
[Ⅱ] (1) エ…2 オ…1 カ…1
キ…3 ク…1 ケ…3
(2) コ…6 サ…7

---

1 〔独立小問集合題〕

[Ⅰ](1)<数の計算>与式 $=(2022-2\times1000)\div\frac{11}{4}=(2022-2000)\times\frac{4}{11}=22\times\frac{4}{11}=8$

(2)<数の計算>与式 $=1\times210+\frac{1}{2}\times210+\frac{1}{3}\times210+\frac{1}{5}\times210+\frac{1}{7}\times210=210+105+70+42+30=457$

(3)<数の計算>与式 $=2\sqrt{6\times2}-\frac{9}{\sqrt{3}}+\sqrt{3}=2\sqrt{2^2\times3}-\frac{9\times\sqrt{3}}{\sqrt{3}\times\sqrt{3}}+\sqrt{3}=2\times2\sqrt{3}-\frac{9\sqrt{3}}{3}+\sqrt{3}=4\sqrt{3}$
$-3\sqrt{3}+\sqrt{3}=2\sqrt{3}$

(4)<数の計算>$x=\sqrt{6}+3$ より，$x-3=\sqrt{6}$，$(x-3)^2=(\sqrt{6})^2$，$x^2-6x+9=6$，$x^2-6x=-3$ となるから，与式 $=(-3+8)\times(-3+5)=5\times2=10$ となる。

(5)<二次方程式>$x^2+14=12x-6$，$x^2-12x+20=0$，$(x-2)(x-10)=0$ $\therefore x=2$，10

[Ⅱ](1)<数の性質—素因数分解>$567=3\times189=3\times3\times63=3\times3\times3\times21=3\times3\times3\times3\times7=3^4\times7$

(2)<確率—さいころ>大小2つのさいころを同時に投げるとき，目の出方は全部で $6\times6=36$（通り）ある。出た目の和は，最小で $1+1=2$，最大で $6+6=12$ だから，和が素数となるのは，和が2，3，5，7，11となる場合である。和が2の場合は（大，小）$=(1, 1)$の1通り，3の場合は（大，小）$=(1, 2)$，$(2, 1)$の2通り，5の場合は（大，小）$=(1, 4)$，$(2, 3)$，$(3, 2)$，$(4, 1)$の4通り，7の場合は（大，小）$=(1, 6)$，$(2, 5)$，$(3, 4)$，$(4, 3)$，$(5, 2)$，$(6, 1)$の6通り，11の場合は（大，小）$=(5, 6)$，$(6, 5)$の2通りより，和が素数となるのは $1+2+4+6+2=15$（通り）ある。よって，求める確率は $\frac{15}{36}=\frac{5}{12}$ となる。

(3)<数量の計算>150gの食塩水に食塩を10g加えたので，できた10％の食塩水の量は $150+10=160$（g）である。この食塩水に含まれる食塩の量は $160\times\frac{10}{100}=16$（g）だから，もとの食塩水に含まれていた食塩の量は $16-10=6$（g）となる。よって，もとの食塩水の濃度は $\frac{6}{150}\times100=4$（％）となる。

(4)<平面図形—面積>半径が6cm，中心角が50°のおうぎ形だから，面積は，$\pi\times6^2\times\frac{50°}{360°}=5\pi$（cm²）である。

(5)<平面図形—長さ>右図で，$\angle BAD=\angle ACB=30°$，$\angle B=90°$

より，△ABD，△ABC は，ともに 3 辺の比が $1:2:\sqrt{3}$ の直角三角形である。よって，BD $=$ $\dfrac{1}{\sqrt{3}}$AB$=\dfrac{1}{\sqrt{3}}\times\sqrt{3}=1$，BC$=\sqrt{3}AB=\sqrt{3}\times\sqrt{3}=3$ だから，DC$=$BC$-$BD$=3-1=2$(cm) となる。

2 〔独立小問集合題〕

[Ⅰ] <一次方程式の応用> 15 分借りるごとに 200 円の時間料金がかかるから，2800 円の時間料金がかかるときの利用時間は，$15\times(2800\div200)=210$(分) である。$210\div60=3$ あまり 30 より，210 分は 3 時間 30 分だから，利用時間は 3 時間 30 分となる。次に，時間料金と距離料金が合わせて 11520 円になるときの毎時 40km で走り続けた時間を x 時間とする。時間料金は，$\dfrac{15}{60}=\dfrac{1}{4}$(時間) ごとに 200 円だから，$200\times\left(x\div\dfrac{1}{4}\right)=800x$(円) と表せる。また，$40x$km 走るので，距離料金は，$16\times40x=640x$ (円) と表せる。よって，$800x+640x=11520$ が成り立つ。これを解くと，$1440x=11520$ より，$x=8$ となるので，走り続けた時間は 8 時間，移動した距離は $40\times8=320$(km) である。

[Ⅱ] <関数—面積，点の個数> 右図で，2 点 A，B は放物線 $y=x^2$ 上の点で，x 座標がそれぞれ 2，-3 だから，$y=2^2=4$，$y=(-3)^2=9$ より，A(2, 4)，B(-3, 9) である。これより，直線 AB の傾きは $\dfrac{4-9}{2-(-3)}=-1$ となり，その式は $y=-x+b$ とおける。点 A を通るから，$4=-2+b$ より，$b=6$ となり，直線 AB の式は $y=-x+6$ となる。直線 AB と y 軸の交点を C とすると，切片が 6 より，C(0, 6) となり，OC$=6$ である。△OAB$=$△OAC$+$△OBC だから，△OAC，△OBC の底辺を OC$=6$ と見ると，それぞれの三角形の高さは，点 A，点 B の x 座標より，2 cm，3 cm となり，△OAB

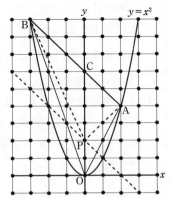

$=\dfrac{1}{2}\times6\times2+\dfrac{1}{2}\times6\times3=15$(cm²) である。また，△OAB の面積の $\dfrac{2}{3}$ 倍は $15\times\dfrac{2}{3}=10$ である。y 軸上の点 O と点 C の間に △PAB$=10$ となる点 P をとり，点 P を通り直線 AB に平行な直線を引くと，この直線上の点と直線 AB の距離は一定だから，この直線上の点と 2 点 A，B を結んでできる三角形の面積は 10cm² になる。PC$=t$ とおくと，△PAB$=$△PAC$+$△PBC$=\dfrac{1}{2}\times t\times2+\dfrac{1}{2}\times t\times3=$ $\dfrac{5}{2}t$ となり，$\dfrac{5}{2}t=10$ が成り立ち，$t=4$ となる。これより，点 P の y 座標は $6-4=2$ である。直線 AB の傾きが -1 より，点 P を通り直線 AB に平行な直線の傾きも -1 なので，この直線の式は $y=-x+2$ である。放物線 $y=x^2$ と直線 $y=-x+2$ の交点の x 座標は，$x^2=-x+2$，$x^2+x-2=0$，$(x+2)(x-1)$ より，$x=-2$，1 であるから，放物線 $y=x^2$ と直線 AB で囲まれる部分の線上または内部にある 1 点(・)と 2 点 A，B を結んでできる面積が 10cm² の三角形の，A，B 以外の点の x 座標は -2，-1，0，1 である。その点は $(-2, 4)$，$(-1, 3)$，$(0, 2)$，$(1, 1)$ の 4 個なので，求める三角形は 4 個ある。

[Ⅲ] <確率—カード> (1) A さんと B さんが初めに持っているカードはどちらも 4 枚だから，互いのカードを 1 枚ずつ交換するとき，交換の仕方は全部で，$4\times4=16$(通り) ある。このうち，A さんの持つカードに書かれた数の合計と B さんが持つカードに書かれた数の合計の差が 6 となるのは，全てのカードに書かれた数の合計が $1+3+5+7+2+4+6+8=36$ だから，$36=15+21$，$21-15=6$ より，

2人の持つカードに書かれた数の合計が，1人は15，もう1人は21になるときである。Aさんの持つカードに書かれた数の合計が15になるとき，Aさんが初めに持っていたカードに書かれた数の合計が$1+3+5+7=16$だから，Bさんと，3と2，5と4，7と6を交換する3通りある。Aさんの持つカードに書かれた数の合計が21になるとき，Bさんと，1と6，3と8を交換する2通りある。以上より，合計の差が6になるのは，$3+2=5$(通り)あるから，求める確率は$\frac{5}{16}$となる。

(2)Aさんのカードを2枚とBさんのカードを1枚交換するとき，Aさんの交換するカードは1と3，1と5，1と7，3と5，3と7，5と7の6通り，Bさんの交換するカードは4通りだから，交換の仕方は全部で$6×4=24$(通り)ある。このとき，Aさんの持つカードは，奇数が2枚，偶数が1枚となるから，合計は偶数になる。また，(1)より，Aさんの持つカードに書かれた数の合計とBさんが持つカードに書かれた数の合計の差が6より小さくなるのは，Aさんの持つカードに書かれた数の合計が15より大きく21より小さくなるときである。よって，Aさんの持つカードに書かれた数の合計が16，18，20になるときを考えればよい。このようになる交換の仕方は(A，B)＝(1と3，4)，(1と3，6)，(1と3，8)，(1と5，6)，(1と5，8)，(1と7，8)，(3と5，8)の7通りある。よって，求める確率は$\frac{7}{24}$となる。

3 〔独立小問集合題〕

[Ⅰ]＜平面図形—長さ，面積比＞(1)右図1のように，正三角形の各頂点をA，B，Cとし，頂点Aから辺BCに垂線AMを引く。$AB=BC=x$(cm)とすると，△ABMは3辺の比が$1:2:\sqrt{3}$の直角三角形だから，$AM=\frac{\sqrt{3}}{2}AB=\frac{\sqrt{3}}{2}x$となる。△ABCの面積が$\sqrt{3}$cm²より，$\frac{1}{2}×x×\frac{\sqrt{3}}{2}x=\sqrt{3}$が成り立ち，これを解くと，$x^2=4$より，$x=±2$となる。$x>0$だから，$x=2$となり，正三角形の1辺の長さは2cmである。　(2)図1で，円の

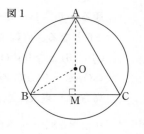

図1

中心をOとする。△OBMは，$\angle OBM=\frac{1}{2}\angle ABC=\frac{1}{2}×60°=30°$より，3辺の比が$1:2:\sqrt{3}$の直角三角形である。よって，$BM=\frac{1}{2}AB=\frac{1}{2}×2=1$より，円Oの半径は，$OB=\frac{2}{\sqrt{3}}BM=\frac{2}{\sqrt{3}}×1=\frac{2\sqrt{3}}{3}$となる。次に，右図2のように，正六角形の各頂点をD，E，F，G，H，I，円の中心をPとする。正六角形DEFGHIは，3本の対角線DG，EH，FIによって，6個の合同な正三角形に分けられ，1個の正三角形PDEの面積は，$\sqrt{3}÷6=\frac{\sqrt{3}}{6}$となる。また，図1の△ABCも正三角

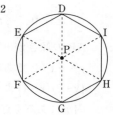

図2

形だから，△PDE∽△ABCであり，面積比が$\frac{\sqrt{3}}{6}:\sqrt{3}=1:6$なので，相似比は$1:\sqrt{6}$となる。これより，△PDEの1辺の長さは，$PD=\frac{1}{\sqrt{6}}AB=\frac{1}{\sqrt{6}}×2=\frac{\sqrt{6}}{3}$となり，円Pの半径は$\frac{\sqrt{6}}{3}$である。したがって，円Oと円Pの相似比は，半径の比より，$\frac{2\sqrt{3}}{3}:\frac{\sqrt{6}}{3}=2:\sqrt{2}$だから，面積比は，$2^2:(\sqrt{2})^2=2:1$となる。

[Ⅱ]＜空間図形—長さ，長さの比＞(1)次ページの図3のように，引いた線と辺ADとの交点をEとし，

辺 AC との交点を F とする。この線の長さが最も
短くなるのは，右図4のように，線が通る側面
ABC，ACD の展開図において，線が点 B から辺
AD に引いた垂線となるときである。垂線 BE は，
△ABD の底辺を AD と見たときの高さとなる。
△ACD で三平方の定理より，$AD = \sqrt{AC^2 + CD^2} =$
$\sqrt{6^2 + 4^2} = \sqrt{52} = 2\sqrt{13}$ であり，$\triangle ABD = \frac{1}{2} \times BD \times$

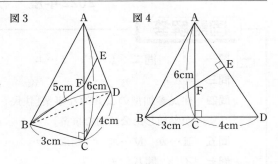

図3　　　図4

AC $= \frac{1}{2} \times (3 + 4) \times 6 = 21$ だから，$BE = h\,(cm)$ とすると，△ABD の面積について，$\frac{1}{2} \times 2\sqrt{13} \times h$
$= 21$ が成り立つ。これを解くと，$h = \frac{21\sqrt{13}}{13}$ となるから，求める線の長さは $\frac{21\sqrt{13}}{13}$ cm である。

(2)図4の△BDE で，三平方の定理より，$ED = \sqrt{BD^2 - BE^2} = \sqrt{7^2 - \left(\frac{21\sqrt{13}}{13}\right)^2} = \sqrt{\frac{196}{13}} = \frac{14\sqrt{13}}{13}$ と

なる。よって，$AE = AD - ED = 2\sqrt{13} - \frac{14\sqrt{13}}{13} = \frac{12\sqrt{13}}{13}$ となるから，$AE : ED = \frac{12\sqrt{13}}{13} : \frac{14\sqrt{13}}{13}$
$= 6 : 7$ である。

＝読者へのメッセージ＝

　放物線は英語でパラボラ(parabola)といいます。パラボラアンテナは放物線の形を利用してつくられ
ています。

国語解答

一　問一　ア　　問二　Ⅰ…ア　Ⅱ…エ
　　問三　イ
　　問四　住民参加型の公共的な事業〔住民
　　　　　が参加した公共的な事業〕
　　問五　Ⅲ…カ　Ⅳ…エ　　問六　ウ
　　問七　イ　　問八　イ
　　問九　かつて農村地域に存在していた公
　　　　　共の考え方が，現代の都市部にお
　　　　　いて新たに必要とされているとい
　　　　　うこと。(49字)
二　問一　a…キ　b…エ
　　問二　(1) まうでて　(2) かく
　　問三　①…イ　③…イ　④…エ
　　問四　命　　問五　ウ

問六　お互いに自分の命よりも相手の命
　　　を大切に思っている点。(26字)
問七　ア
三　問一　エ　　問二　ア
　　問三　情報や論考が対象なら要約も意味
　　　　　を持つが，芸術や娯楽には向いて
　　　　　いないと思ったから。(40字)
四　(1)　1　かて　2　しゅう　3　と
　　　　　4　にょじつ
　　(2)　1　索引　2　丁重　3　弾
　　　　　4　推
　　(3)　1…ア　2…ウ　　(4)　イ
　　(5)　1　諾〔認〕　2　革　(6)　エ

一　〔論説文の読解─社会学的分野─現代社会〕出典；山崎亮『コミュニティデザインの時代』。

　≪本文の概要≫「私(プライベート)」が集まって「共(コモン)」をつくり，「共」を開いたものが「公(パブリック)」である。「共」を構成する人数の少ない状態が「私」，多い状態が「公」に近づく。「公」も「共」も「私」が基本となる概念であり，それらは，「官」や「行政」という意味ではない。かつて日本人の多くが農村部に住んでいた時代は，「私」が集まり，協力しながら「共」を成立させ，つながりを維持していたが，結びつきやつながりが窮屈すぎて共同体を出たり，仕事のために都市部で生活したりする人が出てきた。一方，都市部では，つながりが希薄化することで生じた社会的な問題への不安から，若者たちは，気の合う仲間たちと集まるようになった。そして，その頃から，「コミュニティ」という言葉がよいイメージで使われるようになった。都市部では，閉じた「私」どうしがつながらないので，「共」や「公共」は生まれない。そのため，「公」は「官」と近づき，長い間，「官」がほとんどの「公」をになってきたが，もはやそれも難しくなっている。もう一度，「私」をつなげて「共」をつくり，「共」を外部に開いて「公」をつくり出すことが必要である。

問一＜文章内容＞コミュニティの活動が盛りあがって，広場や公園でさまざまなイベントを計画しても，公園ではなく官園ではないかと思われるほど，「あれはダメ，これもダメ」という規制や注意事項がかなりたくさん言い渡される。そのたびに，筆者は「公」や「パブリック」とは何かということを考えてみたくなる。

問二＜接続語＞Ⅰ．プライベートを開くということが「公」の意味であり，「『私』が少しずつ開くことで『公』が生まれる」ということを言い換えると，パブリックは，「プライベートが集まって，それらを少しずつ開くことで生じる状態」ということになる。　　Ⅱ．そもそも，行政は，住民が参加する公共的な事業に「参加する」という意識がなく，公共的な事業は行政の事業だと思い込んでいるので，依然として業者に仕事を発注するかのように住民のボランティアに仕事を発注してい

る。

問三<文章内容>プライベートとパブリックは，別々の概念ではなく，参加する人数によってそれぞれに近づくのであり，「コモン」という概念によってつながっているのである。

問四<指示語>1980年頃から盛んになった「住民参加」は，公共的な事業に対する住民の参加であるが，その住民が参加している公共的な事業に，行政はうまく参加できないでいる。

問五<文章内容>Ⅲ．「僕たち」の仕事は，住民参加のコミュニティをつくることや，すでにできあがっているコミュニティの合意形成を速やかに進行させることである。　Ⅳ．同時に，「僕たち」の仕事は，行政職員が持つ「公共」に対する意識を根底から新たにし，公共的な事業に対する住民参加と行政参加の方法を対等に考えることからスタートすることが多い。

問六<文章内容>「私」が集まり，協力しながら「共」を成立させて，みんなで協力して生活し，つながりを維持していこうという「私」と「共」の概念が，現在の都市部では消えてしまった。

問七<文脈>かつての農村では，共同体に属する人たちは，共同体の構成員の特徴を理解し，協力し合ったり助け合ったりするというつながりの中で生きていた。

問八<漢字>「希薄」と書く。アは「幾何学」，イは「薄力」，ウは「博覧」，エは「基盤」。

問九<文章内容>かつて日本の農村部にあった，「私」が集まり協力しながら「共」を成立させ，「共」に集まる人数を多くして「公」に近づけていくという古い「公共」の考え方が，今，都市部で，「私」をつなげて「共」をつくり，それを外部に開くことによって「公」をつくり出すという新しい「公共」の概念として必要だと思われる。

□二　〔古文の読解—説話〕出典；『古今著聞集』巻第八，三〇二。

≪現代語訳≫式部の大輔大江匡衡朝臣の息子である，式部の権の大輔挙周朝臣が，病気になって，生きる望みが少なく見えたので，母の赤染衛門が，住吉大社に参詣して，七日間祈願のために泊まって，「今回（息子が）助からないのならば，すぐに私の命と取り換えて（私の命を）お取りあげください」と申し上げて，祈願が七日に達した日，御幣のしでに書きつけました（歌が，これである）。

（息子の命に）代わろうと祈る，〈私の命〉は惜しくはないが，そうやって（息子と）死に別れることが悲しい。

このようによんで（和歌を）奉納したところ，神が感応することがあったのだろうか，挙周の病気はすっかり治ってしまった。母が帰って，喜びながらこの事情を語ったところ，挙周はたいへん嘆いて，「私が生きていたとしても，母を失ってしまったら何の生きがいがあるでしょうか。また一方では（私は）親不孝の身であろう」と思って，住吉大社に参詣して申し上げたことには，「母が私に代わって命が終わらなければならないのならば，すぐにもとのとおりに私の命をお取りあげになって，母をお助けください」と泣きながら祈ったところ，神がしみじみと心を打たれてお助けがあったのだろうか，母子ともに何事もありませんでした。

問一<古典文法>a．「けれ」は，過去の助動詞「けり」の已然形。　b．「すみやかに」は，形容動詞「すみやかなり」の連用形。

問二<古語>(1)「まうづ」は，寺社などに参詣する，という意味。　(2)「かく」は，こう，このように，という意味。

問三<古文の内容理解>①式部の権の大輔挙周朝臣が，病気になって生きる望みも少なくなり，助かりにくい状態になった。　③挙周は，自分が生きても代わりに母が死ぬのでは，生きがいがない

し，自分は親不孝だろうと思った。　　④住吉大社の神が自分の命をお取りあげになるようにと，挙周は泣きながら祈った。

問四＜和歌の内容理解＞赤染衛門は，息子の身代わりになろうと祈っている私の「命」は惜しくはないが，息子と死に別れることが悲しいことだとよんだ。

問五＜古文の内容理解＞挙周は，赤染衛門が，住吉大社に参詣して，息子の命が助からないのならば自分の命と引き換えにして息子を助けてほしいと神に願ったおかげで，挙周の病気が治ったと話すのを聞き，このままでは母が自分の代わりに死んでしまうと思って，たいへん嘆いた。

問六＜古文の内容理解＞住吉大社の神は，息子を死なせないためなら自分の命をさし出すという母の願いと，母が自分の代わりに死ぬくらいなら，もとのとおり自分の命をお取りあげになって母の命を助けてほしいという息子の願いを受け，母子が互いを自分自身以上に思い合っている愛情の深さに感動したのだろうと作者は考えた。

問七＜文学史＞『宇治拾遺物語』は，鎌倉時代に成立した説話集。『万葉集』は，奈良時代に成立した現存する日本最古の歌集。『源氏物語』は，平安時代に紫式部が書いた物語。『竹取物語』は，平安時代に成立した物語。

三 〔随筆の読解─芸術・文学・言語学的分野─読書〕出典；「天声人語」（「朝日新聞」2021年6月28日朝刊）。

問一＜慣用句＞「牛の歩み」「牛歩」は，物事の進行がとても遅いこと。

問二＜四字熟語＞「取捨選択」は，不必要なものを捨て，必要なものを選び取ること。

問三＜主題＞「リーダーズダイジェスト」が，さまざまな雑誌から抜粋した記事を要約する手法で大当たりしたように，情報や論考には「要約」がなじむ。一方，芸術や娯楽では，あらすじや結末がわかることは作品を味わうことではないので，「要約」を読んでも作品を読んだことにはならないのではないか。そこで，小説『夜明け前』のダイジェスト本は，遠ざけて読まないでおこうと思った。

四 〔国語の知識〕

(1)**＜漢字＞**1．「糧」は，活力の源泉，豊かにし力づけるもののこと。　　2．「雌雄を決する」で，優劣を決める，勝敗を決める，という意味。　　3．音読みは「研磨」などの「ケン」。　　4．「如実」は，現実，事実のままであること。

(2)**＜漢字＞**1．「索引」は，ある書物の中の語句や事項などを，探し出しやすいように，一定の順序に配列し，その所在を示した表のこと。　　2．「丁重」は，礼儀正しく手厚いこと。　　3．音読みは「弾力」などの「ダン」。　　4．音読みは「推薦」などの「スイ」。

(3)**＜語句＞**1．「プロセス」は，過程，経過のこと。　　2．「コンプライアンス」は，企業や組織が法令やルールに従って，公正，公平に業務を遂行すること。

(4)**＜故事成語＞**「白眉」は，多数あるもののうち，最も優れている人や物のこと。

(5)**＜語句＞**1．「拒否」は，要求，提案を聞き入れないで断ること。「承諾」は，意見，希望，要求などを聞いて受け入れること。「承認」は，よしとして聞き入れること。　　2．「保守」は，改革を望まず，旧習を重んじること。「革新」は，古い組織や方法を改めて新しくすること。

(6)**＜文学史＞**『平家物語』は，鎌倉時代に成立した軍記物語。

【英　語】（50分）〈満点：100点〉

1 リスニングテスト（放送による指示に従って答えなさい。）

問題A　次の①～④から最も適切なものを一つ選んで、番号をマークしなさい。

1. ☐ 1 ☐
   ① Cooking bread at home.
   ② Watching a video on the internet.
   ③ Eating delicious bread.
   ④ Looking for a bread recipe.

2. ☐ 2 ☐
   ① At a post office.
   ② At a library.
   ③ At a clothing store.
   ④ At a bank.

3. ☐ 3 ☐
   ① Because he was in a meeting.
   ② To tell him she can't see him tonight.
   ③ To check what time they were having dinner together.
   ④ Because she wanted to have dinner with him.

問題B　次の①～④から最も適切なものを一つ選んで、番号をマークしなさい。

4. ☐ 4 ☐
   ① I'm free, too.
   ② Great, I'll check the movie times.
   ③ That's okay. Maybe next time.
   ④ Let's meet at the movie theater.

5. ☐ 5 ☐
   ① Then, how about golf?
   ② Why don't you exercise more?
   ③ Really? Why did you stop?

④ What sport did you play in high school?

※ リスニングテスト放送文は，英語の問題の終わりに付けてあります。

2 次の問い（A, B, C）に答えなさい。

A　下線部の発音が他の三つと異なるものを一つ選んで、番号をマークしなさい。

問1　| 6 |　① rea̲son　② u̲seful　③ lo̲se　④ ri̲se

問2　| 7 |　① sta̲dium　② da̲ngerous　③ tra̲vel　④ fa̲mous

B　最も強く発音する部分を選んで、番号をマークしなさい。

問1　| 8 |　sci - en - tist

　　　　　　　① ② ③

問2　| 9 |　ex - act - ly

　　　　　　　① ② ③

C　（　　）に入る最も適切な語句を①〜④から一つずつ選んで、番号をマークしなさい。

問1　| 10 |

　A　：　Congratulations. I hear you are getting married.

　B　：　Who（　　）you that?

　① said　　　　② heard　　　③ spoke　　　④ told

問2　| 11 |

　A　：　Will you turn（　　）the heater? I'm too hot.

　B　：　Why don't you take off your coat?

　① on　　　　　② off　　　　③ out　　　　④ in

問3　| 12 |

　A　：　Oh, you look very tired.

　B　：　Because I（　　）. I prepared for today's exam all night.

　① looked　　　② tired　　　③ am　　　④ did

3 次の問い（A, B）に答えなさい。答えはすべて記述式解答欄に記入すること。

A　（　　）に当てはまる語を答えなさい。ただし、与えられたアルファベット一文字で始まる英語一語とする。

問1　【　あ　】

A　：This door is locked. It doesn't open.

B　：You are pushing it. Just (p　　　) it.

問2　【　い　】

A　：How can I be a better handball player?

B　：The important thing is (c　　　) with other players. So try to speak to them while you are playing.

問3　【　う　】

A　：I have two brothers. They are both older than me.

B　：So you are the (t　　　) child for your parents.

問4　【　え　】

A　：Dad, I can't see the (m　　　). Where is it?

B　：It must be somewhere in the sky. Maybe behind that building.

B　（　　）内の語を、適した形に直しなさい。英語一語で答えること。

問1　【　お　】

A　：Where is your sister?

B　：I can't find her. She's among those people (run) over there.

問2　【　か　】

A　：I want to be a professional writer in the future. What should I do now?

B　：(Read) many kinds of books may help you.

問3　【　き　】

A　：This is a beautiful picture.

B　：That's one of the pictures (take) by my sister.

問4　【　く　】

A　：I didn't know our grandfather fought in World War 2.

B　：He (keep) it secret until he died.

4 日本文に合う英文になるように、語群から語句を選んで( )に入れなさい。ただし文頭に来る字も小文字にしてある。解答は 13 ～ 18 に入る語句の番号をマークすること。

問1 何時にタクシーを呼んで欲しいんだい。

( )( )(13)( )( )(14)( ) call a taxi?

① time ② me ③ what ④ do

⑤ want ⑥ you ⑦ to

問2 あそこのお店で焼いたパンはとても美味しいから、すぐに売り切れるよ。

( )(15) at the shop is so delicious ( )( )(16)( )( ) out soon.

① baked ② sold ③ will ④ be

⑤ it ⑥ the bread ⑦ that

問3 辞書を使わずに英語の本を読んだことは一度もないな。

I ( )(17)( )( )(18)( )( ) a dictionary.

① never ② without ③ an English ④ read

⑤ book ⑥ have ⑦ using

5 次の対話文中の ◻︎ に入るものを、後の①～⑧から一つずつ選んで番号をマークしなさい。同じ選択肢を二度用いてはならない。

ホームステイに来ている留学生 Emma と、日本の高校生 Kaho の会話です。

Kaho : Emma, how about going to see Tokyo Skytree tomorrow?

Emma : What is that?

Kaho : 19

Emma : Sounds fun. I've been up the Eiffel Tower* and it was great. So I'm looking forward to going to the top of Tokyo Skytree.

Kaho : Skytree is 634 meters tall, so it's much taller than the Eiffel Tower. There are two observation decks*, at 350 meters and 450 meters above the ground.

Emma : That's really tall. 20 Is it safe?

Kaho : Don't worry. There is a secret. The tower itself shakes with earthquakes, but not at its center. Historical buildings such as the five-story pagoda* of Horyuji Temple and others gave the idea to the architects*.

Emma : Interesting. 21

Kaho : Good. If you go up Skytree, you'll see how big Tokyo is. We can even see Mt. Fuji, if we are lucky.

Emma : The highest mountain in Japan, right? 22

Kaho : It says it will be very cold in the morning, but sunny after that.

Emma	:	Shall we go in the morning and have lunch somewhere near Skytree?
Kaho	:	We can walk to Asakusa, and have lunch there. Also, we can't miss Sensoji Temple.
Emma	:	☐ 23 How about moving to another place, such as Akihabara?
Kaho	:	You must visit Asakusa once. It's a very popular area for tourists. You'll like it.
Emma	:	☐ 24
Kaho	:	It's about 20 minutes' walk.
Emma	:	Hmm...
Kaho	:	You can take photos of the traditional streets in Asakusa. And yes, there are many souvenir* shops. You can buy some for your family.
Emma	:	☐ 25 I only have two more days in Japan, so I must hurry. Can't I shop in the Skytree building?
Kaho	:	Well, you can, but in Asakusa, we can try many kinds of Japanese sweets.
Emma	:	Sweets! Okay, let's go to Asakusa, but not in the morning. What do you think?
Kaho	:	Why don't we visit Akihabara first, eat lunch and do some shopping in Asakusa in the afternoon, and then go up Skytree at night?
Emma	:	Yeah. Maybe we can see the night view of Tokyo city.
Kaho	:	☐ 26
Emma	:	That's the best plan.

*	Eiffel Tower	エッフェル塔	observation deck	展望デッキ
	five-story pagoda	五重の塔	architects	設計者
	souvenir	お土産		

① Just to be safe, let's check the weather.

② How far is it from Skytree?

③ I heard that earthquakes often happen in Japan.

④ It's one of the tallest towers in the world.

⑤ Actually, I'm not very interested in temples.

⑥ Oh, I almost forgot.

⑦ Okay, I'm not worried anymore.

⑧ If we go there around sunset, we'll get both day and night views.

John Myatt was a painter in England. He was married, and he had two little children. He worked as a teacher in an art school. Then one day, his wife left him and the children.

Now John was alone with the children. He didn't get much money from his job at the art school. He couldn't take another job because he had to spend more time with his children. (1)<u>He was wondering how he could work at home.</u>

He could make some paintings at home. But he was not a famous painter. His paintings did not sell for a lot of money. Then he remembered the Picasso*.

Some years before, a rich friend wanted to buy a painting by Picasso. It cost many thousands of dollars. John said, "Don't buy it. I'll make you a Picasso."

So he did. (2) His friend paid John a few hundred dollars and put it in his living room. John was proud of himself. He had a talent to paint just like any famous painter —like Picasso, Van Gogh, Matisse*. So he decided to make money this way, with copies* of famous pictures. He wrote his name on all of the paintings, and didn't sell them at high prices. He didn't want people to think they were really by famous artists.

Then a man named Drewe bought some of John's paintings. A short time later, he bought some more, and then more. He paid John very well for them. He painted about 200 fake* paintings and sold them to Drewe. John understood that Drewe (3). But Drewe didn't tell John why he was collecting them, and John didn't ask.

After six years, John decided to stop selling pictures to Drewe. He didn't like the man, and he had enough money. But it was too late. The police knew about Drewe. They soon came to John's house. They told him (4) Drewe did with his paintings. He took John's name off the paintings, and he sold them as paintings by famous artists. (5) thought they were real. They paid a lot of money for them. But they were John's paintings, so not only Drewe but also John had to go to jail* for four months. John's copies were perfect, (6) the police could discover and collect only 60 of his fake paintings. The rest are still somewhere in the world, not found. Maybe some people keep them at home, because they look just the same as real ones.

When he got out of jail, he was famous. The newspapers wrote about him. People wanted to know how he did his paintings. He was ashamed of* himself, and thought he (7). However, the police told him to use his talent in a good way.

After that, he went to work for the police and (8)(①famous art ②copies ③them ④ <u>helped ⑤find ⑥of ⑦to</u>). He also had a big show of his paintings. They were copies of famous pictures. Now, of course, they had his name on them.

*   Picasso, Van Gogh, Matisse 画家の名前   copies   複製の絵
      fake   偽の   jail   刑務所   be ashamed of ~   ～を恥ずかしく思う

問1　下線部(1)を日本語にしなさい。
　　　答えは記述式解答欄【 け 】に記入すること。

問2　（ 2),（ 3),（ 4),（ 5),（ 6),（ 7 ）に入る適切な表現を、次の①〜④
　　　から一つずつ選び番号をマークしなさい。

　　（ 2 ）　　　27

　　　　　① He asked Picasso to paint a picture for his friend.

　　　　　② He bought a Picasso for his best friend's birthday.

　　　　　③ He painted a picture, and it looked just like a real Picasso.

　　　　　④ He taught his friend how to paint a beautiful picture like Picasso.

　　（ 3 ）　　　28

　　　　　① bought many pictures because Drewe's children wanted them

　　　　　② was not putting all the pictures in his living room

　　　　　③ sometimes couldn't buy the pictures because he was poor

　　　　　④ didn't like John's pictures very much

　　（ 4 ）　　　29

　　　　　① but　　　　　② what　　　　　③ when　　　　　④ because

　　（ 5 ）　　　30

　　　　　① Nobody　　　② Only Drewe　　③ the Police　　④ Everyone

　　（ 6 ）　　　31

　　　　　① so　　　　　② but　　　　　③ after　　　　　④ because

　　（ 7 ）　　　32

　　　　　① had a special talent

　　　　　② would never paint again

　　　　　③ could tell people how to make fake paintings

　　　　　④ was bad at painting

問3　Drewe はどんな罪で警察に逮捕されたのか。日本語で説明しなさい。
　　　答えは記述式解答欄【 こ 】に記入すること。

問4　下線部(8)の（　　）内の語句を並べかえて、意味の通る英文を完成しなさい。解答は
　　　（　　）内で二番目にくる語句と五番目にくる語句の番号をマークしなさい。
　　　二番目：　　33　　　　　五番目：　　34

問5　本文の内容に合致するものを、次の①～④から一つ選び番号をマークしなさい。

　　　35

　　①John は絵が偽物と分からないよう、有名画家のサインを真似して書いていた。

　　②John が絵を売っている時、警察が来て現行犯で逮捕されてしまった。

　　③John の絵が本物そっくりだったので、警察も偽物の絵の全てを回収することができなかった。

　　④John は刑務所から出たあと、Drewe と協力して偽物を売り、たくさんの人をだましている。

問6　この文章につけるタイトルとして適切なものを、次の①～④から一つ選び番号をマークしなさい。

　　　36

　　① The Good Fake Artist

　　② How to Paint a Picasso

　　③ Collecting Fake Paintings

　　④ Children Love Art

7 次のような状況で、あなたなら英語でどう言うかを考え、記述式解答欄に書きなさい。

（例）　映画を観た後で、相手に感想をたずねる場合

　　　How did you like it?

問1　【　さ　】

　　レストランで、注文していない料理が出された場合

問2　【　し　】

　　友人と外出中に具合が悪くなり、帰宅したくなった場合

＜リスニングテスト放送文＞

　これから2021年度杉並学院高等学校入学試験リスニングテストを行います。問題用紙の１ページを見なさい。リスニングテストは，すべて放送による指示で行います。リスニングテストの問題には，問題Ａと問題Ｂの２つがあります。答えはすべて解答用紙にマークしなさい。問題用紙の余白にメモをとってもかまいません。

問題Ａ　問題Ａは，英語による対話文を聞いて，その質問に対する答えとして最も適切なものを１から４の中から選ぶ問題です。対話文と質問はそれぞれ２度読まれます。それでは，問題Ａを始めます。

Number 1　W：Do you think the bread is ready yet？　Can I open the oven？
　　　　　M：No.　Don't touch it.　It isn't cooked yet.
　　　　　W：Did you follow the recipe？
　　　　　M：Yes, of course.　I watched a video on YouTube.　It's going to be delicious, I promise.
　　　　　　Question：What are they doing？
　　　　　　もう一度繰り返します。

Number 2　W：I'd like to send this package to Korea, please.
　　　　　M：Certainly, what's inside the box？
　　　　　W：Some books and clothes.
　　　　　M：Okay, that'll be forty-two dollars.
　　　　　　Question：Where is this conversation likely taking place？
　　　　　　もう一度繰り返します。

Number 3　W：Hello？　Jack？　I just tried calling you, but you didn't answer.
　　　　　M：I was in a meeting.　What is it, Grace？
　　　　　W：It's about dinner tonight.　I have to work late, so I won't be able to join you.
　　　　　M：Oh, that's too bad.　Let's do it some other time, OK？
　　　　　　Question：Why did Grace call Jack？
　　　　　　もう一度繰り返します。

問題B　問題Bは，英語による対話文を聞いて，その最後の文に対する応答として最も適切なものを1から4の中から選ぶ問題です。対話文は2度読まれます。それでは，問題Bを始めます。

Number 4　M：Hello, Mary.
　　　　　W：Hi, Mike.　Are you free tonight？　Do you want to watch a movie together？
　　　　　M：Oh, I'm sorry.　I have a lot of homework to do tonight.
　　　　　　もう一度繰り返します。

Number 5　M：I'm thinking of starting some kind of sport.　I need to exercise more.
　　　　　W：How about tennis？
　　　　　M：That's a great idea.　Actually, I played tennis when I was in high school.　I was quite good at it.
　　　　　　もう一度繰り返します。

以上でリスニングテストは終わりです。　2ページ以降の問題に答えなさい。

【数　学】 (50分) 〈満点：100点〉

1

[I] 次の各問いに答えなさい.

(1) $15 \div \left\{ \left(\dfrac{3}{2} - \dfrac{1}{6} \right) \times 1.5 \right\} \div \dfrac{5}{8} = \boxed{アイ}$

(2) $\dfrac{\left(1 + \sqrt{2} \right)^2}{\sqrt{2}} + \dfrac{\sqrt{3} - 3\sqrt{6}}{2\sqrt{3}} = \dfrac{\boxed{ウ}}{\boxed{エ}}$

(3) $\dfrac{4x-1}{3} - \dfrac{x-3}{2} = \dfrac{\boxed{オ}\,x + \boxed{カ}}{\boxed{キ}}$

(4) $(x+y)^2 - (x-y)^2 + x^2 - 12y^2 = \left(x + \boxed{ク}\,y \right)\left(x - \boxed{ケ}\,y \right)$

(5) 2次方程式 $\dfrac{x(x+2)}{2} - 3x - 6 = 0$ の解は $x = \boxed{コサ}$, $\boxed{シ}$ である.

[II] 次の各問いに答えなさい.

(1) 点 $(-1, 5)$ を通り, 直線 $y = 3x + 2$ に平行な直線は点 $(2, \boxed{スセ})$ を通る.

(2) 右の図のような長方形 OABC の面積を直線 $y = 2x + 2$ が 2 等分する. 点 A の x 座標が 3 のとき, 点 B の y 座標は $\boxed{ソタ}$ である.

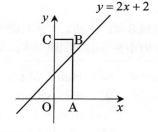

(3) 絶対値が $3\sqrt{2}$ より小さい整数は $\boxed{チ}$ 個ある.

(4) 大小 2 個のさいころを投げたとき, 出た目の積が 4 の倍数となる組み合わせは $\boxed{ツテ}$ 通りである.

(5) 右の図のように，線分 AB を直径とした円 O の円周上に BC // OD，∠ODC = 50° となるように点 C, D をとる．このとき，∠ACD = $\boxed{トナ}$° である．

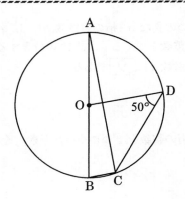

2

[I] 十の位と一の位の数が等しい 3 桁の自然数がある．各位の数の和は 10 で，百の位と十の位の数を入れかえてできる数は，もとの数より 360 小さくなる．もとの 3 桁の自然数は百の位の数を x，一の位の数を y とすると，$\boxed{アイウ}x + \boxed{エオ}y$ と表せる．x，y の数を求めることで，もとの 3 桁の自然数は $\boxed{カキク}$ とわかる．

[II] 右の図の①は関数 $y = x^2$ のグラフを，②は関数 $y = -\dfrac{1}{2}x^2$ のグラフを表している．①のグラフ上で，y 座標が a となる 2 点を x 座標が小さい方から順に A, B とし，②のグラフ上で，y 座標が $-2a$ となる 2 点を x 座標が小さい方から順に C, D とする．また，直線 AC と直線 BD の交点を E とする．

(1) $a = 1$ のとき，点 E の座標は（$\boxed{ケ}$，$\boxed{コ}$）である．

(2) $a = 4$ のとき，CD 上に点 P をとると，△ECP と △EPD の面積の比が 3 : 1 となる．このとき，直線 EP の式は $y = -\boxed{サシ}x + \boxed{スセ}$ である．

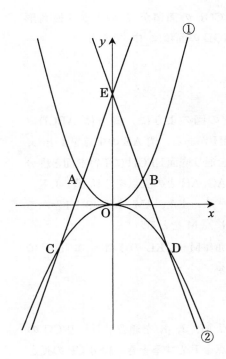

［Ⅲ］ 4つの異なる1桁の自然数，1, 3, a, 8があり，この中から3つの異なる数字を並べて3桁の整数をつくる．aを10の位とする3桁の整数の平均は474である．

(1) 自然数aは ソ である．

(2) 3桁の整数を1つつくったとき，その整数が3の倍数である確率は $\dfrac{タ}{チ}$ である．

［Ⅰ］ 右の図のように，平行四辺形 ABCD がある．辺 AD，BC，CD の中点をそれぞれ E，F，G とし，線分 BG と線分 EF，EC との交点をそれぞれ H，I とする．

(1) HI：IG を最も簡単な整数の比で表すと，ア：イ となる．

(2) △CGI の面積が 2 のとき，四角形 EIGD の面積は ウ である．

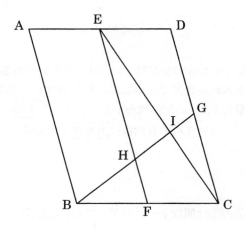

［Ⅱ］ 右の図のように，直方体 ABCD－EFGH がある．辺 AE の中点を I とし，点 I を通り底面 EFGH に平行な面と線分 AF，AG，AH との交点をそれぞれ J，K，L とする．また，AM：MI＝3：1となるように点 M をとる．

(1) 四角錐M－IJKL の体積は エ cm³ である．

(2) 3 点 M，J，K を通る平面と辺 CG の交点を P とするとき，線分 CP の長さは オ cm である．

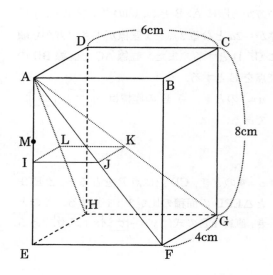

Ⅰ 次の文章を読んで、後の問いに答えなさい。

　大学の知が「役に立つ」のは、必ずしも国家や産業に対してだけとは限りません。神に対して役に立つこと、人に対して役に立つこと、そして地球社会の未来に対して役に立つこと――。大学の知が向けられるべき宛先にはいくつものレベルの違いがあり、その時々の政権や国家権力、近代的市民社会といった臨界を越えています。

　そしてこの多層性は、時間的なスパンの違いも含んでいます。文系の知にとって、三年、五年ですぐに役に立つことは難しいかもしれません。しかし、三〇年、五〇年の中長期的スパンでなら、工学系よりも人文社会系の知の方が役に立つ可能性が大です。ですから、「人文社会系の知は役に立たないけれども大切」という議論ではなく、「人文社会系は長期的にとっても役に立つから価値がある」という議論が必要なのです。

　そのためには「役に立つ」とはどういうことかを深く考えなければなりません。概していえば、「役に立つ」ことには二つの次元があります。一つ目は、目的がすでに【　Ｘ　】されていて、その目的を【　Ｙ　】するために最も優れた方法を見つけていく目的遂行型です。これは、どちらかというと理系的な知で、文系は苦手です。たとえば、東京と大阪を行き来するために、どのような技術を組み合わせれば最も早く行けるのかを考え、開発されたのが新幹線でした。また最近では、情報工学で、より効率的なビッグデータの処理や言語検索のシステムが開発されています。いずれも目的所与で、その目的の達成に「役に立つ」成果を挙げます。文系の知にこうした目に見える成果の達成は難しいでしょう。

　　Ａ　、「役に立つ」ことには、実はもう一つの次元があります。たとえば本人はどうしていいかわからないでいるのだけれども、友人や教師の言ってくれた一言によってインスピレーションが生まれ、厄介だと思っていた問題が一挙に解決に向かうようなときがあります。この場合、何が目的か最初はわかっていなかったのですが、その友人や教師の一言が向かうべき方向、いわば目的や価値の軸を発見させてくれるのです。このようにして、「役に立つ」ための価値や目的、目体を創造することを価値創造型と呼んでおきたいと思います。これは、役に立つと社会が考える価値軸そのものを再考したり、新たに創造したりする実践です。文系が「役に立つ」のは、多くの場合、この後者の意味においてです。（中略）

　目的遂行型ないしは手段的有用性としての「役に立つ」は、与えられた目的に対してしか役に立つことができません。もし目的や価値の軸そのものが変わってしまったならば、「役に立つ」と思って出した解も、もはや価値がないということになります。そして実際、こうしたことは、長い時間のなかでは必ず起こることなのです。

　価値の軸は、決して不変ではありません。数十年単位で歴史を見れば、当然、価値の尺度が変

化してきたのがわかります。 B 「一九六〇年代と現代では、価値軸がすっかり違います。一九六四年の東京オリンピックが開催されたころは、より速く、より高く、より強くといった右肩上がりの価値軸が当たり前でしたから、その軸にのった「役に立つ」ことが求められていました。新幹線も首都高速道路も、そのような価値軸からすれば追い求めるべき「未来」でした。超高層ビルから湾岸開発まで、成長期の東京はそうした価値を追い求め続けました。ところが、二〇〇〇年代以降、私たちは、もう少し違う価値観を持ち始めています。末長く使えるとか、リサイクルできるとか、ゆっくり、偸快に、時間をかけて役に立つことが見直されています。価値の軸が変わってきたのです。

②よく言われるのは、Sony のウォークマンと Apple の iPad/iPhone の違いです。Sony はなぜ Apple になれなかったのかを考えたとき、Sony は既存の価値の軸を純化していった。つまりウォークマンはステレオを聴くという機能に特化して、それをモバイル化した。その意味では非常に革新的だったのですが、ウォークマンはあくまでもステレオだったわけです。ところが iPad/iPhone は、パソコン、そして携帯電話という概念自体を変えてしまった。コミュニケーションというものがあって、そのなかでどのような技術が必要かという考え方をしているから、テクノロジーの概念そのものを変えてしまった。これが価値の軸が変化しているということです。五年や一〇年では変わらないかもしれませんが、より長いスパンで見れば、必ず価値の軸は転換をしていくわけです。

Sony に限らず、与えられた価値軸の枠内でウォークマンのような優れた製品を作るのは、日本の、特に工学系の強みでしょう。しかし iPad/iPhone の例が示すように、価値の転換をするというのは概念の枠組みそのものを変えてしまうことで、与えられたルールのなかで優れたものを作るのとは別次元の話です。大きな歴史の流れのなかで価値の軸そのものを転換させてしまう力、またそれを大胆に予見する力が弱いのは日本社会の特徴であり、それが、日本が今も「後追い」を余儀なくされる主な原因だと私は思います。

すべてがそうというわけではありませんが、概して理系の学問は、与えられた目的に対して最も「役に立つ」物を作る、目的遂行型の知であることが多いと思います。そして、そのような手段的有用性においては、文系よりも理系が優れていることが多いのも事実です。しかし、もう一つの価値創造的に「役に立つ」という点ではどうでしょうか。

目的遂行型の知は、短期的に答えを出すことを求められます。しかし価値創造的に「役に立つ」ためには、長期的に変化する多元的な価値の尺度を視野に入れる力が必要なのです。ここにおいて文系の知は、短くても二〇年、三〇年、五〇年、場合によっては一〇〇年、一〇〇〇年という総体的に長い時間的スパンのなかで対象を見極めようとしてきました。これこそが文系の知の最大の特徴だといえますが、だからこそ、文系の学問は長い時間のなかで価値創造的に「役に立つ」ものを生み出す可能性があるのです。

また、多元的な価値の尺度があるなかで、その時その時で最適の価値軸に転換していくためには、それぞれの価値軸に対して距離を保ち、批判していくことが必要です。そうでなければ、一つの価値軸にのめりこみ、それが新たなものに変わったときに全く対応できなくなるということになるでしょう。たとえば過去の日本が経験したように、（中略）「高度成長」と言えば皆が「高度成長」に向かって走っていくというようなことでは、絶対に新しい価値は生まれません。それどころか、そうやって皆が追求していた目標が時代に合わなくなった際、新たな価値を発見することもできず、どこに向かって舵を切ったらよいか、再び皆がわからなくなってしまうのです。

価値の尺度が劇的に変化する時代、前提としていたはずの目的が、一瞬でひっくり返ってしまうということは珍しくありません。そうしたなかで、いかに新たな価値の軸をつくり出していくことができるか。あるいは、新しい価値が生まれてきたとき、どう評価していくのか。それを考えるには、目的遂行的な知だけでは駄目です。価値の軸を多元的に捉える視座を持った知が必要となるというわけ③──────。そしてこれが、主として文系の知なのだと思います。

なぜならば、新しい価値の軸を生んでいくためには、現存の価値の軸、つまり皆が自明だと思っているものを疑い、反省し、批判を行い、違う価値の軸の可能性を見つける必要があるからです。経済成長や新成長戦略といった自明化している目的と価値を疑う、そういった自明性から飛び出す視点がなければ、新しい創造性は出てきません。ここには文系的な知が絶対に必要ですから、理系的な知は役に立ち、文系的なそれは役に立たないけれども価値があるという議論は間違っていると、私は思います。主に理系的な知は短く役に立つことが多く、文系的な知はむしろ長く役に立つことが多いのです。

（吉見俊哉『「文系学部廃止」の衝撃』より）

(注1) 臨界 …………… ここでは境目や境界のこと。

(注2) スパン ………… ある時間の幅、期間。

(注3) 所与 …………… すでに与えられていること。

(注4) モバイル化…… 持ち運びを可能にすること。

問一、【　　　】部Ｘ、Ｙに入ることばの組み合わせとして最も適切なものを次の中から選び、その記号をマークしなさい。（解答番号は　１　）

　　ア、Ｘ　創造　　　　Ｙ　批判

　　イ、Ｘ　設定　　　　Ｙ　実現

　　ウ、Ｘ　定義　　　　Ｙ　破棄

　　エ、Ｘ　達成　　　　Ｙ　転換

問二、 | | 部Ａ、Ｂに入る接続詞として最も適切なものを次の中からそれぞれ選び、その記号をマークしなさい。（解答番号はＡは ② 、Ｂは ③ ）

ア、だから　　イ、しかし　　ウ、それで　　エ、たとえば　　オ、つまり

問三、 ―― 線部①「価値の軸が変わってきた」とありますが、この部分と異なる内容を表現している部分を、～～～部 ａ～ｄ の中から一つ選び、その記号をマークしなさい。
（解答番号は ④ ）

ア、ａ　　イ、ｂ　　ウ、ｃ　　エ、ｄ

問四、 ―― 線部②「よく言われる」とありますが、ここで筆者が具体例を挙げることで意図しているのはどのようなことだと思われますか。次の中から最も適切なものを選び、その記号をマークしなさい。（解答番号は ⑤ ）

ア、ウォークマンとiPadを比較することで、目的遂行型の営みと価値創造的な営みの違いを明確にし、自分の論を補強している。

イ、ウォークマンとiPadを比較することで、日本的な企業の在り方が欧米の企業の在り方に劣っているということを主張している。

ウ、ウォークマンとiPadを比較することで、日本の工業産業技術が世界的に見ても本来は優れているのであるということを証明しようとしている。

エ、ウォークマンとiPadを比較することで、今後はウォークマンもiPadのようにテクノロジーの概念自体を変えていくべきだと考えている。

問五、 ―― 線部③「価値の軸を多元的に捉える視座」とはどのようなものですか。次の文の中から最も適切なものを選び、その記号をマークしなさい。（解答番号は ⑥ ）

ア、特定の価値観からはある程度の距離を保ち、それらを様々な角度から客観的に捉えられる視点のこと。

イ、いくつかの価値観を横断しながら、それぞれの最も優れている部分を集め、新しい価値を生み出せる視点のこと。

ウ、ある特定の価値観と同一化することで、全体を効率よく眺め、判断を下せるようになる視点のこと。

エ、ひとつの価値観を複数の違った角度から分析することで、その価値の軸を明確に理解し、より強固に発展させていける視点のこと。

問六　＝＝＝線部「価値の輪は、決して不変ではありません」とありますが、では「新しい価値」を生み出すためには何が必要だと述べられていますか。四十字以内（句読点を含みます）で答えなさい。解答は記述欄に記入すること。

問七　次の文章は、同じ出典の異なる部分からの抜粋です。本文の内容を踏まえると、空欄にはどのような内容を補うべきですか。後の選択肢からそれぞれ最も適切と思われるものを選び、その記号をマークしなさい。なお、文中に出てくる「人文・社会学」や「哲学」は文系の代表的な学問系統です。（解答番号はⅠは[7]、Ⅱは[8]、Ⅲは[9]、Ⅳは[10]。ただし、[7]と[8]は順不同）

　『週刊金曜日』（二〇一五年八月二一日号）に掲載された寺脇研氏（京都造形芸術大学教授）と広田照幸氏（日本大学教授）の対談「大学はカネ儲けのためだけにあるのではない」を一部紹介しましょう。

寺脇　私自身、はっきり断言できますよ。「私が大学で教えている漫画論や映画論なんて、何の役にもたっていません」と。「経済効果」なんていうのも、「関係ありません」って。同じことを、全国の大学の先生が言うべきです。

広田　大学が「経済」の道具ではない、というのはまったくその通りです。私が言いたいのは、人文・社会系に「経済効果」を求めるのはおかしいが、短期的は別として、長期的には、そうした「効果」はちゃんとあるんだと。

寺脇　しかし、漫画論でも、フランス文学でもインド哲学でもいいけど、ああいうのは「経済効果」の話ではないんですよ、という認識を社会で広めてゆかないと。（中略）

広田　いや、哲学なんかこそ、実は新しいアイデアの宝庫なんです。現象の本質を抽象的な概念で論理的に考えるわけですから。長い目で見れば、そうした思索こそが、新しいアイデアを生み出す。そういう意味では、「経済効果」から見ても、ちゃんと意味はある。

　両氏の立場は、「　Ⅰ　」「　Ⅱ　」という点では一致していますが、そもそも文系の知に社会的効果があるべきかどうかについては、際立つ立場の違いが見られます。寺脇氏が「　Ⅲ　」と言うのに対し、広田氏は「　Ⅳ　」し、そのことをちゃんと示していくべきだ」と考えています。

ア　経済効果などは全く関係なく、文系の知の価値を認めるべきだ

イ　文系の知に価値を認めたときに、初めて経済的効果が生まれる

ウ　文系の知は大切である

エ　長期的な視点に立てば、目的遂行型の課題を設定することが有効である

オ　文系の知にも長期的かつ広い意味での社会的な効果は十分にある

カ　価値創造型の知は、社会的な効果をあまり期待できない

キ　短期的な経済効果で文系の知の価値をはかるべきではない

Ⅱ　次の古文を読んで、後の問いに答えなさい。

　成る所に偸盗（ちうとう）入りたりけり。あるじおきあひて、帰らん所をうかがひとどめんとて（＝殺そうと思ひて）、その道を待ちまうけて、障子の破れ（ａ）よりのぞきをりけるに、盗人、物どもさぐりとりて袋に入れて、にしにしくもあらず、少々を取りて帰らんとするが、さげ棚（だな）のうへに鉢に灰を入れて置きたりけるを、この盗人①なにとかおもひたりけん、つかみ食ひて後、袋にとり入れたる物をば、もとのごとくに置きて帰りけり。

　待ちまうけたる事なれば、伏せて（＝組み伏せて捕へて縛りあげた）からめけり。この盗人の振舞ひ（ｂ）心得がたくて、その子細（＝詳しい事情）をたづねければ、盗人いふやう、「我もとより②盗みの心なし。この一両日、食物たえて、すべ（＝方法がなくなってしまひて）なくひだ（＝ひもじくなってしまひて）くて候ふままに、はじめてかかる心つきて、参り侍りつるなり。しかあるを御棚に麦の粉やらんとおぼしき物の手にさはり候ひつるを、ものほしく候ふままに、つかみくひて候ひつるが、はじめはあまり飢ゑたる口にて、なにの物ともおぼえ侍らず。あまたたびになりて、はじめて灰にて候ひけりと知られて、そののちはたべずなりぬ。食物ならぬものをたべて候へども、これを腹にひろこれて候へば、ものほしさがやみて候ふなり。これをおもふに、この飢ゑをにたくずして③こそかかるあらぬさまの心あるきつて候へば、とる所のものをとるとのりごとくに置きて候ふなり」といふに、あはれにあさましきにも覚えて、がたのりごとくらし（＝取るに足らぬものでも、いやしくもぬすめば盗人）うものなどともらせてゆるし遣りにけり。「（＝そののちにある程度にせられつらん時は、はばから）ものものにもあるを程にせられつらん時は、はばから

すきたりてらく」とて、つねに心ふらひけり。盗人ものの心あはれなり。家あるじのあはれみ、また優なり。

『古今著聞集』より

問一、━━━線部a「破れ」b「心得がたく」の品詞を次の中からそれぞれ選び、その記号をマークしなさい。（解答番号はaは □11□ 、bは □12□ ）

　ア、名詞　　イ、動詞　　ウ、形容詞　　エ、形容動詞　　オ、副詞
　カ、助詞　　キ、助動詞

問二、━━━線部①「なにとかおもひたりけん」の現代語訳として最も適切なものを次の中から選び、その記号をマークしなさい。（解答番号は □13□ ）

　ア、何とも思わなかった　　　　　　　　イ、なぜそのように思ったのだろうか
　ウ、何と思ったのであろうか　　　　　　エ、何としてやりとげよう

問三、━━━線部②「こぶやう」を現代仮名遣いに直して書きなさい。解答は記述欄に記入すること。

問四、次の現代語にあたる言葉を、文中からそれぞれ抜き出して答えなさい。解答は記述欄に記入すること。

　【例】どうしようもなく　→　術なく

　（１）たくさん　　　　　　　（２）訪ねた

問五、━━━線部③「あらぬさまの心」とはどのような心ですか。最も適切なものを次の中から選び、その記号をマークしなさい。（解答番号は □14□ ）

　ア、救いにすがる気持ち　　　　　　　　イ、飢えに苦しむ気持ち
　ウ、盗みを働こうとする気持ち　　　　　エ、善人であろうとする気持ち

問六、━━━線部④「盗人ものの心あはれなり」とありますが、筆者は盗人のどのような心を思うに心打たれると言っているのですか。三十五字以内（句読点を含みます）で説明しなさい。解答は記述欄に記入すること。

問七、本文の内容と合致するものを次の中から一つ選び、その記号をマークしなさい。
　（解答番号は □15□ ）

ア　情け深いおじいさんは、飢えに苦しむ盗人に同情し、少しばかりの食物を与えた。

イ　盗みの被害に困っていたおじいさんは、さげ棚の鉢にわざと麦の粉を入れておいた。

ウ　盗み食らいをしてしまった盗人は、その罪悪感からおじいさんに事情を話し謝罪した。

エ　どうしようもなく困った時は、遠慮なく自分に言うようにおじいさんは盗人に話した。

|三|　次の文章を読み、後の問いに答えなさい。

　最近はあまり目にしないが、大げさな日本語の筆頭は「神武以来（じんむこのかた）」であろう。一九五〇年代の「神武景気」の名は、神武天皇以来の好景気だと言われたから。古代の神話にすらさかのぼり天皇を引き合いに出すのもどうかと思うが、先例のないことだと強調する表現だった。

　若い歌手を「神武以来の美少年」としたり、優れた棋士を「神武以来の天才」と呼んだり。神武……に限らず強い表現は耳目を〔　　　〕。しかし何度も使えばコンビニのインフレになるのが、つらいところだ。

　何かしらちょっとインフレ気味のような、と一瞬思ってしまう最近の防災の言葉である。「これまでに経験したことのないような大雨」「命を守るために最善を尽くさなければならない状況」。しかし起きたことを見ると、誇張でも何でもない。

　球磨川（くまがわ）で、筑後川で、飛騨川で。濁った水が堤防からあふれ、まちを覆う。そんな映像を川、数日で何度見たことだろう。難を逃れた人の姿に安堵する一方、あの命を救える手立てはなかったかと考え込む。

　熊本県くの大雨特別警報が出たのは午前5時前で、その直後には球磨川の氾濫（はんらん）が確認されている。正確な予測が難しいのはわかる。それでも空振（ア）り覚悟で、強い警報を早めに出すことはできなかったか。もちろん受け止めるほうも、避難が空振りしてもいいという構えがいる。

　自分の住むところに次に起こる災害は、もしや開闢（かいびゃく）（注）以来かもしれない。気持ちだけは、それくらいでいたほうがいい。過酷さを増す災害列島である。

（朝日新聞「天声人語」二〇二〇年七月九日朝刊より）

（注）　開闢……世界のはじまりの時。

問一、本文中の〔　　　〕の中に入る言葉を次の中から選び、その記号をマークしなさい。
　（解答番号は　| 16 |　）

ア　置く　　イ　引く　　ウ　聞く　　エ　開く

問二、——線部（ア）「空振り」の「空」と同じ読み方を含む言葉を次の中から選び、その記号をマークしなさい。（解答番号は　| 17 |　）

ア　空きっ腹　　イ　空似　　ウ　空の風　　エ　空き家

問三、＝＝＝線部「気持ちだけは、それくらいでいた方がいい」とありますが、著者は災害に対してどのような心構えをするべきだと言っていますか。四十字以内（句読点を含みます）で答えなさい。解答は記述欄に記入すること。

　次の各問いに答えなさい。

（1）次の——線部の漢字の読みを答えなさい。解答は記述欄に記入すること。

1、彼に便宜を図ってもらった。
2、その映画に陶酔してしまった。
3、殊勝な心がけを評価する。
4、態度を慎むように注意を受けた。

（2）次の——線部のカタカナを漢字に直しなさい。解答は記述欄に記入すること。

1、高名な文学者をハイシュツした学校。
2、日々の努力をオコタる。
3、彼の申し出をカイダクする。
4、物質が液体にヨウカイする。

（3）次の語の意味として最も適切なものを次のア〜エの中からそれぞれ選び、その記号をマークしなさい。（解答番号は1は　18 、2は　19 ）

1、エゴイズム　　　ア　合理主義　　イ　管理主義　　ウ　利己主義　　エ　絶対主義
2、ノンフィクション　ア　小説　　　イ　伝記　　　ウ　おとぎ話　　エ　詩

（4）次の慣用句の意味として最も適切なものを次のア〜エの中から選び、その記号をマークしなさい。（解答番号は　20 ）

足を奪われる
ア　足がかりがなくなる
イ　立場が逆になる
ウ　移動手段がなくなる
エ　通信が全く途絶える

（5） 次の語の対義語になるように、空欄に適切な漢字を入れなさい。解答は記述欄に記入すること。

1、中心 ←→ 周【　】

2、需要 ←→ 【　】給

（6） 次のア〜エの組み合わせのうち、正しいものを選び、その記号をマークしなさい。
（解答番号は 21 ）

ア、鎌倉時代 ― 『徒然草』 ― 鴨長明

イ、江戸時代 ― 『土佐日記』 ― 紀貫之

ウ、平安時代 ― 『源氏物語』 ― 清少納言

エ、室町時代 ― 『風姿花伝』 ― 世阿弥

英語解答

1 問題A　1…①　2…①　3…②
　　問題B　4…③　5…③

2 A　問1…②　問2…③
　　B　問1…①　問2…②
　　C　問1…④　問2…②　問3…③

3 A　問1　pull
　　　　問2　communication
　　　　　　〔communicating〕
　　　　問3　third　問4　moon
　　B　問1　running　問2　Reading
　　　　問3　taken　問4　kept

4 問1　13…④　14…②
　　問2　15…①　16…③
　　問3　17…①　18…⑤

5 19　④　　20　③　　21　⑦　　22　①
　　23　⑤　　24　②　　25　⑥　　26　⑧

6 問1　彼は，どうやったら家で働けるか
　　　　　なあと考えていた。
　　問2　(2)…③　(3)…②　(4)…②　(5)…④
　　　　　(6)…①　(7)…②
　　問3　ジョンの描いた複製の絵から名前
　　　　　を取り除いて，有名画家の絵とし
　　　　　て販売した罪。
　　問4　33…③　34…②
　　問5　③　　問6　①

7 問1　(例)I didn't order this.
　　問2　(例)Sorry, I'm not feeling well.
　　　　　I have to go home.

---

1 〔放送問題〕解説省略

2 〔総合問題〕

A＜単語の発音＞
　問1．①　rea<u>s</u>on[z]　　②　u<u>s</u>eful[s]　　③　lo<u>s</u>e[z]　　④　ri<u>s</u>e[z]
　問2．①　st<u>a</u>dium[ei]　②　d<u>a</u>ngerous[ei]　③　tr<u>a</u>vel[æ]　④　f<u>a</u>mous[ei]

B＜単語のアクセント＞
　問1．scí-en-tist　　問2．ex-áct-ly

C＜対話文完成─適語選択＞
　問1．A：おめでとう。結婚するんだってね。／B：誰があなたにそのことを言ったの？//後に
　‘人(you)＋物(that)’を続けられる動詞は，選択肢中では told(tell の過去形)のみ。
　問2．A：ヒーターを消してくれる？　暑すぎるわ。／B：コートを脱いだら？//「暑すぎる」と
　続くことから，「ヒーターを消す」となる turn off ～「～の電源を消す」が適切。
　問3．A：おや，とても疲れているみたいだね。／B：実際，疲れているからね。一晩中，今日の
　テストの準備をしたんだ。//「疲れているように見える」に対し，「実際に疲れている」と答えて
　いる。Because I am tired. の tired が省略された形。

3 〔総合問題〕

A＜対話文完成─適語補充＞
　問1．A：このドアは鍵がかかってる。開かないよ。／B：君，押しているんだね。<u>引いて</u>ごらん。
　問2．A：どうすればより上手なハンドボール選手になれるかな。／B：大切なのは，他の選手と
　の<u>コミュニケーション</u>だよ。だから，プレー中に彼らに話しかけてみて。
　問3．A：僕は兄弟が2人いるよ。2人とも僕より年上なんだ。／B：じゃあ，あなたはご両親に
　とって<u>3人目</u>のお子さんなのね。
　問4．A：お父さん，<u>月</u>が見えないよ。どこにあるの？／B：きっと空のどこかにあるよ。あの建
　物の後ろじゃないかな。

B＜対話文完成─語形変化＞

問１．Ａ：君のお姉さん〔妹さん〕はどこ？／Ｂ：見つからないな。あそこで走っている人の中にいるよ。／「～している」という意味で後の語句とともに直前の名詞(those people)を修飾するはたらきを持つ形容詞的用法の現在分詞(～ing)が適する。

問２．Ａ：将来，プロの作家になりたいんだ。今は何をするべきかな。／Ｂ：多くの種類の本を読むことが，君の助けになるかもしれないよ。／books までのまとまりが「～すること」という意味で主語になっているので，「～すること」の意味を持つ動名詞(～ing)が適する。

問３．Ａ：きれいな写真ね。／Ｂ：それは，姉〔妹〕が撮った写真の１つなんだ。／「～された」という意味で後の語句とともに直前の名詞(pictures)を修飾するはたらきを持つ形容詞的用法の過去分詞が適する。

問４．Ａ：おじいちゃんが第二次世界大戦で戦ったとは知らなかったよ。／Ｂ：死ぬまで秘密にしていたんだよ。／文の後半から過去の文であることがわかるので，過去形にする。

4 〔整序結合〕

問１．What time で始め，一般動詞の疑問文を続ける。主語は you。「〈人〉に～して欲しい」は 'want＋人＋to＋動詞の原形' で表せる。　What time <u>do</u> you want <u>me</u> to call a taxi ?

問２．「あそこのお店で焼いたパン」は「その店で焼かれたパン」と読み換えて，The bread の後に '過去分詞＋語句' を続ける形で表す。「とても…なので～」は 'so＋形容詞＋that ～' で表す。that の後は，主語 it，助動詞 will，受け身形を表す be sold の順に並べる。　The bread <u>baked</u> at the shop is so delicious that it <u>will</u> be sold out soon.

問３．「～したことが一度もない」は，'have never＋過去分詞' という '経験' 用法の現在完了の否定文で表せる。「～せずに」は without ～ing で表す。　I have <u>never</u> read an English <u>book</u> without using a dictionary.

5 〔対話文完成─適文選択〕

≪全訳≫❶カホ(Ｋ)：エマ，明日東京スカイツリーを見に行かない？❷エマ(Ｅ)：それは何？❸Ｋ：₁₉世界で最も高い塔の１つよ。❹Ｅ：楽しそうね。エッフェル塔には登ったことがあって，すばらしかったわ。だから，東京スカイツリーのてっぺんに登るのが楽しみ。❺Ｋ：スカイツリーは高さ634メートルだから，エッフェル塔よりずっと高いわ。展望デッキが２つ，地上から350メートルと450メートルのところにあるの。❻Ｅ：とても高いのね。₂₀日本ではよく地震が起こるって聞いたわ。安全なの？❼Ｋ：心配しないで。秘密があるの。塔自体は地震で揺れるけれど，中心は揺れないのよ。法隆寺の五重塔や，その他の歴史的な建物が，設計者にこのアイデアを与えたの。❽Ｅ：おもしろい。₂₁わかった，もう心配しないわ。❾Ｋ：よかった。スカイツリーに登ったら，東京がどれだけ大きいかわかるわ。運がよければ，富士山も見えるわ。❿Ｅ：日本で一番高い山よね？　₂₂念のために天気を調べましょう。⓫Ｋ：朝はとても寒いけど，その後は晴れだって。⓬Ｅ：午前中に行って，スカイツリーの近くのどこかで昼食を食べましょうよ。⓭Ｋ：歩いて浅草へ行って，そこで昼食を食べられるわ。それに，浅草寺も見逃せないわね。⓮Ｅ：₂₃実は，お寺にはあまり興味がないの。秋葉原とか，他の場所に移動しない？⓯Ｋ：一度は浅草に行かなきゃ。観光客にとても人気のある場所なのよ。あなたも気に入るわ。⓰Ｅ：₂₄スカイツリーからどのくらいなの？⓱Ｋ：歩いて20分くらいよ。⓲Ｅ：うーん…。⓳Ｋ：浅草の伝統的な通りの写真を撮ることができるわ。それにそう，お土産屋さんもたくさんあるの。ご家族にお土産を買えるわ。⓴Ｅ：₂₅ああ，忘れるところだった。日本にはあと２日しかないから，急がなくちゃ。スカイツリーの建物で買い物はできないの？㉑Ｋ：ええ，できるけど，浅草ではたくさんの種類の日本のスイーツを試してみることができるわ。㉒Ｅ：スイーツ！　わかったわ，浅草に行きましょう。

でも，午前中はやめましょう。どう思う？**23** K：まず秋葉原に行って，昼食を食べて，午後に浅草で買い物をして，夜にスカイツリーに登るのはどう？**24** E：ええ。たぶん東京の街の夜景が見られるわ。**25** K：₂₆日没くらいにそこに行けば，昼と夜の景色を両方見られるわ。**26** E：それが一番いいプランね。

19. 東京スカイツリーについての「それは何？」という質問に対する答えとして，それが何かを説明する④が適切。　　　20. 続けてカホが，地震の場合，塔がどうなるかについて説明していることから，地震を話題にした③が適切。　　　21. エマは1つ前の発言で，高い塔に登ることへの不安を口にしているが，次にカホが「よかった」と言っていることから，エマはカホの説明を聞いて安心したのだとわかる。　　　22. 続けてカホが天気を話題にしているので，天気にふれている①が適切。　just to be safe「念のため」　　　23. 浅草に行こうと提案しているカホに対し，エマは別の場所を提案しているので，カホの提案に反対する内容の⑤が適切。　　　24.「歩いて約20分」と答えているので，距離を尋ねる②が適切。　　　25. お土産について聞いたエマがこの後，「あと2日しか日本にいないから，急がないといけない」と言い，スカイツリーの近くで買い物はできるかと尋ねている。ここから，エマはお土産を買うのを忘れていたのだとわかる。　　　26. 東京の夜景を見ようと話している。次の「それが一番いいプランね」という答えから，昼と夜の景色を両方見ようと提案する⑧が適切。

6 〔長文読解総合—ノンフィクション〕

≪全訳≫**1** ジョン・マイアットはイギリスの画家だった。彼は結婚し，2人の幼い子どもがいた。彼は美術学校で教師として働いた。そしてある日，妻は彼と子どもたちを置いて出ていった。**2** もう，ジョンは子どもたちと3人だけだ。美術学校の仕事では，そんなにお金を稼げなかった。子どもたちとより長い時間を過ごさなければならなかったので，別の仕事を見つけることはできなかった。彼は，どうすれば家で仕事ができるだろうかと考えていた。**3** 彼は家で絵を描くことができた。しかし，彼は有名な画家ではなかった。彼の絵は高く売れなかった。そのとき，彼はピカソのことを思い出した。**4** 数年前，裕福な友達がピカソの絵を買いたがった。それは何千ドルもした。ジョンは言った。「買うなよ。僕が君にピカソを描いてやるよ」**5** 彼はそうした。₂彼は絵を描き，それは本物のピカソの絵によく似ていた。友達はジョンに数百ドルを支払い，それをリビングに置いた。ジョンは自分が誇らしかった。彼には，有名な画家——ピカソやヴァン・ゴッホ，マティスと同じようなものを描く才能があった。そこで，彼はそうやって，有名な絵の複製でお金を稼ぐことに決めた。彼は全ての絵に自分の名前を書き，それを高値では売らなかった。彼は人々に，それらが本当に有名な画家によるものだと思わせたくはなかった。**6** その後，ドリューという名の男が，ジョンの絵を数点買った。少ししてから，彼はまた数点，さらに数点と買った。彼はジョンにたくさん支払った。彼は約200点のにせの絵を描き，それらをドリューに売った。ジョンには，ドリューが全ての絵をリビングに置いているわけではないということがわかっていた。しかし，ドリューはジョンに，なぜ彼がそれらを収集しているのか話さず，ジョンもきかなかった。**7** 6年後，ジョンはドリューに絵を売るのをやめることに決めた。彼はその男が好きではなく，お金も十分にあった。しかし，遅すぎた。警察はドリューのことを知っていた。彼らはまもなくジョンの家にやってきた。彼らはジョンに，ドリューが彼の絵を使って何をしたかを話した。彼は絵からジョンの名前を消して，有名な画家の絵としてそれらを売っていたのだ。誰もがそれを本物だと思った。彼らはそれに大金を支払った。しかし，それらはジョンの絵だったので，ドリューだけでなくジョンも，4か月間刑務所に入らなければならなかった。ジョンの複製は完璧だったので，警察はジョンのにせの絵を60点しか見つけて回収することができなかった。残りはまだ世界のどこかにあり，見つかっていない。たぶん，誰かが家に保管しているのだ。それらは本物と同じように見えるから。**8** 彼は刑務所から出ると有名になった。新聞は彼のことを書いた。人々は，彼がどうやって絵を描くのか知りたがった。彼は自分が恥ずかしく，もう2度と絵は描かないと思った。しかし，警察が彼に，才能をよい方法で使

うようにと言った。**❾**その後，彼は警察へ働きに行き，彼らが有名な絵の複製を見つけるのを手伝った。彼は，自分の絵の大きな展覧会も行った。それらは，有名な絵の複製だった。もちろん，今はそれらには彼の名前がある。

問1＜英文和訳＞wonder は「～だろうかと思う」。how 以下は「どうすれば～か」という意味。

問2＜適語（句）・適文選択＞(2)直前の So he did. は「彼はそうした」という意味。その前の I'll make you a Picasso. は「君にピカソの絵を描いてあげる」ということなので，ジョンは友達に，ピカソの絵をまねたものを描いてあげたと考えられる。　　(3)ドリューはジョンの絵を約200枚も買っているのだから，ドリューがそれらを全てリビングに飾ってはいないことが推測できる。(4)主語の They は警察，him はジョンを指す。次の文で，ドリューがしたことについて説明されているので，警察はジョンに，ドリューがジョンの絵を使って何をしたかを伝えたのだとわかる。(5)「彼らはそれに大金を支払った」と続くことから，「誰もがそれを本物だと思った」のだとわかる。(6)文の前半は「ジョンの絵は完璧だった」，後半は「警察はにせの絵を60点しか回収できなかった」という内容。前半は後半の'理由'になっているので，so「だから，それで」が適切。　　(7)ジョンは自分を恥ずかしく思い，2度と絵は描かないと思ったのである。

問3＜要旨把握＞ドリューの悪行については，第7段落第7文で述べられている。

問4＜整序結合＞動詞は，helped と find が与えられているが，文の前半から過去の文とわかるので，helped を動詞として用い，'help＋人＋to＋動詞の原形'「〈人〉が～するのを手伝う」の形にする。'人'に当たるのは them。残った語句で copies of famous art というかたまりをつくり，これを find の目的語とする。文の前半に引き続き，he が主語になっているので，and の後は動詞から始める。　　After that, he went to work for the police and helped <u>them</u> to find <u>copies</u> of famous art.

問5＜内容真偽＞①…×　第5段落最後の2文参照。　　②…×　このような記述はない。　　③…○　第7段落最後から3文目に一致する。　　④…×　第9段落第1文参照。警察に協力してにせの絵を見つける手助けをした。

問6＜表題選択＞ジョンは有名画家の絵をまねて描き，それを売ったが，人をだますようなことはしていない。この内容に合うのは，①「にせの絵を描く善良な画家」。

|7|　〔条件作文〕

問1．解答例のように，「私はこれを注文していない」と伝えることができる。This dish is different from the one I ordered. 「この料理は私が注文したものと違う」などでもよい。

問2．「具合が悪いこと」と「帰宅したいこと」の2点を伝える。解答例の「ごめんなさい，気分がよくありません。家に帰らないといけません」のように，謝罪の言葉を添えるとよいだろう。

数学解答

1 [Ⅰ] (1) ア…1　イ…2
(2) ウ…5　エ…2
(3) オ…5　カ…7　キ…6
(4) ク…6　ケ…2
(5) コ…ー　サ…2　シ…6

[Ⅱ] (1) ス…1　セ…4
(2) ソ…1　タ…0
(3) 9　(4) ツ…1　テ…5
(5) ト…4　ナ…0

2 [Ⅰ] ア…1　イ…0　ウ…0　エ…1
オ…1　カ…6　キ…2　ク…2

[Ⅱ] (1) ケ…0　コ…4
(2) サ…1　シ…2　ス…1
セ…6

[Ⅲ] (1) 7　(2) タ…1　チ…2

3 [Ⅰ] (1) ア…3　イ…2　(2) 8

[Ⅱ] (1) 2　(2) 5

---

1 〔独立小問集合題〕

[Ⅰ](1)＜数の計算＞与式 $= 15 \div \left\{\left(\dfrac{9}{6} - \dfrac{1}{6}\right) \times \dfrac{15}{10}\right\} \div \dfrac{5}{8} = 15 \div \left(\dfrac{8}{6} \times \dfrac{3}{2}\right) \div \dfrac{5}{8} = 15 \div 2 \div \dfrac{5}{8} = 15 \times \dfrac{1}{2} \times \dfrac{8}{5} = 12$

(2)＜平方根の計算＞与式 $= \dfrac{1 + 2\sqrt{2} + 2}{\sqrt{2}} + \dfrac{\sqrt{3}(1 - 3\sqrt{2})}{2\sqrt{3}} = \dfrac{3 + 2\sqrt{2}}{\sqrt{2}} + \dfrac{1 - 3\sqrt{2}}{2} = \dfrac{(3 + 2\sqrt{2}) \times \sqrt{2}}{\sqrt{2} \times \sqrt{2}} +$

$\dfrac{1 - 3\sqrt{2}}{2} = \dfrac{3\sqrt{2} + 4}{2} + \dfrac{1 - 3\sqrt{2}}{2} = \dfrac{3\sqrt{2} + 4 + 1 - 3\sqrt{2}}{2} = \dfrac{5}{2}$

(3)＜式の計算＞与式 $= \dfrac{2(4x - 1) - 3(x - 3)}{6} = \dfrac{8x - 2 - 3x + 9}{6} = \dfrac{5x + 7}{6}$

(4)＜因数分解＞与式 $= x^2 + 2xy + y^2 - (x^2 - 2xy + y^2) + x^2 - 12y^2 = x^2 + 2xy + y^2 - x^2 + 2xy - y^2 + x^2 - 12y^2$
$= x^2 + 4xy - 12y^2 = (x + 6y)(x - 2y)$

(5)＜二次方程式＞両辺を2倍すると，$x(x + 2) - 6x - 12 = 0$，$x^2 + 2x - 6x - 12 = 0$，$x^2 - 4x - 12 = 0$，
$(x + 2)(x - 6) = 0$　∴ $x = -2$, 6

[Ⅱ](1)＜関数—座標＞直線 $y = 3x + 2$ に平行な直線は，傾きが等しく3だから，平行な直線の式は $y = 3x + k$ とおける。点(−1, 5)を通るから，$5 = 3 \times (-1) + k$，$k = 8$ となり，平行な直線の式は $y = 3x + 8$ となる。この直線上の x 座標が2である点の y 座標は $y = 3 \times 2 + 8 = 14$ だから，直線 $y = 3x + 8$ は点(2, 14)を通る。

(2)＜関数—座標＞右図1で，直線 $y = 2x + 2$ が長方形OABCの面積を2等分するとき，直線 $y = 2x + 2$ は，長方形OABCの対角線OB，ACの交点を通る。その交点をMとすると，点Mは線分ACの中点だから，点Mの x 座標は $\dfrac{3 + 0}{2} = \dfrac{3}{2}$ である。点Mは直線 $y = 2x + 2$ 上の点だから，$y = 2 \times \dfrac{3}{2} + 2 = 5$ より，$M\left(\dfrac{3}{2}, 5\right)$ である。点Bの y 座標を b とすると，点Mが線分OBの中点であることより，$\dfrac{0 + b}{2}$ $= 5$ が成り立つ。これより，$b = 10$ となるので，点Bの y 座標は10である。

図1

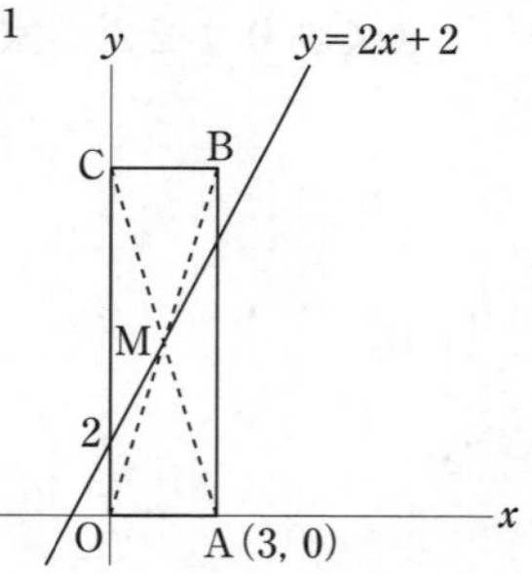

(3)＜数の性質＞ $3\sqrt{2} = \sqrt{18}$ であり，$\sqrt{16} < \sqrt{18} < \sqrt{25}$ だから，$4 < 3\sqrt{2} < 5$ である。よって，絶対値

が $3\sqrt{2}$ より小さい整数は，絶対値が4以下の整数であり，-4，-3，-2，-1，0，1，2，

　　3，4の9個ある。

(4)**＜場合の数＞**大小2個のさいころを投げたとき，出た目の積が4の倍数になる組は，（大，小）＝

　　$(1, 4)$，$(2, 2)$，$(2, 4)$，$(2, 6)$，$(3, 4)$，$(4, 1)$，$(4, 2)$，$(4, 3)$，$(4, 4)$，$(4, 5)$，$(4, 6)$，

　　$(5, 4)$，$(6, 2)$，$(6, 4)$，$(6, 6)$の15通りある。

(5)**＜図形—角度＞**右図2で，点Oと点Cを結ぶ。OC＝ODより，△OCD　図2

　　は二等辺三角形だから，∠OCD＝∠ODC＝50°となる。また，∠COD

　　＝180°－（∠OCD＋∠ODC）＝180°－（50°＋50°）＝80°となり，BC∥OD

　　より，錯角は等しいから，∠OCB＝∠COD＝80°となる。線分ABは

　　円Oの直径だから，∠ACB＝90°であり，∠OCA＝∠ACB－∠OCB

　　＝90°－80°＝10°となる。よって，∠ACD＝∠OCD－∠OCA＝50°－10°

　　＝40°である。

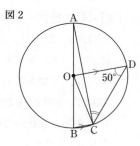

$\boxed{2}$ 〔独立小問集合題〕

[I]**＜連立方程式の応用＞**もとの3けたの自然数は，十の位の数と一の位の数が等しいので，百の位

の数をx，一の位の数をyとすると，十の位の数はyとなり，$100x+10y+y=100x+11y$と表せる。

各位の数の和が10であることから，$x+y+y=10$ が成り立ち，$x+2y=10$……①となる。また，百

の位の数と十の位の数を入れかえると，百の位の数がy，十の位の数がx，一の位の数がyだから，

この3けたの数は$100y+10x+y=10x+101y$と表せる。これがもとの数より360小さくなることか

ら，$10x+101y=100x+11y-360$ が成り立ち，$90x-90y=360$，$x-y=4$……②となる。①－②より，

$2y-(-y)=10-4$，$3y=6$，$y=2$となり，これを②に代入して，$x-2=4$，$x=6$となるので，もと

の3けたの自然数は622である。

[II]**＜関数—座標，直線の式＞**(1)右図で，$a=1$のとき，2点A，Bのy

座標は1である。2点A，Bは放物線$y=x^2$上にあるから，$1=x^2$より，

$x=\pm1$となり，A$(-1, 1)$，B$(1, 1)$となる。また，2点C，Dのy座

標は$-2a=-2\times1=-2$である。2点C，Dは放物線$y=-\dfrac{1}{2}x^2$にあ

るから，$-2=-\dfrac{1}{2}x^2$より，$x^2=4$，$x=\pm2$となり，C$(-2, -2)$，D$(2,$

$-2)$である。2点A，B，2点C，Dはそれぞれy軸について対称な点

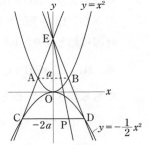

となるから，直線ACと直線BDもy軸について対称な直線となり，この2直線の交点Eはy軸上

の点となる。よって，点Eは直線BDとy軸の交点となる。2点B，Dの座標より，直線BDの傾

きは$\dfrac{-2-1}{2-1}=-3$となり，直線BDの式は$y=-3x+m$とおける。点Bを通るので，$1=-3\times1+$

m，$m=4$となり，E$(0, 4)$である。　　　(2)右上図で，$a=4$のとき，2点A，Bのy座標は4だから，

$4=x^2$，$x=\pm2$より，A$(-2, 4)$，B$(2, 4)$となる。2点C，Dのy座標は$-2a=-2\times4=-8$だから，

$-8=-\dfrac{1}{2}x^2$，$x^2=16$，$x=\pm4$より，C$(-4, -8)$，D$(4, -8)$となる。直線BDの傾きは$\dfrac{-8-4}{4-2}$

$=-6$だから，直線BDの式は$y=-6x+n$とおけ，点Bを通ることより，$4=-6\times2+n$，$n=16$

となり，E$(0, 16)$となる。次に，△ECP，△EPDの底辺をそれぞれCP，PDと見ると，高さが共

通だから，△ECPと△EPDの面積の比は底辺の比と等しくなる。よって，△ECP：△EPD＝3：1より，CP：PD＝3：1となる。CD＝4−（−4）＝8だから，PD＝$\frac{1}{3+1}$CD＝$\frac{1}{4}$×8＝2となり，点Pのx座標は4−2＝2となる。よって，P(2，−8)である。したがって，直線EPは，傾きが$\frac{-8-16}{2-0}$＝−12，切片が16だから，直線EPの式は$y＝-12x+16$である。

[Ⅲ]<数の性質─自然数，確率>(1)aを十の位の数とする3けたの整数は，(百の位，十の位，一の位)＝(1，a，3)，(1，a，8)，(3，a，1)，(3，a，8)，(8，a，1)，(8，a，3)の6個ある。百の位の数は，1，3，8であるものがそれぞれ2個，十の位の数は，aであるものが6個，一の位の数は，1，3，8であるものがそれぞれ2個あるから，十の位の数がaである6個の数の和は，100×2＋300×2＋800×2＋10a×6＋1×2＋3×2＋8×2＝60a＋2424と表せる。この6個の数の平均が474であるから，(60a＋2424)÷6＝474が成り立ち，10a＋404＝474，10a＝70，a＝7となる。　(2)(1)よりa＝7だから，4つの異なる1けたの自然数は1，3，7，8である。この中から3つを選んで3けたの整数をつくるとき，百の位の数は4つの中から1つだから4通りあり，十の位の数は残り3つの中から1つだから3通り，一の位の数は残り2つの中から1つだから2通りあるので，全部で，4×3×2＝24(通り)できる。このうち，3けたの整数が3の倍数になるのは，各位の数の和が3の倍数になるときである。1＋3＋7＝11，1＋3＋8＝12，1＋7＋8＝16，3＋7＋8＝18だから，1と3と8，3と7と8でつくられる3けたの整数が3の倍数となる。それぞれ3×2×1＝6(通り)あるから，3の倍数は6×2＝12(通り)できる。よって，求める確率は$\frac{12}{24}＝\frac{1}{2}$である。

3 〔独立小問集合題〕

[Ⅰ]<図形─長さの比，面積>(1)右図1において，四角形ABCDが平行四辺形より，AD＝BCで，点E，点Fはそれぞれ辺AD，辺BCの中点だから，ED＝FCとなる。また，ED∥FCだから，四角形EFCDは平行四辺形となり，EF∥DCである。これより，△EHI∽△CGIとなるから，HI：IG＝EH：CGである。点Gは辺CDの中点だから，CG＝$\frac{1}{2}$CDである。さらに，△BHF∽△BGCとなるから，FH：CG＝BF：BC＝1：2となり，FH＝$\frac{1}{2}$CG＝$\frac{1}{2}$×$\frac{1}{2}$CD＝$\frac{1}{4}$CDとなる。EF＝CDだから，EH＝EF−FH＝CD−$\frac{1}{4}$CD＝$\frac{3}{4}$CDとなる。よって，HI：IG＝EH：CG＝$\frac{3}{4}$CD：$\frac{1}{2}$CD＝3：2となる。　(2)図1のように，点Dと点Iを結ぶ。△CGIと△DGIの底辺をCG，DGと見ると，CG＝DGだから，△DGI＝△CGI＝2となり，△CDI＝△DGI＋△CGI＝2＋2＝4となる。EF∥DCより，EI：IC＝HI：IG＝3：2となるから，△EDI，△CDIの底辺をそれぞれEI，ICと見ると，△EDI：△CDI＝EI：IC＝3：2である。よって，△EDI＝$\frac{3}{2}$△CDI＝$\frac{3}{2}$×4＝6となり，〔四角形EIGD〕＝△DGI＋△EDI＝2＋6＝8である。

図1
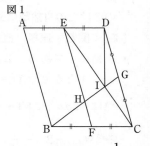

[Ⅱ]<図形─体積，長さ>(1)次ページの図2で，点Iは辺AEの中点だから，AI＝IE＝$\frac{1}{2}$AE＝$\frac{1}{2}$×8＝4である。AM：MI＝3：1だから，MI＝$\frac{1}{3+1}$AI＝$\frac{1}{4}$×4＝1である。また，面IJKLは底面

EFGH に平行であるから，四角錐 A–IJKL と四角錐 A–EFGH は相似と

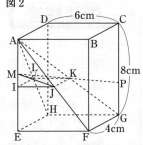

図2

なる。これより，四角形 IJKL と長方形 EFGH は相似となり，相似比は

AI：AE＝1：2 だから，〔四角形 IJKL〕：〔長方形 EFGH〕＝1^2：2^2＝1：

4 となる。よって，〔四角形 IJKL〕＝$\frac{1}{4}$〔長方形 EFGH〕＝$\frac{1}{4}$×4×6＝6

となる。AE⊥〔面 EFGH〕より，AE⊥〔面 IJKL〕となるから，〔四角錐

M–IJKL〕＝$\frac{1}{3}$×〔四角形 IJKL〕×MI＝$\frac{1}{3}$×6×1＝2（cm³）である。

(2)図2で，点M，点Kは4点A，E，C，Gを含む平面上にあるので，3点M，J，Kを通る平面

と辺 CG の交点Pは，2点M，Kを通る直線と辺 CG の交点となる。面 IJKL と面 EFGH が平行で，

点 I は辺 AE の中点だから，点Kも線分 AG の中点となる。このとき，△AKM≡△GKP となるか

ら，GP＝AM＝AI－MI＝4－1＝3 となり，CP＝CG－GP＝8－3＝5（cm）である。

国語解答

一 問一 イ　問二 A…イ　B…エ

問三 イ　問四 ア　問五 ア

問六 皆が自明だと思っていることについて、その目的や価値を疑い、反省し批判すること。(39字)

問七 Ⅰ，Ⅱ…ウ，キ　Ⅲ…ア　Ⅳ…オ

二 問一 a…ア　b…ウ　問二 ウ

問三 いうよう

問四 (1) あまた　(2) とぶらひけり

問五 ウ

問六 灰を食べて飢えをしのげるなら、盗みをしないようにしようと決め

た思い。(34字)

問七 エ

三 問一 イ　問二 ウ

問三 実際に大災害が起こることを想定して、避難の空振りを恐れずに備えようとする心構え。(40字)

四 (1) 1　べんぎ　2　とうすい
　　　3　しゅしょう　4　つつし

(2) 1　輩出　2　怠　3　快諾
　　　4　溶解

(3) 1…ウ　2…イ　(4)　ウ

(5) 1　辺　2　供　(6)　エ

一 〔論説文の読解―哲学的分野―哲学〕出典；吉見俊哉『「文系学部廃止」の衝撃』。

≪本文の概要≫大学の知は、国家や産業に対して短期的に役に立つということだけではなく、神や人や地球社会の未来に対して長期的に役に立つということもある。文系の知にとって、短期的に役に立つことは難しいが、中長期的には、工学系の知よりも役に立つ可能性が大きい。「役に立つ」ことには、理系の知が得意とする目的遂行型と、文系の知が得意とする価値創造型とがある。与えられた目的にしか役に立たない、目的遂行型の理系の知は、短期的には役に立ってきた。しかし、長期的に見ると、価値の尺度は変化する。知が価値創造的に役に立つためには、長期的に変化する多元的な価値の尺度に対して距離を保ち、批判していくことが必要である。前提としていたはずの目的が覆されたとき、新たな価値の軸をつくり出すことができるか、あるいは、新しく生まれた価値をどう評価していくかを考えるのは、価値の軸を多元的にとらえる視座を持った文系の知でなければならない。なぜなら、新しい価値の軸を生んでいくためには、皆が自明だと思っている現存の価値の軸を疑い、反省し、批判し、違う価値の軸の可能性を見つける必要があるからである。

問一＜文章内容＞目的遂行型としての「役に立つ」とは、すでに与えられている目的に対し、その目的を現実のものにするために、最も優れた方法を見つけていくことである。

問二＜接続語＞A．「役に立つ」には、与えられた目的の達成に「役に立つ」成果をあげるという次元もあるが、他にもう一つの次元もある。　　B．価値の軸は不変ではなく、その例として、一九六〇年代と現代では、価値観がすっかり違うことを挙げることができる。

問三＜文章内容＞bは、時代の価値観の軸に適合することを述べている。b以外は、価値や目的を生み出したり変えたりすること、あるいは、価値や目的が変わることを述べている。

問四＜文章内容＞「ウォークマン」を、与えられた価値軸の枠内で優れた製品をつくる「目的遂行型」の例として、一方、「iPad／iPhone」を、大きな歴史の流れの中で価値の軸そのものを転換させてしまった「価値創造型」の例として挙げ、「役に立つ」ことには二つの次元があるという自説を補強している。

問五＜文章内容＞「価値の軸を多元的に捉える」とは、多元的な価値の尺度がある中で、そのときそ

のときで最適の価値軸に転換していけるように，「それぞれの価値軸に対して距離を保ち，批判していく」ことである。

問六＜文章内容＞新しい価値の軸を生んでいくためには，現存の価値の軸，つまり，皆が自明だと思っているものを疑い，反省し，批判を行い，違う価値の軸の可能性を見つける必要があり，それに応えられるのが文系の知である。

問七＜文章内容＞寺脇氏は，自分が大学で教えている文系の学問は「経済効果」には「関係ありません」と言い，広田氏も，人文・社会系に「短期的」な「経済効果」を求めるのはおかしいと述べている。つまり，「文系の知」の価値を「短期的」な「経済効果」で測るべきではなく（Ⅰ…キ），「短期的」な「経済効果」がなくても，「文系の知」は別の次元で大切だという点で意見が一致している（Ⅱ…ウ）。ただし，寺脇氏は，「文系の知」は「経済効果」には関係ないと，「全国の大学の先生が言うべき」だと主張しているのに対し（Ⅲ…ア），広田氏は，「短期的」な「経済効果」を求めるのはおかしいとしながらも，長い目で見れば，哲学のような文系の思索こそが「新しいアイデアを生み出す」という意味において，「経済効果」の面でも意味はあると述べ（Ⅳ…オ），この点で二人の意見は相違している。

二〔古文の読解─説話〕出典；『古今著聞集』巻第十二，四四〇。

≪現代語訳≫あるところに盗人が入ってしまった。主人がちょうど起きて，（盗人が）帰ろうとするところをうち殺そうと思って，その道で待ちぶせして，障子の破れ目からのぞいていたところ，盗人は，物を少し取って袋に入れて，全部は取らず，少しだけ取って帰ろうとしたが，つり棚の上に鉢に灰を入れて置いてあったのを，この盗人は何と思ったのであろうか，（灰を）つかんで食った後，袋に取り入れた物を，もとのとおりに置いて帰った。

（主人は）待ちぶせしていたことなので，（盗人を）組み伏せて捕らえて縛りあげた。（主人は，）この盗人の振る舞いが理解できなくて，その詳しい事情を尋ねたところ，盗人が言うことには，「私はもともと盗みの気持ちはない。ここ二，三日食べ物がなくて，どうしようもなくひもじくなりまして，初めてこんな気持ちになって，お宅へ参上してしまったのです。そうであるのに御棚に麦の粉だろうかと思われる物が手に触れましたので，食べ物が欲しいままにつかんで食っておりましたが，はじめはあまりにも飢えた口で，それが何であるかとも判断できませんでした。（つかんで食うことが）多数回になって，初めて灰でございましたかとふとわかって，その後は食べなくなりました。食べ物でないものを食べましたけれども，これを腹に食って入れましたところ，物の欲しさがやんだのです。これを思うと，この飢えに耐えられずにこのような（盗みをはたらこうとする）とんでもない気持ちがついてしまったものの，灰を食べても簡単に（悪心が）直ったものだと思いまして，取った物をもとのとおりに置いたのです」と言うので，（主人には盗人が）哀れにも不思議にも思われて，取るに足りないごくわずかの品物などを与えて帰してしまった。（主人は，）「今後もこれほどにどうにもならなくなったときは，遠慮せずに（ここへ）来て（その旨を）言え」と言って，いつも見舞った。盗人もこうした心はしみじみと感動的である。家の主人のあわれみの心も，また立派である。

問一＜古典文法＞ａ．「破れ」は，動詞「破る」の連用形が転成した名詞。　　ｂ．「心得がたく」は，複合形容詞「心得がたし」の連用形。

問二＜現代語訳＞「か」は，疑問の係助詞。「たり」は，完了の助動詞。「けん（けむ）」は，過去推量の助動詞。

問三＜歴史的仮名遣い＞歴史的仮名遣いの語頭以外のハ行は，現代仮名遣いでは原則として「わいう

えお」となる。また，歴史的仮名遣いの「au」は，現代仮名遣いでは「ou」となる。

問四<古語>(1)「あまた」は，たくさん，多く，という意味。　　　(2)「とぶらふ」は，訪ねる，見舞う，という意味。また，「けり」は，過去の助動詞。

問五<古文の内容理解>「あらぬ」は，とんでもない，という意味。盗人は，二，三日食べ物がなかった飢えのあまり，もともとはなかった，盗みをはたらこうというとんでもない悪心がついてしまった。

問六<古文の内容理解>盗人は，ひもじさのあまり他人の家に盗みに入ったが，食べ物でない灰であっても食べれば一時的には腹がふくれ，盗みの心がなくなり，取った物を全て返した。作者は，このような盗人の素直で正直な心を，「あはれ」だと感じている。

問七<古文の内容理解>主人は，盗人の殊勝な心と，飢えに苦しみ盗みをはたらこうとしてしまったことに同情し，いくらかの品物を与えて帰してやった。そのうえ，「のちのちにもさ程にせんつきん時は，はばからずきたりていへ」と言って，常時，この盗人を見舞ってやった。

三〔随筆の読解―自然科学的分野―自然〕出典；「天声人語」（「朝日新聞」2020年7月9日朝刊）。

問一<慣用句>「耳目を引く」は，人の注意を引きつける，という意味。

問二<漢字>「空振り」は「からぶ(り)」と読む。「空きっ腹」は「す(きっ)ぱら」，「空似」は「そらに」，「空っ風」は「から(っ)かぜ」，「空き家」は「あ(き)や」と読む。

問三<主題>筆者は，災害に対し，「自分の住むところに次に起こる災害が，もしや開闢以来」の大災害かもしれないという危機感を持ち，予報する側は「空振り覚悟で，強い警報を早めに出すこと」が必要であり，「受け止めるほうも，避難が空振りしてもいいという構え」が必要だといっている。

四〔国語の知識〕

(1)**<漢字>**1．「便宜」は，特別なはからいのこと。　　2．「陶酔」は，うっとりすること。　　3．「殊勝」は，心がけや行動などが感心なこと。　　4．音読みは「謹慎」などの「シン」。

(2)**<漢字>**1．「輩出」は，優れた人物が続いて世に出ること。　　2．音読みは「怠慢」などの「タイ」。　　3．「快諾」は，依頼や申し入れを快く聞き入れること。　　4．「溶解」は，気体，液体，固体が他の液体や固体と混合して均一な状態になること。

(3)**<語句>**1．「エゴイズム」は，自分さえ良ければいいという考え方のこと。　　2．「ノンフィクション」は，実話に基づいた作品のこと。ここでは「伝記」がこれに当たる。

(4)**<慣用句>**この場合の「足」は，交通手段の隠喩。

(5)**<語句>**1．「中心」は，真ん中のこと。「周辺」は，あるものの周りのこと。　　2．「需要」は，求めること。「供給」は，必要に応じて物を与えること。

(6)**<文学史>**『徒然草』は，鎌倉時代に兼好法師が書いた随筆。『土佐日記』は，平安時代に紀貫之が書いた日記。『源氏物語』は，平安時代に紫式部が書いた物語。

【英　語】（50分）〈満点：100点〉

1 リスニングテスト（放送による指示に従って答えなさい。）

問題A　次の① ~ ④から最も適切なものを一つ選んで、番号をマークしなさい。

1. 　　1

① She left it at home.

② She left it at school.

③ She left it at Ethan's house.

④ Hannah has it.

2. 　　2

① She's telling the man where the bakery is.

② She's looking for a shop that sells sandwiches.

③ She's shopping at a supermarket.

④ She's buying flowers.

3. 　　3

① Some Hawaiian pizza.

② Some double cheese pizza.

③ Some more salad.

④ Some delicious dressing.

問題B　次の① ~ ④から最も適切なものを一つ選んで、番号をマークしなさい。

4. 　　4

① Yes, it's 090 9629 2466.

② Yes, it's 090 9729 2446.

③ Yes, it's 090 9728 2466.

④ Yes, it's 090 9729 2466.

5. 　　5

① Just a cup of water.

② Go ahead.

③ I have a headache.

④　You should go to the hospital.

※　リスニングテスト放送文は，英語の問題の終わりに付けてあります。

2　次の問い（A, B, C）に答えなさい。

A　下線部の発音が他の三つと異なるものを一つ選んで、番号をマークしなさい。

問 1　　6　　① prom<u>i</u>se　　② favor<u>i</u>te　　③ hol<u>i</u>day　　④ inv<u>i</u>te

問 2　　7　　① mu<u>s</u>eum　　② u<u>s</u>eful　　③ choo<u>s</u>e　　④ de<u>s</u>ert

問 3　　8　　① c<u>ou</u>rage　　② cl<u>ou</u>d　　③ sh<u>ou</u>t　　④ m<u>ou</u>ntain

B　最も強く発音する部分を選んで、番号をマークしなさい。

問 1　　9　　es – pe – cial – ly
　　　　　　　　① 　 ② 　 ③ 　 ④

問 2　　10　　veg – e – ta – ble
　　　　　　　　① 　 ② 　 ③ 　 ④

問 3　　11　　in – ter – view
　　　　　　　　① 　 ② 　 ③

C　（　　）に入る最も適切な語句を選んで、番号をマークしなさい。

問 1　　12

　　　A　：　Thanks for the tea. It was good.

　　　B　：　Do you want （　　）?

　　　① the cup　　　② other cups　　　③ another cup　　　④ a cup

問 2　　13

　　　A　：　（　　） are you going to come home tonight?

　　　B　：　Sorry, but I don't think I can have dinner with you.

　　　① How long　　　② What time　　　③ Why　　　④ Where

問 3　　14

　　　（　　） he gets up at seven but this morning he got up at six.

　　　① Usually　　　② Suddenly　　　③ Really　　　④ Finally

問 4　　15

　　　Children around three years old want to do everything （　　） themselves
　　　without help from their parents.

       ① in   ② with   ③ of   ④ by

3 次の問い（A, B）に答えなさい。答えはすべて**記述式解答欄**に記入すること。

A　（　　　）に当てはまる語を答えなさい。ただし、与えられたアルファベット一文字で始まる英語一語とする。

   問1　【　あ　】

      A　：What day is it today?

      B　：Yesterday was Friday, so it's（S　　　　）today.

   問2　【　い　】

    July is the seventh month of the year and（A　　　　）is the eighth.

   問3　【　う　】

      A　：Can I take your（o　　　　）?

      B　：Well, a cup of coffee, please.

   問4　【　え　】

      A　：What are your plans for the next winter（v　　　　）?

      B　：I'm going to go to Hokkaido with my family.

B　<α>欄の単語の変化と、<β>欄の単語の変化が同じになるようにしなさい。答えはすべて**記述式解答欄**に英語一語で記入すること。

	α			β		
例	book	→	books	knife	→	【 knives 】
問1	go	→	gone	choose	→	【 お 】
問2	show	→	showing	cut	→	【 か 】
問3	say	→	says	fly	→	【 き 】
問4	hard	→	harder	well	→	【 く 】

4 日本文に合う英文になるように、語群から語句を選んで( )に入れなさい。ただし文頭に来る字も小文字にしてある。解答は 16 ～ 23 に入る語句の番号をマークすること。

問1 誰かカズオ・イシグロの書いた本を読んだことのある人はいますか。

( )(16)( )( )(17)( ) Kazuo Ishiguro?

① read ② anyone ③ by

④ has ⑤ written ⑥ a book

問2 このレストランの人気を取り戻すために、何かしなければならない。

( )(18)( )( )(19)( ) this restaurant popular again.

① something ② done ③ make

④ be ⑤ must ⑥ to

問3 このレポートのおかげで一週間ずっと忙しかったよ。

( )(20)( )( )(21)( ) a week.

① me ② this report ③ kept

④ has ⑤ busy ⑥ for

問4 あの山の頂上は、12月になると雪に覆われるだろう。

The top of that mountain ( )(22)( )( )(23)( ) December.

① be ② with ③ will

④ in ⑤ covered ⑥ snow

5 次の対話文中の [　　　　] に入るものを、後の① ～ ⑦から一つずつ選んで番号をマークしなさい。同じ選択肢を2度用いてはならない。

Nana and Hinako are walking from school to the station.

Nana : I'm so tired.

Hinako : I'm so hungry.

Nana : You're right. We had P.E. class and we practiced handball after school. I can't wait for dinner at home.

Hinako : Hey, why don't we buy some bubble tea?

Nana : 24

Hinako : Don't you know it? It's milk tea with tapioka balls* in it. It is so delicious that I drink it almost every day.

Nana : I hear about it a lot these days, but I haven't had one yet.

Hinako	:	The famous bubble tea shop opened near Asagaya Station last month. My friends and I often go there after school.
Nana	:	The shop next to the station building?
Hinako	:	25
Nana	:	I didn't know that the new shop is a bubble tea shop. I always see a lot of people waiting in a very long line. I thought it was one of those famous ramen shops.
Hinako	:	That shop is the most famous one in Japan.
Nana	:	Because their tea is the most delicious?
Hinako	:	26 They found it in Taiwan, and introduced it to Japan.
Nana	:	I want to try it. But I'm a little afraid of drinking those black balls. What are they made from?
Hinako	:	27 They are made from plants which look like sweet potatoes*.
Nana	:	OK, let's drink it.
Hinako	:	Great. Now, be careful about just one thing.
Nana	:	What? Is it expensive?
Hinako	:	28 It has more calories* than one bowl* of ramen noodles.
Nana	:	I think that's all right after P.E. and handball.

*	tapioca ball	タピオカ	sweet potato	サツマイモ
	calorie	カロリー	bowl	丼

① That's it.

② The price isn't the problem.

③ Actually, I'm not really hungry now.

④ Because they were the first to sell bubble tea in Japan.

⑤ Thanks for telling me about the new shop.

⑥ What's that?

⑦ You don't have to worry.

⑥ 次の英文を読んで後の問いに答えなさい。

Our lives have changed a lot because (1) the development of technologies in energy, medicine, science and more. (2)We can do things which we could not 100 years ago. We can get cleaner water, can travel faster, can live longer than before. Of course, there are many more things which I can write here. We can say that our lives have got (3) better than before.

【 A 】

However, I believe that the things that new technologies bring us are not always good for us. Sometimes, they bring us new problems. Everything has (4) good and bad sides. For example, technologies which use oil. We cannot live without oil to make our lives better. But, it produces CO_2 when we use it. Also, plastics are made from oil, and they are bad for the environment around us. Like this, (5)it brings us new problems which we do not want.

【 B 】

Another example is communication technology. Ten years ago, many people had regular cell phones. It was really convenient when they used their cell phones. Now people have smartphones. With these, they can not only call people, but they can (6) take pictures, listen to music, do shopping, play new games, communicate with people all over the world and more. They are really useful. Even kids have their own smartphones now. People use them a lot these days. Some people use theirs for more than five hours a day. That's too much. And, some kids do it, too. Don't you think that (7)it is really a big problem?

【 C 】

People are looking at their phones too much. People look at their phones even when they are having lunch or dinner with (8)others. When you go into a restaurant and look around, many customers have phones in their hands. They will play a game, or use the Internet, and NOT talk to the people around them. Some restaurants have even offered a free meal or a discount if customers do not use their phones during their meals! People also use their phones before they sleep. This is bad for them, because it is more difficult for them to sleep. The light from the phone makes our bodies think (9)[①to ②to bed ③time ④not ⑤it ⑥go ⑦is] yet.

【 D 】

We should learn that new technologies have good and bad sides, and should think of better ways to use them.

問1　次の一段落の英文は、本文中の空欄【 A 】～【 D 】のどれかに入る。どこに入れるのが最も適切かを選び、① ～ ④の番号で答えなさい。

Then, where and when do we use our smartphones? Well, we can use them almost everywhere we can, and at any time we can. Then, why do we do it? Some researchers tell us that we do not want others to think that we have nothing to do.

29　　　① A　　　② B　　　③ C　　　④ D

問2　下線部(2)を日本語にしなさい。答えは**記述式解答欄【 け 】**に記入すること。

問3　(1), (3), (4), (6)に入るものを、次の①～④から適切なものを一つずつ選び番号をマークしなさい。

(1)　　30

　　① at　　　② from　　　③ of　　　④ to

(3)　　31

　　① much　　② so　　　③ such　　④ very

(4)　　32

　　① all　　　② both　　　③ each　　④ every

(6)　　33

　　① also　　② never　　③ only　　④ really

問4　下線部(5), (8)が指しているものはそれぞれ何か。①～④から適切なものを一つずつ選び番号をマークしなさい。

(5)　　34

　　① oil　　② plastic　　③ problems　　④ the environment

(8)　　35

　　① other news　　　　　② other people

　　③ other restaurants　　④ other smartphones

問5　下線部(7)が指しているものは何か。日本語で説明しなさい。
　　答えは**記述式解答欄【 こ 】**に記入すること。

問6　(9)の[　　　]内の語句を並べ替えて、意味の通る英文にしなさい。答えは、[　　　]内で３番目に来る語句と６番目に来る語句の番号をマークしなさい。

3番目・・・　36　　　　　6番目・・・　37

7 次のような状況で、あなたなら英語でどう言うかを考え、**記述式解答欄**に書きなさい。

（例）　映画を観た後で、相手に感想をたずねる場合。

How did you like it?

問1　【　さ　】

家に遊びに来た友人に、夕食を食べていくようにとすすめる場合

問2　【　し　】

友人が携帯を紛失して困っている場合

＜リスニングテスト放送文＞

Part One (Listen to the conversations and answer the questions.)

1.
_____

W. Hello?

M. Hello, this is Ethan. Is Hannah home yet?

W. No, she isn't. I thought she was at your place.

M. She was. She left her iPad here. She needs it for a presentation at school tomorrow. Could you tell her to come back here and get it?

Question:　Where is Hannah's iPad?

① She left it at home.

② She left it at school.

③ She left it at Ethan's house.

④ Hannah has it.

2.
_____

W. Excuse me. I'm trying to find the bakery...

M. Oh, yes. There was a bakery next to the post office until about two years ago, but they closed it. It's a flower shop now.

W. Oh, that's too bad. Do you know where I can buy some sandwiches?

M. Sure. There's a supermarket at the end of this road.

Question:　What is the woman doing?

① She's telling the man where the bakery is.

② She's looking for a shop that sells sandwiches.

③ She's shopping at a supermarket.

④ She's buying flowers.

3.

W. Can I have another slice of pizza, dad?

M. Another one, Emily? You've had six slices already! And you haven't eaten any salad. Try it. The dressing is delicious.

W. But I only ate the double cheese pizza. I didn't have any of the Hawaiian one.

M. OK, but only after you eat some salad.

Question: What does Emily want?

① Some Hawaiian pizza.

② Some double cheese pizza.

③ Some more salad.

④ Some delicious dressing.

4.

M. Hello?

W. Hello. I'd like to make a reservation for two people for dinner tonight. My name is Nichola Jeffries, and my mobile phone number is 090 9729 2466.

M. Thank you, Ms. Jeffries. Could I have your phone number one more time, please?

① Yes, it's   090 9629 2466.

② Yes, it's   090 9729 2446.

③ Yes, it's   090 9728 2466.

④ Yes, it's   090 9729 2466.

5.

M. How is your headache, Isabella?

W. It still hurts. I went to the doctor this morning and he gave me some medicine, but it didn't get better.

M. That's too bad. You should go to bed and rest. Can I get anything for you?

① Just a cup of water.

② Go ahead.

③ I have a headache.

④ You should go to the hospital.

【**数　学**】（50分）〈満点：100点〉

1

［Ⅰ］次の各問いに答えなさい.

(1) $(2 \times 12 - 7 + 740 \div 4) \times 10 = \boxed{アイウエ}$

(2) $\left(0.2 \div \dfrac{2}{3} + \dfrac{1}{15}\right) + \dfrac{19}{30} = \boxed{オ}$

(3) $3\sqrt{15} \div \sqrt{3} - \dfrac{20}{\sqrt{5}} + \dfrac{\sqrt{10}}{2} \times \dfrac{1}{\sqrt{2}} = \dfrac{\boxed{カ}\sqrt{\boxed{キ}}}{\boxed{ク}}$

(4) $x = 1 + \sqrt{2}$, $y = \sqrt{3}$ のとき, $(x+y)^2 - 2xy = \boxed{ケ} + \boxed{コ}\sqrt{\boxed{サ}}$

(5) 2次方程式 $3x^2 - 20 = 2x(x+4)$ の解は $x = \boxed{シス}, \boxed{セソ}$　ただし, $\boxed{シス} < \boxed{セソ}$ とする.

［Ⅱ］次の各問いに答えなさい.

(1) $\sqrt{450(n-5)}$ が自然数となるような最小の自然数 n の値は $\boxed{タ}$ である.

(2) ある自然数から 3 を引くと 5 で割り切れ, 2 を引くと 3 で割り切れる. このような 2 桁の自然数のうちで最も大きい自然数は $\boxed{チツ}$ である.

(3) A 君は英・国・数・理・社の 5 教科のテストの平均点が 72 点でした. 理・社の平均は 63 点であったので, 英・国・数の 3 教科の平均点は $\boxed{テト}$ 点である.

(4) 5% の食塩水が 140g あります. この食塩水に 2% の食塩水を加えて, 4% の食塩水をつくるためには, 2% の食塩水を $\boxed{ナニ}$ g 加えればよい.

(5) A, B の 2 つのさいころを同時に投げ, A のさいころの出る目の数を a, B のさいころの出る目の数を b とするとき, $a \div b$ が割り切れないのは全部で $\boxed{ヌネ}$ 通りである.

2

[Ⅰ] ある文房具店では，商品を現金で支払いをすると代金は定価に10％の消費税が加わる．キャッシュレスのSGペイで支払いをすると定価の8％引きに10％の消費税が加わる．また，サービスDayの日に現金で買うと代金は，鉛筆は1本につき定価の5％引き，ノートは1冊につき定価の10％引きとなり，それぞれ10％の消費税が加わる．

この文房具屋でサービスDayに鉛筆10本とノート5冊を買ったところ，サービスDayでない日にSGペイで支払った場合と同じ値段となった．

鉛筆1本の定価を x 円，ノート1冊の定価を y 円とすると，x, y の関係式は

$$y = \boxed{ア}\, x$$

が成り立つ．

サービスDayでない日に，鉛筆6本とノート3冊を現金で買うと，代金は660円であった．このことから，鉛筆1本の定価は $\boxed{イウ}$ 円，ノート1冊の定価は $\boxed{エオカ}$ 円と分かる．

[Ⅱ] 右の図のように関数 $y = ax^2$ のグラフがあり，y 軸に垂直な直線 ℓ とグラフとの交点をそれぞれ A，B とし，y 軸との交点を C とする．また，△APB が直角二等辺三角形となるように y 軸上に点 P をとり，直線 AP と x 軸との交点を Q とする．点 A の座標が（-2，4）のとき，

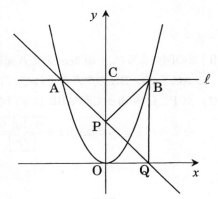

(1) 直線 AP の式は，$y = \boxed{キ}\, x + \boxed{ク}$ である．

(2) また，△ABQ と △RAQ の面積が等しくなるように，関数 $y = ax^2$ のグラフ上に点 B と異なる点 R をとるとき，点 R の座標は（$\boxed{ケコ}$，$\boxed{サ}$）となる．

[Ⅲ] 分子が64である分数を順番に64個並べていきます．ただし，分母についてはある規則にしたがっていきます．また，約分できるときは，約分します．次の各問いに答えなさい．

$$64,\ 32,\ \frac{64}{3},\ 16,\ \frac{64}{5},\ \frac{32}{3},\ \frac{64}{7},\ 8,\ \frac{64}{9},\ \cdots$$

(1) 整数は全部で $\boxed{シ}$ 個表れる．

(2) 分母が5となる数をすべて足した値は $\boxed{スセ}$ になる．

③

[Ⅰ] 右の図のように AB = 5 cm，BC = 8 cm，
AC = 7 cm である △ABC に，円 O が内接して
いる．辺 BC，AC，AB と円 O が接する点をそ
れぞれ D，E，F とする．また，△ABC の面積
は $10\sqrt{3}$ cm² である．

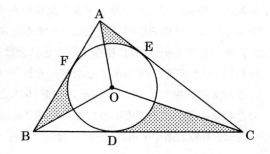

(1) AE = $\boxed{ア}$ cm

(2) $\begin{matrix}\vdots\end{matrix}$ 部の面積は $\dfrac{\boxed{イウ}\sqrt{\boxed{エ}} - \boxed{オ}\pi}{\boxed{カ}}$ cm² である．

[Ⅱ] 右の図のように，1 辺 2cm の正八面体 ABCDEF がある．
辺 AC，AD，BE の中点をそれぞれ P，Q，R とする．

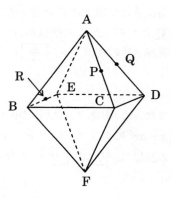

(1) 点 P，Q を通って面 ABE に平行な平面でこの正八面体
を切ったときの切断面は $\dfrac{\boxed{キ}\sqrt{\boxed{ク}}}{\boxed{ケ}}$ cm² である．

(2) PR の長さは $\sqrt{\boxed{コ}}$ cm である．

解 答 上 の 注 意

1　解答用紙には，中学校名・氏名・受験番号欄があります．それぞれ正しく記入し，受験番号はその下の
　マーク欄もマークしなさい．正しくマークされていない場合は，採点できないことがあります．

2　解答は，解答用紙の問題番号に対応した解答欄にマークしなさい．

3　問題の文章の $\boxed{ア}$ ，$\boxed{イウ}$ などには，特に指示がないかぎり，符号（－，±），数字（0～9），または文字
　（a, b, x, y）が入ります．ア，イ，ウ，$\cdots$の一つ一つは，これらいずれか一つに対応します．それら
　を解答用紙のア，イ，ウ，$\cdots$で指示された解答欄にマークして答えなさい．

例1　$\boxed{アイウ}$ に－83と答えたいとき

例2　$\boxed{エオ}$ に $2a$ と答えたいとき

4　分数で解答する場合，分数の符号は分子につけ，分母につけてはいけません．

　例えば，$\dfrac{\boxed{キク}}{\boxed{ケ}}$ に $-\dfrac{4}{5}$ と答えたいときは，$\dfrac{-4}{5}$ として答えなさい．

　また，それ以上約分できない形で答えなさい．例えば，$\dfrac{3}{4}$ と答えるところを，$\dfrac{6}{8}$ のように答えてはいけ
　ません．

5　根号を含む形で解答する場合は，根号の中に現われる自然数が最小となる形で答えなさい．

　例えば，$\boxed{コ}\sqrt{\boxed{サ}}$ に $4\sqrt{2}$ と答えるところを，$2\sqrt{8}$ のように答えてはいけません．

6　分数形で根号を含む形で解答する場合，$\dfrac{\boxed{シ}+\boxed{ス}\sqrt{\boxed{セ}}}{\boxed{ソ}}$ に $\dfrac{3+2\sqrt{2}}{2}$ と答えるところを，$\dfrac{6+4\sqrt{2}}{4}$ や

　$\dfrac{6+2\sqrt{8}}{4}$ のように答えてはいけません．

1 次の文章を読んで、後の問いに答えなさい。

学びが時間的な現象であるということのいちばんわかりやすい事例は母語の習得です。

母語の習得は最も原型的な学びです。他のすべての学びは、この経験を原型として構築されます。そう断言してよいと思います。

母語の習得を、私たちは母語をまだ知らない段階から開始します。生まれるとすぐに、場合によっては体内にいるときにすでに、母や父は子どもに話しかけます。そして、子どもは話しかけられてくる言葉を通じて、母語を学習します。

私たちは、現にそうやって日本語を習得したわけですけれど、母語の学習を始めたときには、これから何を学ぶかということを知らなかった。これがたいせつなところです。

「そろそろ就学年齢に達したから、日本語でも勉強しておこうか」とか「日本語運用能力が高いとこれから就職等にいろいろ有利だから」とか、そのような①功利的な計算をした上で母語の習得を開始する子どもはおりません。何しろ、「言語」という概念も、「学習」という概念も、「価値」とか「意味」とか「有用性」といった概念も、母語を習得し始めた時点での子どもは一つも知らなかったはずなんですから。

［ i ］、起源的な意味での学びというのは、自分が何を学んでいるのかを知らず、それが何の価値や意味や有用性をもつものであるかも言えないというところから始まるものなのです。というよりむしろ、自分が何を学んでいるのか知らず、その価値や意味や有用性を言えないという当の事実こそが学びを動機づけているのです。

本来、学びはそのように構造化されています。ですから、それからしばらくして子どもが小学校に入って、文字を習うときも、算数を習うときも、音楽を習うときも、子どもたちは自分が何を習っているのか、何のためにそれを習っているのかを、習い始めるときには言えないのです。言えなくて当然であり、言えないのでなければならないのです。

学びのプロセスに投じられた子どもは、すでに習い始めている。すでに学びの中に巻き込まれてしまっているのでなければならないのです。

②子どもは学習の主権的で自由な主体であるのではありません。

これは戦後の教育現場ではあまり大きな声では言われなかったことですけれど、原則的なことですから、ここで声を大にして言っておきたいと思います。

まず、学びがあり、その運動に巻き込まれているうちに「学びの運動に巻き込まれつつあるものとしての主体」という仕方で事後的に学びの主体は成立してくる。私たちは自らの意思で、自己決定によって学びのうちに進むわけではありません。私たちはそのつどすでに学びに対して遅れています。私たちは「すでに学び始めている」という微妙な（注1）タイムラグを感じることなしに、学び始めることができないのです。

よく使わせてもらう喩えですけれど、気がついたらすでにゲームが始まっていて、自分はそこにプレイヤーとして投げ込まれているという状況を想像していただきたい。そのゲームがいつの始まり

どういうルールで進められているのか、自分はまだわからない。でも、とりあえず誰かが僕にボールをくれてくる。くれたボールを「いつちくよこせ」と目で合図してくるプレイヤーがいたりする。あるいは血相を変えて襲いかかってくるプレイヤーがいるので、とりあえず逃げる……そういうことを繰り返しているうちに、だんだんとどういうふうにすればゲームが先に進むのかだけはわかってくる……。

そういうものだと思うんです、学びというのは。

母語を操れなかった子どもが、いつの間にか母語を運用できるようになっていく。それは、子どもが母語の学習を自己決定したから起きたことではありません。母語の習得が有意義であり、有利であると判断したから始まったことではありません。

学びとは、学ぶ前には知られていなかった度量衡によって、学びの意味や意義が事後的に考慮される、そのようなダイナミックなプロセスのことです。学び始めたときと、学んでいる途中と、学び終わったときでは、学びの主体そのものが別の人間である、というのが学びのプロセスに身を投じた主体の運命なのです。

[ⅱ] このような学びのプロセスは、「教育サービス」を購入するために「教育投資」を行う消費主体として自らを確立した子どもには理解不能です。

消費主体として学びの場に立つ子どもたちは、いわば学校をコンビニのようなものと考えています。「買い物する主体」は無時間的な存在です。買い物の前と後では少しも変化しないということが前提になっています。消費主体というのはそういうものなんです。消費主体が買い物する前と後で別人になってもらっては困る。買い手が入り口から入り、出口から出るまでのあいだに起きる変化は、コンビニで買い込んだ「教育商品」が買い物かごに入ってくるという外形的な価値の付加だけでなければなりません。消費者自身は変化してはならない。

つまり、消費とは本質的に無時間的な行為であり、消費者は無時間的な「幽霊」なのです。消費者は商品と貨幣の交換行為の全期間を通じて、（それが現実にはどれほどの時間を要しようとも）原理的には「変化しない主体」として措定されています。

もちろん、現実にはそんなことはありえません。時間の中で変化しない人間なんかありえないからです。にもかかわらず、ひとたび消費主体として市場に出現してしまった人間は、「等価交換を行っている過程で、消費主体は決して変化してはならない。その価値観を変えてはならない。その交換レートを変えてはならない。その度量衡を変えてはならない」という厳重な禁則から逃れることができません。

学びの場に消費主体として登場してしまった子どもたちもそれと同じ禁則に縛られていることになります。

もし、小学校一年生の教室で、先生が「では、これからひらがなを勉強しましょう」と言ったときに、子どもたちが「ひらがなの学習に対する内発的な動機づけが私の内部にあるだろうか？」と自問することを許したら、そして「内発的な動機づけを発見できませんでした」と自己申告した子どもにはひらがなの学習を免じるということを制度化したら、学校はたいへんなことになるでしょう。

しかし、現に学校はそのSF的想像のような場所になりつつあります。

僕自身も大学で繰り返し同じ問いを向けられます。「これは何の役に立つんですか？」という問いが、ほんとうに無邪気に、最優先のものとして学生たちの口から発せられる。「何のために勉強するのか？」「この知識は何の役に立つのか？」

去年、ある国立大学で集中講義をしたときに、その大学の新聞部の学生からインタビューを受けたことがあります。その学生が発した最初の質問が「現代思想を学ぶことの意味は何ですか？」というものでした。

その問いを発した学生は、もし僕がこの問いに説得力のある回答をしたらそれを学んでもよいが、僕の答えに納得できなければ「学ばない」と宣言しているわけです。

つまり、□　Ⅲ　□ということを、問いを通じて表明しているのです。僕はこの傲慢さと無知にほとんど感動しました。

二十歳の学生の手持ちの価値の度量衡をものさしとしては計量できないものが世の中には無限に存在します。彼は喩えて言えば、愛用の三十センチの「ものさし」で世の中のすべてのものを測ろうとしている子どもに似ています。その「ものさし」では測れないもの、例えば重さとか光量とか測力というものたちの意味を「ものさし」しか持たず、それだけで世界のすべてが計量できると信じている子どもにどうやって教えることができるでしょう。

「何のために勉強するのか？この知識は何の役に立つのか？」という問いを、教育者もメディアも批評性のある問いだと思い込んでいます。現に、子どもからそういう問いをいきなりつきつけられると、多くの人は絶句してしまう。教師を絶句させるほどラディカルでクリティカルな問いなんだ、これはある種の知性のあかしなのだと子どもたちは思い込んでいます。そして、あらゆる機会に「それが何の役に立つんですか？」と問いかけ、満足のゆく答えが得られなければ、自信たっぷりに打ち棄ててしまう。しかし、この切れ味のよさそのものが子どもたちの成長を妨げているということは、当の子どもたち自身には決して自覚されません。

「何の役に立つのか？」という問いを立てる人は、ことの有用無用についてのその人自身の価値観の正しさをすでに自明の前提にしています。有用であると「私」が決定したものは有用であり、無用であると「私」が決定したものは無用である。たしかに歯切れはよい。では、「私」が採用している有用性の判定の正しさは誰が担保してくれるものでしょうか？

問題はここからいっそう複雑になってゆきます。

この個人的な判定の正しさには実は「連帯保証人」がいるのです。

□　ⅳ　□です。

「私」に自己決定権があるのは、自己決定した結果どのような不利なことが我が身にふりかかっても、その責任は自己責任として、自分が引き受けると「私」が宣言しているからです。

これが「何の役に立つのか？」という功利的な問いを下支えしているのは「自己決定・自己責任論」です。これもまた「自分探しイデオロギー」と同時期に、官民一体となって言い出されたものでした。そして、それが捨て値で未来を売り払う子どもたちを大量に生み出しているのです。

（内田樹『下流志向』より）

（注１）　タイムラグ……関連する二つの事柄の間に生ずる時間的なずれのこと。
（注２）　度量衡………長さと容積と重さをはかるもの。
（注３）　教育投資……利益を見込んで教育にお金をかけること。
（注４）　無時間的……時間の影響を受けないこと。
（注５）　措定………ある判断を推論によらず主張すること。
（注６）　レート………率。歩合。
（注７）　ラディカル…根本的な。
（注８）　クリティカル…批判的な。
（注９）　担保………起こるかもしれない危険に対して安全を保証すること。
（注10）　イデオロギー…人間の行動を律する根本となる考え方。
（注11）　官民一体………政府と民間が一体となること。

問一　──線部①「功利的」の本文中の意味として最も適切なものを次の中から選び、その記号をマークしなさい。（解答番号は　１　）

ア　成功するまで粘り強く取り組むさま。

イ　深く考えず軽率な行動を取るさま。

ウ　効果や利益のみを重視するさま。

エ　手がらを横取りしようとたくらむさま。

問二　□部ⅰ、ⅱに入る語として最も適切なものを次の中からそれぞれ選び、その記号をマークしなさい。（解答番号はⅰは　２　、ⅱは　３　）

ア　なぜなら　　　イ　しかし　　　ウ　あるいは　　　エ　つまり　　　オ　しかも

問三　──線部②「子どもは学習の主権的で自由な主体であるのではありません」とありますが、筆者は子どもの学習をどのようにとらえていますか。最も適切なものを次の中から選び、その記号をマークしなさい。（解答番号は　４　）

ア　教育を受けることは商品の購入と同じように、投資をするとサービスを受けられる仕組みに過ぎず、子どもを変化させる力はない。

イ　何を学ぶかについて子どもが自己決定する機会を与えられず、強制された教育を受けているため、表面的な学びで終わってしまう。

ウ　消費と学習は同質の行為であるため、お金を支払ったら賞品が手に入るのと同様に、努力して勉強すれば報われるという成功体験が必ず得られる。

エ　学ぶことの意義や有用性は後からわかる性質を持つため、学んでいる最中の当事者はその価値を知らないことが当然である。

問四、□部Ⅲに入る表現として最も適切なものを次の中から選び、その記号をマークしなさい。
（解答番号は 5 ）

　　ア、ある学術分野の有用性について回答ができない筆者を軽んじている

　　イ、ある学術分野を学ぶべきか否かの判断を全て他者に委ねている

　　ウ、ある学術分野が学ぶに値するか否かの決定権は自分に属している

　　エ、ある学術分野について核心を突いた重要な質問ができる

問五、―――線部③「愛用の三十センチの『ものさし』」が指す内容として最も適切なものを次の中から選び、その記号をマークしなさい。（解答番号は 6 ）

　　ア、身近な物に引き寄せて考える視点

　　イ、自分だけが信用している狭い価値観

　　ウ、背伸びせず自然体でいるという信念

　　エ、他者の目を気にせず我が道を進む意志

問六、□部Ⅳに入る語句として最も適切なものを次の中から選び、その記号をマークしなさい。
（解答番号は 7 ）

　　ア、未来の私　　　　　　　　　　イ、過去の私
　　ウ、未来に出会う第三者　　　　　エ、過去に出会った第三者

問七、―――線部④「捨て値」とは「価値に見合わない安い値段」という意味ですが、「捨て値で未来を売り払う」とは、どうするということですか。「学び」と「価値観」の二語を必ず用いて六十字以内（句読点を含みます）で説明しなさい。解答は記述欄に記入すること。

Ⅱ 次の古文を読んで、後の問いに答えなさい。

今は昔、人のもとに宮仕へ（身分の高い人に奉公する）してある生侍ありけり。（注1）することのなきままに、清水へ（注2）人まねして、千度詣を二度（注3）したりけり。そののち、①いくほどもなくして、主のもとにありける同じやうなる侍と、双六を打ちけるが、多く負けて、渡すべきものなかりけるに、②いたく責めければ、思ひわびて「われ持ちたる物なし。ただ今貯へたる物とては、清水に二千度参りたることのみなんある。それを渡さん。」と言ひければ、傍らにて聞く人は、謀るなり（だましただけだ）と、をこに思ひて（馬鹿らしく思って）笑ひけるを、この勝ちたる侍、「いとよきことなり。渡さば得ん。」

と言ひて、「いな、かくては請け取らじ。三日して、りのまし申して、おのれ渡すよしの文書をて渡さばこそ、請け取らめ。」と言ひければ、「まことにさり。」と契りて、その日より精進して、三日といひける日、「さは、いざ清水へ。」と言ひければ、この負け侍、

身を清めて心を慎んで

この痴者にあひたると、をかしく思ひて、悦びて、連れて参りにけり。言ふままに文書を書きて、御前にて、師の僧呼びて、事のよし申させて、「二千度参りつること、それがしに双六に打ち入れつ。」と書きて取らせければ、請け取りつつ、悦びて、伏し拝みてまかり出でにけり。

りくを感ぜし者もあるなるぞ

そののち、いくほどなくて、この負け侍、思ひがけぬことにて捕へられて、獄に

(注4)

あるにけり。取りたる侍は、思ひがけぬたよりあるよきこの妻まうけて、いとよき徳つきて、司なりにけり、司なりて、たのしくてぞありける。「目に見えぬものなれど、誠の心をいたして請け取りければ、仏、あはれとおぼしめしたりけるなめり。」とぞ、人は言ひける。

お思いなさったのであろう

（『宇治拾遺物語』による）

(注1) 生侍………年の若い侍。
(注2) 清水………京都にある清水寺。
(注3) 千度詣……神社や寺院に千度参拝して祈願を込めること。
(注4) 獄………牢獄。
(注5) 徳………富、財産。
(注6) 司………官職。

問一、＝＝＝線部 a「し」 b「をかしく」の品詞を次の中からそれぞれ選び、その記号をマークしなさい。（解答番号は a は □8□ 、b は □9□ ）

ア、名詞　　イ、動詞　　ウ、形容詞　　エ、形容動詞　　オ、副詞
カ、助詞　　キ、助動詞

問二、次の現代語にあたる言葉を、文中からそれぞれ抜き出して答えなさい。解答は記述欄に記入すること。

【例】数多く → あまた

（1）事情、経緯　　　　（2）約束して

問三、――線部①「らうはくもなくて」⑤「たよりある妻まうけて」の現代語訳として最も適切なものを次の中からそれぞれ選び、その記号をマークしなさい。
（解答番号は①は □10□ 、⑤は □11□ ）

①「らうはくもなくて」
　ア　余命わずかとなって
　イ　手持ちぶさたで
　ウ　しばらくして
　エ　工夫などして

⑤「たよりある妻まうけて」
　ア　妻が商売で成功してお金をもうけて
　イ　生活を支えてくれる女性を妻に迎えて
　ウ　手紙を送ってくれた女性と夫婦になって
　エ　好意を寄せてくれた女性と結婚できて

問四、――線部②「負け」③「悦び」の主語として最も適切なものを次の中からそれぞれ選び、その記号をマークしなさい。（解答番号は②は □12□ 、③は □13□ ）

　ア　宮仕へしてある生侍
　イ　主のもとにありける同じやうなる侍
　ウ　傍にて聞く人
　エ　師の僧
　オ　仏

問五、――線部④「おにけり」を現代仮名遣いに直して書きなさい。解答は記述欄に記入すること。

問六、――線部⑥「あはれ」は「素晴らしい」という意味ですが、何が素晴らしいのですか。四十字以内（句読点を含みます）で説明しなさい。解答は記述欄に記入すること。

問七、本文の内容として正しいものを次の中から一つ選び、その記号をマークしなさい。
（解答番号は □14□ ）

　ア　双六に勝った侍は、清水寺に二千度参拝したことを譲るという内容の証文を受け取らなかった。
　イ　双六に勝った侍は、普段から信心深く、清水寺に二千度参拝したためご利益を受けることができた。
　ウ　双六に負けた侍は、はじめから相手をだますつもりで清水寺に二千度参拝したことがあると嘘をついた。
　エ　双六に負けた侍は、清水寺に二千度参拝してきたことを譲った後、思いがけないことで牢屋に入ることになった。

問八、本文の出典の『宇治拾遺物語』は鎌倉時代の作品です。この作品より後の時代に書かれた作品を次の中から選び、その記号をマークしなさい。（解答番号は □15□ ）

ア、源氏物語　イ、枕草子　ウ、土佐日記　エ、奥のほそ道

三　次の文章を読んで、後の問いに答えなさい。

　草野心平は「蛙の詩人」と呼ばれた。その小さな生き物になりきるようにして、いくつもの詩をつくった。たとえば「秋の夜の会話」。〈痩せたね/君もずゐぶん痩せたね/どこがこんなに切ないんだらうね……〉

　切ないのは空腹のためだらうか。2匹の会話は続く〈腹だらうかね/腹とったら死ぬだらうね/死にたくはないね/さむいね/ああ虫がないてるね〉。やせこけた蛙たちの姿が浮かんでくる。

　冬眠の前を描いた詩ではあるが、いまや別の読み方もあるかもしれない。国際的な科学者組織が先日、地球上に800万種いるとされる動植物のうち、100万種が絶滅の危機にあるとの報告書を公表した。なかでも両生類は40%以上が危機に直面している。

　主犯は人間である。報告書によると湿地の85%はすでに消滅させられ、陸地も海も大きく影響を受けた。海洋哺乳類の33%以上、昆虫の10%も絶滅の可能性があるという。

　農業や工業を通じ、地球をつくり変えながら生きてきたのが人間だが、その地球に頼るのもまた人間である。ハチがゐるから農作物が育ち、森林があるから洪水が抑えられる。当たり前のことが改めて浮き彫りになっている。報告書は「今ならまだ間に合う」と各国政府に対策を求める。

　草野心平にとっての蛙は、生きとし生けるものの象徴にも見える。〈みんなはぼくだ。いっしょだぜ。ぼくたち。まるまるそだってゆく〉。おたまじゃくしの詩である。全ての命のことだと読み替えてみたい。

（朝日新聞「天声人語」二〇一九年五月九日朝刊より）

問一、――線部①「報告書」の内容の図式化として適切なものを次の中から一つ選び、その記号をマークしなさい。（解答番号は 16 ）

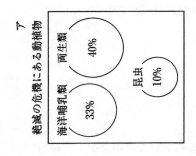

ア　絶滅の危機にある動植物
両生類 40%
海洋哺乳類 33%
昆虫 10%

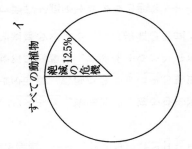

イ　すべての動植物
絶滅の危機 12.5%

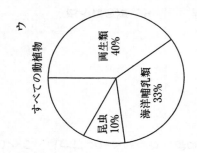

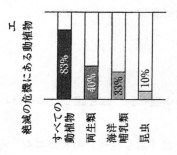

問二 ──線部②「危機に直面」とありますが、「直面」と同じ意味の別の表現を次の中から選び、その記号をマークしなさい。（解答番号は 17 ）

ア 瀕する

イ 扮する

ウ 呈する

エ 弄する

問三 ──線部③「生きとし生けるものの象徴」とありますが、これはどのような意味だと筆者は考えていますか。「蛙」「人間」の二語を必ず用い、六十字以内（句読点を含みます）で答えなさい。解答は記述欄に記入すること。

四 次の各問いに答えなさい。

(1) 次の──線部の漢字の読みを答えなさい。解答は記述欄に記入すること。

1、その湖はカラ松の木々に縁取られている。

2、競技場は著しい速さで建築された。

3、祖父母との旅行の発起人は柿であった。

4、冷夏の影響であずきの値段が高騰した。

(2) 次の──線部のカタカナを漢字に直しなさい。解答は記述欄に記入すること。

1、八百屋の店先には、シュンの野菜が並んでいる。

2、先生からウナガされ、学級委員に立候補した。

3、虫歯のチリョウのために、部活を早退した。

4、先生から頂いたお手紙、ハイケンしました。

(3) 次のア〜エの各文のうち、──線部の語の使い方が誤っているものを一つ選び、その記号をマークしなさい。（解答番号は 18 ）

ア　学校にも生徒会新聞という一種のメディアがある。

イ　文化祭の人員配置をシミュレーションしてみよう。

ウ　クラスや部活動といったインフラを大切にしよう。

エ　研究発表は彼のリサーチの力が発揮され成功した。

(4)　次の語の対義語を答えなさい。解答は記述欄に記入すること。

　　1　即位

　　2　具体

(5)　次の　　　　部に当てはまる漢数字を答えなさい。解答は記述欄に記入すること。

　　1　全国　　　都道府県

　　2　東海道　　　次

(6)　次の文章は、島崎藤村作詞の歌曲「椰子の実」の歌詞の一部です。この歌にはどのような気
持ちが歌われていますか。最も適切なものを後のア～エから選び、その記号をマークしなさい。
（解答番号は　19　）

　　名も知らぬ遠き島より　流れ寄る椰子の実一つ

　　故郷の岸を離れて　汝はそも波に幾月　　　　　（注）　汝……お前

　　実をとりて胸にあつれば　新たなり流離の憂い

　　海の日の沈むを見れば　たぎり落つ異郷の涙

ア　知らない島に旅したい。　　　　　イ　海の近くで暮らしたい。

ウ　いつの日か国に帰りたい。　　　　エ　日々の暮らしがつらい。

英語解答

1 問題A　1…③　2…②　3…①
　　　問題B　4…④　5…①

2 A　問1…④　問2…②　問3…①
　　B　問1…②　問2…①　問3…①
　　C　問1…③　問2…②　問3…①
　　　　問4…④

3 A　問1　Saturday　問2　August
　　　　問3　order　問4　vacation
　　B　お　chosen　か　cutting
　　　　き　flies　く　better

4 問1　16…②　17…⑤
　　　問2　18…⑤　19…⑥
　　　問3　20…④　21…⑤

問4　22…①　23…⑥

5 24　⑥　25　①　26　④　27　⑦
　　28　②

6 問1　③
　　問2　私たちは，100年前にはできなか
　　　　ったことをすることができます。
　　問3　(1)…③　(3)…①　(4)…②　(6)…①
　　問4　(5)…①　(8)…②
　　問5　スマートフォンを長時間使用する
　　　　人々がいること。
　　問6　3番目…④　6番目…⑥

7 問1　(例)Please have dinner with us.
　　問2　(例)I will look for it with you.

1〔放送問題〕解説省略

2〔総合問題〕

A＜単語の発音＞

　問1．① promise[i]　② favorite[i]　③ holiday[i]　④ invite[ai]
　問2．① museum[z]　② useful[s]　③ choose[z]　④ desert[z]
　問3．① courage[ə]　② cloud[au]　③ shout[au]　④ mountain[au]

B＜単語のアクセント＞

　問1．es-pé-cial-ly　問2．vég-e-ta-ble　問3．ín-ter-view

C＜適語(句)選択＞

　問1．A：お茶をありがとう。おいしかったわ。／B：もう1杯いかが？／／「(お茶を)もう1杯」
　　は another cup (of tea)で表す。
　問2．A：今晩は何時に帰ってくる予定？／B：悪いんだけど，一緒に夕飯を食べられないと思う。
　　／／Bの返答から，帰宅時間を尋ねていると考えられる。
　問3．「彼はたいてい7時に起きるが，今朝は6時に起きた」　「〜だが今朝は…」という流れや，
　　動詞が現在形であることから，usually「たいてい」が適切。現在形は，'習慣'も表せる。
　問4．「3歳くらいの子どもは，両親の助けなしに何でも自分でやりたがる」　by themselves
　　「彼ら自身で」

3〔総合問題〕

A＜対話文完成─適語補充＞

　問1．A：今日は何曜日？／B：昨日が金曜日だったから，今日は土曜日だよ。
　問2．「7月は1年で7番目の月で，8月は8番目だ」

問3．A：ご注文をお伺いしましょうか。／B：ええと，コーヒーを1つお願いします。

問4．A：今度の冬休みの予定は？／B：家族と北海道に行く予定だよ。

B＜語形変化＞

お．動詞の過去分詞形。　choose‐chose‐chosen

か．動詞の ing形。cut は最後の t を重ねて ing をつける。

き．動詞の三人称単数現在形。fly は，y を i にかえて es をつける。

く．副詞の比較級。　well‐better‐best

4 〔整序結合〕

問1．語群に has があり，疑問文であることから，現在完了（'have/has＋過去分詞'）の疑問文で Has anyone read と始める。「カズオ・イシグロの書いた本」は，「カズオ・イシグロによって書かれた本」と読み換え，a book の後に '過去分詞＋語句' を続ける過去分詞の形容詞的用法で表す。Has anyone read a book written by Kazuo Ishiguro ?

問2．主語となりえるのは something のみ。done という過去分詞があることから，「何かがなされなければならない」という受け身形（'be動詞＋過去分詞'）の文にする。must「～しなければならない」の後に，be done という受け身形を続ける。「このレストランの人気を取り戻すために」は，「このレストランを再び人気にするために」という副詞的用法の to不定詞で to make と表す。この make は 'make＋A＋形容詞'「A を～にする」の形で用いる。　Something must be done to make this restaurant popular again.

問3．主語となりえるのは this report のみ。kept という動詞があることから，'keep＋A＋形容詞'「A を～の状態にしておく」の形にする。語群に has があるので，has kept と並べて '継続' を表す現在完了（'have/has＋過去分詞'）にする。'期間' を表す for は a week をつなげて，for a week「1週間」とする。　This report has kept me busy for a week.

問4．「～に覆われる」は be covered with ～。「覆われるだろう」なので，be の前に未来を表す will がくる。　The top of that mountain will be covered with snow in December.

5 〔対話文完成―適文選択〕

≪全訳≫ナナとヒナコは学校から駅へ向かって歩いている。■1ナナ（N）：とても疲れたわ。■2ヒナコ（H）：私はとてもおなかがすいたな。■3N：そうね。体育の授業があったし，放課後はハンドボールの練習をしたもの。家の晩ご飯が待ちきれないわ。■4H：ねえ，バブルティーを買わない？■5N：₂₄何それ？■6H：知らないの？　タピオカの入ったミルクティーよ。とってもおいしいから，ほとんど毎日飲んでるわ。■7N：最近よく聞くけど，まだ一度も飲んだことないわ。■8H：先月，阿佐ヶ谷駅の近くに有名なバブルティーのお店がオープンしたの。友達と私は放課後よくそこへ行くわ。■9N：駅ビルの隣の店？■10H：₂₅それよ。■11N：その新しいお店がバブルティーのお店だって知らなかった。いつもとても長い行列に並んでいるたくさんの人を見るわ。有名なラーメン店の1つなんだと思っていたわ。■12H：あのお店は日本で最も有名なお店よ。■13N：紅茶が一番おいしいから？■14H：₂₆日本で初めてバブルティーを販売したからよ。台湾でバブルティーを見つけて，日本に紹介したのよ。■15N：飲んでみたいわ。でも，あの黒くて丸いのを飲むのは少し怖いな。何でできてるの？■16H：₂₇心配いらないわ。サツマイモみたいな植物からできてるのよ。■17N：わかったわ，飲みましょう。■18H：よかった。でも，

1つだけ気をつけて。**19**N：何？　値段が高いの？**20**H：₂₈値段は問題じゃないわ。ラーメン1杯分よりもカロリーが高いの。**21**N：体育とハンドボールの後だから大丈夫だと思うわ。

24．「知らないの？」と続くことから，ヒナコが話題にしたバブルティーとは何かを尋ねたのだとわかる。　　　25．ヒナコの言葉を聞いて，ナナはその新しい店がバブルティーの店であることを知ったのだから，ヒナコはナナの「駅ビルの隣の店？」という質問に肯定の返事をしたことがわかる。That's it.「それです」　　　26．話題になっているバブルティーのお店が日本で最も有名な理由について話している。ナナが理由を推測して問いかけたのに対し，ヒナコは実際の理由を説明したのである。　　　27．「タピオカを飲むのは少し怖い」と言うナナに対する言葉として，「心配する必要はない」が適切。　　　28．バブルティーを飲む際，気をつけなければならない点について話している。「値段が高いの？」という質問に，「カロリーが高い」と返答していることから，「値段は問題じゃない」が適切。

6 〔長文読解総合─説明文〕

≪全訳≫**1**私たちの生活は，エネルギー，医療，科学などの技術の発展のおかげで，大いに変化した。私たちは，100年前にできなかったことができる。以前よりきれいな水が手に入るし，より速く移動することができるし，長生きできる。もちろん，ここに書けるよりもっと多くのことがある。私たちの生活は以前よりずっと良くなったといえる。**2**しかし，新しい技術が私たちにもたらすものは，必ずしも私たちにとって良いものばかりとは思えない。ときには，それらが新しい問題をもたらすこともある。あらゆるものには良い面と悪い面の両方があるのだ。例えば，石油を使う技術だ。私たちの生活をより良くするには，石油なしでは暮らせない。しかし，それを使えば二酸化炭素が発生する。また，プラスチックは石油からつくられるので，私たちの周りの環境に悪い。このように，それは私たちが望まない新しい問題をもたらすのだ。**3**もう1つの例は，コミュニケーション技術だ。10年前，多くの人は普通の携帯電話を持っていた。携帯電話を使うと，とても便利だった。今では，人々はスマートフォンを持っている。これがあれば，電話をかけるだけでなく，写真を撮ったり，音楽を聴いたり，買い物をしたり，新しいゲームをしたり，世界中の人とコミュニケーションをとったりすることなどもできる。本当に便利だ。子どもでさえ，今は自分のスマートフォンを持っている。最近の人はそれをよく使う。1日に5時間以上使う人もいる。それは使いすぎだ。それに，一部の子どもたちもそうしている。これは本当に大きな問題だと思わないだろうか。**4**_Cでは，私たちはどこで，いつスマートフォンを使うのだろう。そう，私たちはほとんどどこでもいつでも，使うことができる。では，私たちはなぜそれを使うのだろう。私たちは何もすることがないと他人から思われたくない，という研究者もいる。**5**人々はスマホを見すぎている。他人と昼食や夕食をとっているときでさえ，スマホを見ている。レストランに入って周りを見れば，多くの客が手にスマホを持っている。彼らはゲームをしたりインターネットを使ったりして，周りの人と話さない。客が食事中にスマホを使わなければ，無料の食事を提供したり割引をしたりするレストランさえあるのだ。人はまた，寝る前にスマホを使う。これは彼らにとって良くない，というのも，寝るのがより難しくなるからだ。スマホの光は人の体に，まだ寝る時間ではないと思わせるのだ。**6**私たちは新しい技術に良い面と悪い面があることを知り，それを使うより良い方法について考えるべきだ。

問1＜適所選択＞補う文の話題はスマートフォンで，「では，私たちはどこで，いつスマートフォン

を使うのだろう」と始まるのだから，その前の部分ではスマートフォンを使うことが話題になっていると判断できる。よって，さまざまな人がスマートフォンを使うとある第3段落の後の【C】が適切。この「どこで，いつ」という疑問の答えをより具体的に述べたのが第5段落である。

問2＜英文和訳＞この文の which は目的格の関係代名詞で，ago までのまとまりが直前の things を後ろから修飾している。could not の後には，「～する」という意味の do が省略されている。

問3＜適語選択＞(1)because of ～「～のおかげで，～のため」　(3)「ずっと～」と比較級の意味を強めるのは，much。　(4)'both *A* and *B*'「*A* も *B* も両方とも」　(6)'not only *A* but also *B*'「*A* だけでなく *B* も」

問4＜語句解釈＞(5)これより前に話題になっているもので，私たちに新しい問題をもたらすものなので，oil が適切。　(8)一緒に昼食や夕食をとる相手なので，other people である。

問5＜要旨把握＞直前の3文では，スマートフォンを1日に5時間以上使う大人や子どもがいると書かれており，これを「使いすぎだ」と指摘していることから，筆者はこれを大きな問題だと考えていることがわかる。

問6＜整序結合＞'it is time to＋動詞の原形' で「(もう)～する時間だ」。文の終わりに yet があり，語群に not があるので，否定文にして「まだ～する時間ではない」とする。　The light from the phone makes our bodies think it is <u>not</u> time to <u>go</u> to bed yet.

7 〔条件作文〕

問1．解答例のように，「私たちと一緒に夕飯を食べてください」と Please で始まる命令文にするか，How about having dinner with us？や Why don't you have dinner with us？など，誘う文にしてもよい。

問2．解答例のように，「あなたと一緒にお探ししましょう」と申し出る文や，Where did you use your phone last？「最後にどこで使ったの？」と尋ねる文などが考えられる。

数学解答

1 [Ⅰ] (1) ア…2　イ…0　ウ…2
　　　　　　エ…0
　　　(2) 1
　　　(3) カ…−　キ…5　ク…2
　　　(4) ケ…6　コ…2　サ…2
　　　(5) シ…−　ス…2　セ…1
　　　　　　ソ…0
　[Ⅱ] (1) 7　(2) チ…9　ツ…8
　　　(3) テ…7　ト…8
　　　(4) ナ…7　ニ…0
　　　(5) ヌ…2　ネ…2

2 [Ⅰ] ア…3　イ…4　ウ…0　エ…1
　　　　　　オ…2　カ…0
　[Ⅱ] (1) キ…−　ク…2
　　　(2) ケ…−　コ…3　サ…9
　[Ⅲ] (1) 7　(2) ス…2　セ…4

3 [Ⅰ] (1) 2
　　　(2) イ…1　ウ…0　エ…3
　　　　　　オ…3　カ…2
　[Ⅱ] (1) キ…3　ク…3　ケ…2
　　　(2) 3

---

1 〔独立小問集合題〕

[Ⅰ](1)＜数の計算＞与式 $= (24 - 7 + 185) \times 10 = 202 \times 10 = 2020$

(2)＜数の計算＞与式 $= \left(\dfrac{1}{5} \times \dfrac{3}{2} + \dfrac{1}{15}\right) + \dfrac{19}{30} = \dfrac{3}{10} + \dfrac{1}{15} + \dfrac{19}{30} = \dfrac{9}{30} + \dfrac{2}{30} + \dfrac{19}{30} = \dfrac{30}{30} = 1$

(3)＜平方根の計算＞与式 $= \dfrac{3\sqrt{15}}{\sqrt{3}} - \dfrac{20 \times \sqrt{5}}{\sqrt{5} \times \sqrt{5}} + \dfrac{\sqrt{10}}{2\sqrt{2}} = 3\sqrt{5} - \dfrac{20\sqrt{5}}{5} + \dfrac{\sqrt{5}}{2} = 3\sqrt{5} - 4\sqrt{5} + \dfrac{\sqrt{5}}{2} =$
$\dfrac{6\sqrt{5}}{2} - \dfrac{8\sqrt{5}}{2} + \dfrac{\sqrt{5}}{2} = -\dfrac{\sqrt{5}}{2} \left(= \dfrac{-\sqrt{5}}{2}\right)$

(4)＜式の値＞与式 $= x^2 + 2xy + y^2 - 2xy = x^2 + y^2$　この式に $x = 1 + \sqrt{2}$, $y = \sqrt{3}$ を代入すると，与式
$= (1 + \sqrt{2})^2 + (\sqrt{3})^2 = 1 + 2\sqrt{2} + 2 + 3 = 6 + 2\sqrt{2}$ となる。

(5)＜二次方程式＞$3x^2 - 20 = 2x^2 + 8x$, $x^2 - 8x - 20 = 0$, $(x + 2)(x - 10) = 0$　∴ $x = -2$, 10

[Ⅱ](1)＜数の性質＞$450 = 2 \times 3^2 \times 5^2 = 15^2 \times 2$ より，$\sqrt{450(n-5)} = 15\sqrt{2(n-5)}$ となる。よって，
$\sqrt{450(n-5)}$ が自然数となるような最小の自然数 n は，$n - 5 = 2$ となるときで，$n = 7$ である。

(2)＜数の性質＞3をひくと5でわり切れる自然数は，5の倍数に3を加えた数だから，小さい順に，
3，8，13，18，……と3から5ずつ大きくなる。また，2をひくと3でわり切れる自然数は，
3の倍数に2を加えた数だから，小さい順に，2，5，8，11，……と2から3ずつ大きくなる。
よって，3をひくと5でわり切れ，2をひくと3でわり切れる自然数は，最も小さいものが8で，
5と3の最小公倍数の15ずつ大きくなる。このような2けたの自然数のうちで最も大きい自然数
は，$8 + 15 \times 6 = 98$ である。

(3)＜数の計算＞英・国・数・理・社の5教科のテストの平均点が72点だったことより，この5教科
の合計点は，$72 \times 5 = 360$（点）となり，理・社の2教科の平均点が63点だったことより，この2教
科の合計点は，$63 \times 2 = 126$（点）となる。よって，英・国・数の3教科の合計点は，$360 - 126 = $
234（点）より，この3教科の平均点は，$234 \div 3 = 78$（点）である。

(4)＜一次方程式の応用＞5％の食塩水140gに，2％の食塩水 x g を加えて，4％の食塩水を $140 +$
x g つくるとすると，各食塩水に含まれる食塩の量の関係より，$140 \times \dfrac{5}{100} + x \times \dfrac{2}{100} = (140 + x)$
$\times \dfrac{4}{100}$ が成り立つ。両辺を100倍して，$140 \times 5 + 2x = 4(140 + x)$, $700 + 2x = 560 + 4x$, $2x - 4x = $

560−700, $-2x=-140$, $x=70$ となる。よって，2％の食塩水を70g加えればよい。

(5)<場合の数—さいころ>$a÷b$ の値が整数とならない場合を，$a÷b$ がわり切れないと考える。A，Bの2つのさいころの目はともに1から6までの6通りあるので，a，b の組は全部で $6×6=36$（通り）ある。このうち，$a÷b$ が整数となるのは，$b=1$ のとき，$(a, b)=(1, 1)$，$(2, 1)$，$(3, 1)$，$(4, 1)$，$(5, 1)$，$(6, 1)$ の6通り，$b=2$ のとき，$(a, b)=(2, 2)$，$(4, 2)$，$(6, 2)$ の3通り，$b=3$ のとき，$(a, b)=(3, 3)$，$(6, 3)$ の2通り，$b=4, 5, 6$ のとき，$(a, b)=(4, 4)$，$(5, 5)$，$(6, 6)$ の3通りで，合わせて $6+3+2+3=14$（通り）ある。よって，$a÷b$ がわり切れない a，b の組は，$36−14=22$（通り）ある。

2 〔独立小問集合題〕

[Ⅰ]<連立方程式の応用>サービスDayの日は，鉛筆は1本につき定価 x 円の5％引きなので，1本の代金は，$x×\left(1-\dfrac{5}{100}\right)=\dfrac{19}{20}x$（円）であり，ノートは1冊につき定価 y 円の10％引きなので，1冊の代金は，$y×\left(1-\dfrac{10}{100}\right)=\dfrac{9}{10}y$（円）となる。よって，サービスDayに現金で鉛筆10本とノート5冊を買った場合の代金は，10％の消費税を加えて，$\left(\dfrac{19}{20}x×10+\dfrac{9}{10}y×5\right)×\left(1+\dfrac{10}{100}\right)=\left(\dfrac{19}{2}x+\dfrac{9}{2}y\right)×\dfrac{11}{10}$（円）と表せる。一方，サービスDayでない日に鉛筆10本とノート5冊をSGペイで支払った場合の代金は，定価 $10x+5y$ 円の8％引きに10％の消費税を加えて，$(10x+5y)×\left(1-\dfrac{8}{100}\right)×\left(1+\dfrac{10}{100}\right)=(10x+5y)×\dfrac{23}{25}×\dfrac{11}{10}=\left(\dfrac{46}{5}x+\dfrac{23}{5}y\right)×\dfrac{11}{10}$（円）と表せる。これらが同じ値段となったことから，$\left(\dfrac{19}{2}x+\dfrac{9}{2}y\right)×\dfrac{11}{10}=\left(\dfrac{46}{5}x+\dfrac{23}{5}y\right)×\dfrac{11}{10}$ が成り立ち，これを解くと，$\dfrac{19}{2}x+\dfrac{9}{2}y=\dfrac{46}{5}x+\dfrac{23}{5}y$，$95x+45y=92x+46y$，$3x=y$，$y=3x$……①となる。また，サービスDayでない日に，鉛筆6本とノート3冊を現金で買うと，10％の消費税を加えて，$(6x+3y)×\dfrac{11}{10}$ 円と表せ，これが660円であったことから，$(6x+3y)×\dfrac{11}{10}=660$ が成り立つ。これを整理すると，$11(6x+3y)=6600$ より，$2x+y=200$……②となる。①を②に代入すると，$2x+3x=200$，$5x=200$ ∴$x=40$ これを①に代入すると，$y=3×40=120$ となるので，鉛筆1本の定価は40円，ノート1冊の定価は120円である。

[Ⅱ]<関数—直線の式，点の座標>(1)右図で，点A，Bは y 軸に関して対称な点だから，B$(2, 4)$ である。また，点Cは辺ABの中点であり，△APBが AP$=$BP の直角二等辺三角形になるとき，△ACP も AC$=$PC$=2$ の直角二等辺三角形となる。これより，直線APの傾きは，$-\dfrac{PC}{AC}=-\dfrac{2}{2}=-1$ となり，OP$=$OC$-$CP$=4-2=2$ より，直線APの切片は2となる。よって，直線APの式は $y=-x+2$ である。

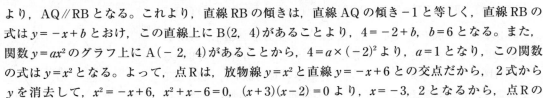

(2)図で，△ABQと△RAQの底辺を AQ と見れば，△ABQ$=$△RAQ より，AQ∥RBとなる。これより，直線RBの傾きは，直線AQの傾き -1 と等しく，直線RBの式は $y=-x+b$ とおけ，この直線上にB$(2, 4)$ があることより，$4=-2+b$，$b=6$ となる。また，関数 $y=ax^2$ のグラフ上にA$(-2, 4)$ があることから，$4=a×(-2)^2$ より，$a=1$ となり，この関数の式は $y=x^2$ となる。よって，点Rは，放物線 $y=x^2$ と直線 $y=-x+6$ との交点だから，2式から y を消去して，$x^2=-x+6$，$x^2+x-6=0$，$(x+3)(x-2)=0$ より，$x=-3, 2$ となるから，点Rの

x座標は$x=-3$である。これを$y=x^2$に代入して，$y=(-3)^2=9$より，R(-3，9)となる。

[Ⅲ]＜特殊・新傾向問題—規則性＞(1)与えられた数のうち，整数となるのは，分母が64の約数のものである。64の約数は，$64=2^6$より，1，2，4，8，16，32，64の7個ある。よって，整数は7個表れる。　　(2)分母が5となる分数は，分母が64以下で，5か$2^n×5$（nは自然数）の形に素因数分解できるときであり，$2^3×5=40$，$2^4×5=80$より，分母が5，$2×5$，$2^2×5$，$2^3×5$になる場合で4個ある。よって，この4個の分数を全てたした値は，$\dfrac{64}{5}+\dfrac{64}{2×5}+\dfrac{64}{2^2×5}+\dfrac{64}{2^3×5}=\dfrac{64}{5}+\dfrac{32}{5}+\dfrac{16}{5}+\dfrac{8}{5}=\dfrac{120}{5}=24$になる。

3 〔独立小問集合題〕

[Ⅰ]＜図形—長さ，面積＞(1)右図1のように，点Oと点D，E，Fをそれぞれ結ぶと，OD⊥BC，OE⊥AC，OF⊥ABである。△AOEと△AOFで，∠AEO＝∠AFO＝90°，AO＝AO（共通），OE＝OF（半径）より，直角三角形の斜辺と他の1辺がそれぞれ等しいので，△AOE≡△AOFとなり，AE＝AFである。同様に，△BOF≡△BOD，△COE≡△CODとなり，BF＝BD，CE＝CDである。AE＝AF＝xとおくと，BF＝AB－AF＝$5-x$，CE＝AC－AE＝$7-x$と表せる。よって，BD＝BF＝$5-x$，CD＝CE＝$7-x$となるから，BC＝BD＋CD＝8より，$(5-x)+(7-x)=8$が成り立つ。これを解くと，$12-2x=8$，$2x=4$，$x=2$となるので，AE＝2(cm)である。　　(2)(1)の△AOE≡△AOFより，線分AE，AFと円Oの$\overset{\frown}{EF}$で囲まれた部分の面積は，直線OAで2等分されている。同様に，線分BF，BDと円Oの$\overset{\frown}{DF}$，線分CD，CEと円Oの$\overset{\frown}{DE}$で囲まれた部分も，それぞれ直線OB，OCで2等分されているので，図1の■部の面積は，△ABCと円Oの面積の差の$\dfrac{1}{2}$である。また，円Oの半径を$r$cmとおくと，△OAB＋△OBC＋△OCA＝△ABCより，$\dfrac{1}{2}×5×r+\dfrac{1}{2}×8×r+\dfrac{1}{2}×7×r=10\sqrt{3}$が成り立ち，これを解くと，$\dfrac{5}{2}r+\dfrac{8}{2}r+\dfrac{7}{2}r=10\sqrt{3}$，$\dfrac{20}{2}r=10\sqrt{3}$，$r=\sqrt{3}$となる。よって，求める面積は，$(△ABC-〔円O〕)×\dfrac{1}{2}=\{10\sqrt{3}-π×(\sqrt{3})^2\}×\dfrac{1}{2}=\dfrac{10\sqrt{3}-3π}{2}$(cm²)である。

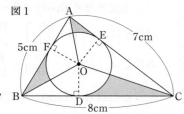
図1

[Ⅱ]＜図形—面積，長さ＞(1)右図2のように，点P，Qを通って面ABEに平行な平面で切ったときの切断面と辺BC，ED，BF，EFとの交点をそれぞれS，T，U，Vとすると，AB∥PS，AE∥QTであるから，点S，Tもそれぞれ辺BC，EDの中点となる。また，面ABEと面FDCは平行だから，切断面PQTVUSも面FDCと平行であり，点U，Vもそれぞれ辺BF，EFの中点となる。このとき，正八面体の1辺が2cmで，中点連結定理より，PQ＝QT＝TV＝VU＝US＝SP＝$2×\dfrac{1}{2}=1$であり，六角形PQTVUSの3本の対角線PV，QU，STはそれぞれ正方形ACFE，ABFD，BCDEの1辺の長さ2cmと等しい。これより，切断面PQTVUSは右図3のような正六角形であり，3本の対角線PV，QU，STにより，正六角形PQTVUSは6つの合同な正三角形に分けられ

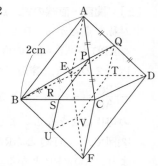
図2

図3

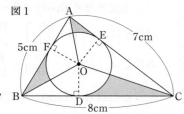

る。この3本の対角線の交点をOとして，点Oから辺PQに垂線OHを引く。△OPQが正三角形より，△OPHは3辺の比が $1:2:\sqrt{3}$ の直角三角形だから，$OH=\dfrac{\sqrt{3}}{2}OP=\dfrac{\sqrt{3}}{2}\times1=\dfrac{\sqrt{3}}{2}$ より，$\triangle OPQ=\dfrac{1}{2}\times PQ\times OH=\dfrac{1}{2}\times1\times\dfrac{\sqrt{3}}{2}=\dfrac{\sqrt{3}}{4}$ となる。よって，求める切断面の面積は，$\triangle OPQ\times6=\dfrac{\sqrt{3}}{4}\times6=\dfrac{3\sqrt{3}}{2}(cm^2)$ である。　　(2)図2で，3点P，Q，Rを通る平面で切ったときの切断面を考えると，その切断面は四角形PQEBとなり，PQ∥BEである。また，△ABCが正三角形より，△ABPは3辺の比が $1:2:\sqrt{3}$ の直角三角形だから，$BP=\sqrt{3}AP=\sqrt{3}\times1=\sqrt{3}$ で，BP=EQより，四角形PQEBは右図4のような台形である。図4で，PQ∥RE，PQ=RE=1より，1組の対辺が平行でその長さが等しいので，四角形PREQは平行四辺形となる。よって，PR=QEだから，$PR=\sqrt{3}(cm)$ である。

図4

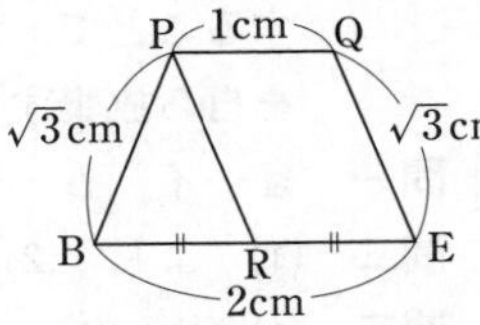

P ─1cm─ Q
$\sqrt{3}$cm　　$\sqrt{3}$cm
B ── R ── E
　　2cm

国語解答

一 問一 ウ　問二 ⅰ…エ ⅱ…イ
　問三 エ　問四 ウ　問五 イ
　問六 ア
　問七 事後的に意義がわかってくる<u>学び</u>を自分だけの<u>価値観</u>で無用と判断することで，未来の可能性や成長を自ら放棄すること。(55字)

二 問一 a…イ　b…ウ
　問二 (1) よし　(2) 契り(て)
　問三 ①…ウ　⑤…イ
　問四 ②…ア　③…イ
　問五 いにけり
　問六 双六に勝った侍が仏を信じて誠意を持って清水寺への二千度の参拝

を受け取ったこと。(39字)

　問七 エ　問八 エ
三 問一 イ　問二 ア
　問三 <u>蛙</u>が自然に助けられながら生きているのと同様に，<u>人間</u>を含む全ての生物は地球の自然に助けられながら生きているということ。

(58字)

四 (1)　1 ふち　2 いちじる
　　　3 ほっきにん　4 こうとう
　(2)　1 旬　2 促　3 治療
　　　4 拝見
　(3)…ウ　(4)　1 退位　2 抽象
　(5)　1 四十七　2 五十三　(6)…ウ

一 〔論説文の読解―教育・心理学的分野―教育〕出典；内田樹『下流志向』。

≪**本文の概要**≫起源的な意味での学びは，母語の習得と同じく，自分がこれから何を学ぶかということを知らず，その価値や意味や有用性について答えられないところから始まる。学びの意味や意義は，学びのプロセスの中で，学ぶ前には知らなかった度量衡によって事後的に考慮されるものであり，学びの主体は，学びの過程で変化する。だが，「教育サービス」の消費主体としての子どもは，自分の価値観や度量衡を変えず，自分が選んだ「教育商品」の外形的な価値の付加以外，「変化しない主体」として措定される。よく「これは何の役に立つんですか？」という質問をする人がいるが，このような質問者は，自分の価値観だけを基準にし，満足のゆく答えが得られなければ，それを選ばず学びを打ち捨てて，自分の成長を妨げている。この問いを発する人は，ことの有用無用についての自分の価値観の正しさを，自明の前提にしているが，その有用性の判定の正しさを担保するのは，未来でどのような不利なことが我が身に起きても，その責任は自分が引き受けるという「自己決定・自己責任論」である。この考えが，捨て値で未来を売り払う子どもたちを，大量に生み出しているのである。

問一＜語句＞「功利的」は，効果や実益を得られるかどうかばかりを重視して行動するさま。

問二＜接続語＞ⅰ．私たちは，「母語の学習を始めたときには，これから何を学ぶか」を知らず，「功利的な計算」から「母語の習得を開始する」わけではなく，要するに「起源的な意味での学び」は，「自分が何を学んでいるのかを知らず，それが何の価値や意味や有用性をもつものであるかも言えない」ところから始まるのである。　　ⅱ．学びとは，「学ぶ前には知られていなかった度量衡によって，学びの意味や意義が事後的に考慮される」という「プロセス」だが，その反面，この「プロセス」は，価値を見込んで「『教育サービス』を購入」する「消費主体として自らを確立した子どもには理解不能」である。

問三＜文章内容＞「学びの意味や意義」は，「事後的に考慮される」ので，学んでいる最中には，「自分が何を習っているのか，何のためにそれを習っているのか」を言えないのが「当然」である。

問四＜文章内容＞学生の「この知識は何の役に立つのか？」という問いは，その答えに納得すれば「学んでもよい」が，納得できなければ「学ばない」という宣言であり，「ある学術分野」に学ぶ価

値があるかないかを，自分の価値観を基準にして決めることができるということの表明である。

問五＜表現＞「愛用の三十センチの『ものさし』」だけで「世の中のすべてのものを測ろうと」するように，自分の狭い「手持ちの価値の度量衡」の「正しさ」を信じて，その「自身の価値観」だけを基準に「ことの有用無用」を判断しようとすることに，「僕」は疑問を抱いている。

問六＜文章内容＞自分自身の「価値観の正しさ」を信じて，「ことの有用無用」を判定することの正しさを「担保して」いるのは，自己決定の結果として，「未来」の自分に「どのような不利なこと」があっても，「その責任は自己責任として，自分が引き受ける」という「自己決定・自己責任論」である。

問七＜文章内容＞「学びの意味や意義」は，「事後的に」に理解されるものである。それにもかかわらず，結果に対する責任は「自分が引き受ける」という「自己決定・自己責任論」の考え方によって，自分の狭い「価値観」を基準に「無用であると『私』が決定したものは無用である」と安易に判断することは，自分自身の「成長」の可能性を「打ち棄ててしまう」ことになるのである。

二 〔古文の読解―説話〕 出典；『宇治拾遺物語』巻第六ノ四。

≪現代語訳≫今はもう昔のことだが，ある人のもとに奉公している年の若い侍がいた。することもないままに，清水寺へ，人のまねをして千度詣でを二回もしたのであった。その後，しばらくして，主人のもとにいた同じような侍と，賭けごとをしたが，（若い侍が）たいそう負けて，渡せるようなものがなかったので，（相手の侍が）ひどく責めたところ，（若い侍は）困り果てて，「私は持っているものがない。ただ今蓄えているものといえば，清水寺に二千度参詣したことだけだ。それを渡そう」と言ったので，そばで聞いている人は，だましたのだなと，ばからしく思って笑ったのだが，この勝った侍は，「とてもよいことだ。（お前が）渡すのなら（私は）受け取ろう」と言って，「いや，このような状況では受け取るまい。三日かけて，この経緯を（神仏に）申し上げて，お前が渡すという趣旨の証文を書いて渡すのならば，受け取ろう」と言った。そこで（負けた若侍は）「よいことだ」と約束して，（勝った侍は）その日から身を清めて心を慎んで，三日目という日に，「それでは，さあ，清水寺へ（行こう）」と言ったので，この負けた侍は，こんな愚か者もいたものだと，おかしく思って，喜んで，（清水寺へ）連れて参った。（勝った侍の）言ったとおりに証文を書いて，仏の御前で，師僧を呼んで，事情を申し上げさせて，「二千度詣でたことを，これこれという者に賭けごとの賭け物として引き渡した」と書いて与えたところ，（勝った侍は）受け取りながら喜んで，伏し拝んで退出したのだった。

その後，しばらくして，この負けた侍は，思いがけないことで捕らえられて，牢獄に入った。（証文を）受け取った侍は，思いがけず生活を支えてくれる女性を妻に迎えて，たいそうたくさん財産が増えて，官職などについて，裕福に暮らした。「目に見えないものではあるが，誠意を尽くして（二千度詣での功徳を）受け取ったので，仏が，すばらしいとお思いになったようだ」と，人は言ったそうだ。

問一＜古典文法＞a．「し」は，動詞「す」の連用形。「千度詣でを二度」したのである。　　b．「をかしく」は，形容詞「をかし」の連用形。

問二＜古語＞(1)「よし」は，ここでは，ことの経緯のこと。　　(2)「契る」は，約束をする，誓う，という意味。

問三＜現代語訳＞①「いくばくもなくして」は，それほど時がたたないうちに，という意味。　　⑤「たより」は，頼みになるもののこと。「たよりある妻」は，生活の頼みにできるような裕福な妻のこと。「まうく」は，ここでは，伴侶を得る，という意味。

問四＜古文の内容理解＞②「宮仕へしてある生侍」は，ほかの侍と「双六」をして「負けて」しまったのである。　　③「主のもとにありける同じやうなる侍」は，「清水に二千度参りたること」を譲ってもらうことになり，その「よし」を書いた証文を「請け取りつつ悦びて」退出した。

問五＜歴史的仮名遣い＞歴史的仮名遣いの「ゐ」は，現代仮名遣いでは「い」に直す。古文における
　　ワ行は，「わゐうゑを」である。

問六＜古文の内容理解＞双六に勝った侍が，「清水に二千度参りたること」のご利益を信じて，それ
　　を「誠の心」を持って受け取ったのを，仏は「あはれ」とお思いになったと，世の人は考えた。

問七＜古文の内容理解＞双六に負けた侍は，賭け物として相手に渡せる品物がなく，二千度詣でを行
　　ったご利益を賭け物代わりにすることを申し出て，勝った侍も「渡さば得ん」と言って了承した
　　（イ・ウ…×）。双六に勝った侍は，負けた侍から「二千度参りつること，それがしに双六に打ち入
　　れつ」という証文を受け取って喜んだ（ア…×）。双六に負けた侍は，勝った侍に二千度詣でのご利
　　益を譲った後，「思ひがけぬこと」のせいで，捕らえられて「獄」に入れられた（エ…○）。

問八＜文学史＞『宇治拾遺物語』は，鎌倉時代に成立した説話集。『源氏物語』は，平安時代に紫式部
　　によって著された長編物語。『枕草子』は，平安時代に清少納言によって著された随筆。『土佐日
　　記』は，平安時代に紀貫之によって著された日記文学。『おくのほそ道』は，江戸時代に松尾芭蕉
　　によって著された俳諧紀行文。

三 〔随筆の読解―自然科学的分野―自然〕出典；「天声人語」（朝日新聞2019年5月9日朝刊）。

問一＜資料＞地球上にいる動植物は「800万種」で，そのうち「100万種」が「絶滅の危機」に
　　ある。つまり，地球上にいる動植物のうち，「絶滅の危機」に陥っているのは12.5％である。両生類の40
　　％以上，海洋哺乳類の33％以上，昆虫の10％というのは，地球上にいる「800万種」の動植物の中
　　での割合ではなく，絶滅の危機にある「100万種」の中での割合である。

問二＜語句＞「瀕する」は，差し迫った状況に今にも陥りそうになっている，という意味。

問三＜文章内容＞草野心平の詩の「おたまじゃくし」は，「みんなぼくたち。いっしょだもん。ぼく
　　たち。まるまるそだってゆく」と，地球上の自然の恵みの中で，「全ての命」と同じように生きて
　　いくのだといっている。おたまじゃくしや，その成体の蛙と同じように，人間もまた，地球に住む
　　「命」として，地球上で自然の恵みに助けられ，地球に「頼る」ことで生きているのである。

四 〔国語の知識〕

(1)＜漢字＞1．音読みは「縁側」などの「エン」。　　2．音読みは「顕著」などの「チョ」。　　3．
　　「発起人」は，何かを始めるための計画を立ち上げる人のこと。　　4．「高騰」は，価格が非常に
　　上がること。

(2)＜漢字＞1．「旬」は，ある食べものの一番おいしい時季のこと。　　2．音読みは「催促」など
　　の「ソク」。　　3．「治療」は，病気やけがをなおすための手当てをすること。　　4．「拝見」
　　は，見るをへりくだっていう言葉。

(3)＜語句＞「インフラ」は，インフラストラクチャーの略で，産業や生活の基盤になる設備のこと。
　　「メディア」は，情報の媒体となるもののこと。「シミュレーション」は，模擬実験のこと。「リサ
　　ーチ」は，調査研究のこと。

(4)＜語句＞1．「即位」は，天皇や国王がその地位につくこと。「退位」は，天皇や国王が，その地位
　　を退くこと。　　2．「具体」は，万人の感覚でとらえられるような，明確な形を備えていること。
　　「抽象」は，個々の事物や観念から共通の性質を抜き出して，一つの概念を構成すること。

(5)1＜語句＞日本にある都道府県は，一都，二府，一道，四十三県で，全部で四十七である。　　2
　　＜古典の知識＞「東海道五十三次」は，江戸から京都をつなぐ東海道の五十三の宿場のこと。

(6)＜詩の内容理解＞「名も知らぬ遠き島」から流れてきた「椰子の実」に，作者は，「異郷」をさすら
　　う自分の姿を重ねて「流離の憂い」を抱き，自分の故郷を思って，「涙」を落としているのである。

【英　語】（50分）〈満点：100点〉

1 リスニングテスト（放送による指示に従って答えなさい。）

問題A　次の① ~ ④から最も適切なものを一つ選んで、記号をマークしなさい。

1.　[　1　]
① He got home after nine.
② He went shopping.
③ He made dinner.
④ He ate pasta.

2.　[　2　]
① Outside a train station.
② In a shop.
③ In a police station.
④ In a post office.

3.　[　3　]
① At work.
② At school.
③ At home.
④ In hospital.

問題B　次の① ~ ④から最も適切なものを一つ選んで、記号をマークしなさい。

4.　[　4　]
① I'll bring it to your house tomorrow.
② I'll lend you my textbook.
③ What do you need?
④ Do you study biology?

5.　[　5　]
① Oh, no, thank you. I don't play soccer.
② Oh, thank you. My son will be happy.
③ Oh, I'm very sorry. Is it broken?

④　Oh, that's too bad. Who did it?

※　リスニングテスト放送文は，英語の問題の終わりに付けてあります。

2　次の問い (A, B, C) に答えなさい。

A　下線部の発音が他の三つと異なるものを一つ選んで、記号をマークしなさい。

1.　[6]　①call<u>ed</u>　　②chang<u>ed</u>　　③mov<u>ed</u>　　④finish<u>ed</u>

2.　[7]　①h<u>u</u>man　　②m<u>u</u>seum　　③st<u>u</u>dent　　④s<u>u</u>bject

3.　[8]　①r<u>ea</u>son　　②br<u>ea</u>d　　③pl<u>ea</u>se　　④l<u>ea</u>f

B　最も強く発音する部分を選んで、記号をマークしなさい。

1.　[9]　vo - lun - teer
　　　　　　　①　②　　③

2.　[10]　ac - ci - dent
　　　　　　　①　②　③

3.　[11]　dif - fi - cult
　　　　　　　①　②　③

C　(　)に入る最も適切な語句を選んで、記号をマークしなさい。

1.　[12]

(　　) you practice hard, you'll be a good tennis player.

①While　　　　②If　　　　③Until　　　　④Before

2.　[13]

Plants don't grow (　　) water.

①without　　　②during　　　③over　　　④between

3.　[14]

A：　Have you ever heard this song before?

B：　Yes, (　　).

①　　this is my first time

②　　but I can't remember the name of it

③　　I've never heard it before

④　　I don't know this song

3 次の問い（A, B）に答えなさい。答えはすべて**記述式解答欄**に記入すること。

A　（　　）に当てはまる語を答えなさい。ただし、与えられたアルファベット一文字で始まる英語一語とする。

1.　【　あ　】

A:　Have you heard that Alan Dawson got married?

B:　Really? That's good news. Let's buy something nice as a wedding (p　　) for him and his wife.

2.　【　い　】

A:　You look tired. What's the matter?

B:　Last night, I had a bad (d　　). I woke up at 2 o'clock and couldn't get back to sleep.

3.　【　う　】

A:　Do you have a pet?

B:　Yes, we have a dog. I want my children to learn a lot of things by taking care of an (a　　).

4.　【　え　】

A:　What are you doing here? Why don't you go into your house?

B:　I've lost my (k　　). So I decided to wait until my parents come back.

B　【お】～【く】の語を適した形に直しなさい。

　　Last week, I went to the shop. I was (お look) for a bag. I (か find) a brown one and a black one. Finally, I (き choose) the brown one because it was (く light) than the black one.

4 日本文に合う英文になるように、語群から語句を選んで( )に入れなさい。ただし文頭に来る字も小文字にしてある。解答は 15 ~ 22 に入る語句の記号をマークすること。

1. カナダは2つの公用語を持っている国だ。

   Canada ( )(15)( )( )(16)( ).

   ①which　　　　　　②official languages　　　③two

   ④a country　　　　⑤is　　　　　　　　　⑥has

2. 私は彼らに、私のことを待たないでくれと頼んだ。

   I ( )(17)( )( )(18)( ) me.

   ①not　　　　　　②asked　　　　　　③wait

   ④them　　　　　⑤for　　　　　　　⑥to

3. 彼の演奏する音楽は、皆をワクワクさせた。

   The ( )(19)( )( )(20)( ).

   ①made　　　　　②played　　　　　③everyone

   ④music　　　　　⑤excited　　　　　⑥he

4. 彼女が何時に帰宅する予定か、知っていますか。

   Do you know ( )(21)( )( )(22)( ) come home?

   ①to　　　　　　②time　　　　　　③what

   ④she　　　　　⑤going　　　　　　⑥is

5 次の対話文を読んで、後の問いに答えなさい。

Satoru and Minako are talking about their plans for the summer vacation.

Satoru　　：Where do you want to go?

Minako　　：Can you take a vacation? Last year, you went to school every day for club activities.

Satoru　　： 23 　He joined our club in July. Now I can take a vacation.

Minako　　：That's good news.

Satoru　　：Why don't we go to Hawaii? We had our wedding there 8 years ago. I want to go there again.

Minako　　：I love Hawaii, too. But I think it is a little hard to travel abroad with a small baby. Kokona is still one year old. 24

Satoru　　：You may be right. How about Karuizawa, then? It's only an hour from Tokyo by *Shinkansen*. It's easy and safe.

Minako　　：That's a good idea. Let's find a nice place to stay on the Internet.

Satoru	:	How about this one? The Queen Hotel. Look at the pictures on the website. It's big and clean.
Minako	:	But look at the map. [25] We need a car to get there.
Satoru	:	How about the Green Forest? It's near the station. We can walk.
Minako	:	But they only have rooms with beds.
Satoru	:	Why is that a problem?
Minako	:	I don't want to let Kokona sleep on a bed. It's dangerous. [26]
Satoru	:	I see. Well, the Kameya Hotel has some *tatami* rooms with *futons*. And it has a restaurant. We can have breakfast or dinner.
Minako	:	I like it. We don't have to go out to look for a restaurant. How much is it?
Satoru	:	Breakfast is 1,500 yen for one person. Dinner is 2,000.
Minako	:	No, no. How much is it to stay at the hotel?
Satoru	:	It's 17,000 yen for one person.
Minako	:	Then it will be 51,000 yen for three of us. It's very expensive.
Satoru	:	Wait, their website says that you don't have to pay for a child under 2 years old.
Minako	:	Then the price will be [27] yen. That's not very expensive.

問1.　[23] ～ [26] に当てはまるものを、次の① ～ ⑧の中から選んで記号をマークしなさい。ただし同じ選択肢を2度用いてはならない。

① She may fall off.

② A flight to Hawaii is too long for her.

③ It's far from the station.

④ I was so tired from club activities last summer.

⑤ She can't speak English yet.

⑥ We found a new coach.

⑦ This hotel is too large for us.

⑧ It's not comfortable for me to sleep on a bed.

問2.　[27] に入る適切な数字を、① ～ ④から選んで記号をマークしなさい。

①3,500　　　　②17,000　　　　③34,000　　　　④68,000

6 次の英文を読んで後の問いに答えなさい。

Old Man Greeneyes lived in a little house. There was a high red wall all around his house. He built this wall to protect the house from the strong wind, and also from the neighbors' eyes. Old Man Greeneyes was a wizard. He liked to live (1).

Brenda Gordon lived next door to him with her three children. Brenda was a strange woman. She loved to watch (2). If she went into her second floor bedroom, she could just see over the wall into the old man's garden. Greeneyes didn't like her. He didn't like her children, either. They often climbed on the top of the wall and called out his name. When Greeneyes said hello to them, they always laughed at him and didn't answer. Sometimes they even came into his garden. He had lots of important magic items there, so he really didn't want them to see them.

At (3) he decided that he must do something about it. He thought of making the wall (4). He might also put some spikes on top. "If I do these things, Brenda won't be able to see into my garden from her bedroom window. Her children won't be able to climb up and sit on top," said Greeneyes to his friend Pinkeyes. "Yes, I understand," she said, "But if you do that, Brenda Gordon will be really angry. Maybe she will throw rubbish over your wall. Perhaps her children will shout at you when you go walking. You should do it in (5)a kinder way." He thought about it. "OK, it was not a (6) idea. I also don't want the children to hurt their fingers on the spikes." he agreed.

Pinkeyes was glad to hear his words. "See, here are some magic seeds I have made. Plant them on the top of your wall and you'll see something wonderful." "But no seeds will grow on a wall," said Greeneyes. Still, he took them and planted them all along the top of the wall. He waited. Then, something amazing happened. They grew! They grew higher and higher, and then one day in the spring, flowers came out. They were bright yellow and red, with the best smell in the world! The smell made Greeneyes happy.

Brenda was surprised to see the flowers. She was full of (7) — she loved flowers. (8)She told her children to stop climbing up on the wall. "That kind old man planted beautiful flowers, you see?" she said. "The flowers (9)[①can't ②that ③high ④grown ⑤have ⑥so ⑦I ⑧look into] his garden anymore, but that's OK." She was very happy, so she baked nice cookies and sent them to the old man. He enjoyed them, and went next door to thank her. He also promised to give her the (10) next spring.

(注)　wizard　魔法使い　　　　　　　　spike　釘
　　　　rubbish　ごみ

問1. （ 1 ），（ 2 ），（ 3 ），（ 4 ），（ 6 ），（ 7 ），（ 10 ）に入る適切な語句を、そ
れぞれ①～ ④から一つ選んで記号をマークしなさい。

（ 1 ）　　　28

①in a large house　　　②with children

③quietly　　　④kindly

（ 2 ）　　　29

①her children　　　②her grandfather

③her neighbors　　　④her house

（ 3 ）　　　30

①first　　　②last

③the same time　　　④the top

（ 4 ）　　　31

①higher　　　②smaller

③more beautiful　　　④again

（ 6 ）　　　32

①good　　　②wrong　　　③funny　　　④famous

（ 7 ）　　　33

①flowers　　　②danger　　　③joy　　　④kindness

（ 10 ）　　　34

①garden　　　②magic items　　　③cookies　　　④seeds

問2. (5)a kinder way とは、具体的には何をすることか。日本語で説明しなさい。
記述式解答欄【 け 】に記入すること。

問3. 下線部(8)を日本語にしなさい。
記述式解答欄【 こ 】に記入すること。

問4. (9)の[　　　]内の語句を並べ替えて、意味の通る文を完成させなさい。
解答は、[　　　]内で3番目と6番目に来る語句の記号をマークすること。

3番目・・・　　35

6番目・・・　　36

問5. 本文の内容に合致する文を、次の①～ ④から一つ選んで記号をマークしなさい。

　　37

① Old Man Greeneyes built a wall around his house because the neighbor asked him to do so.

② Old Man Greeneyes didn't like Brenda because she often climbed on the wall to see his garden.

③ Old Man Greeneyes didn't put any spikes on the wall because he wanted cookies.

④ Old Man Greeneyes told his plan to his friend, and the friend told him not to do it.

---

7 次のような状況で、あなたなら英語でどう言うかを考え、**記述式解答欄**に書きなさい。

(例)　映画を観た後で、相手に感想をたずねる場合。

How did you like it?

(1)　【　さ　】

話し相手の声が小さすぎて、聞きとれなかった場合。

(2)　【　し　】

お小遣いをくれとせがむ我が子に、親が理由をたずねる場合。

＜リスニングテスト放送文＞

Part One

1.

W : Jacob, I'm going to be late tonight — maybe after nine. You haven't forgotten it's your turn to cook dinner, have you?

M : No, of course not, Emily. In fact, I went shopping last night to get all the food.

W : You did? That's great. So, what are you making?

M : Pasta. It's going to be delicious.

Question : What did Jacob do yesterday?

2.

W : Excuse me, officer. I just found this wallet outside the station, so I decided to bring it here.

M : I see. Can I look inside it? Well ... there is a name on the credit card. I'll just check how much money there is, OK? Please sign your name on this piece of paper.

W : Do I need to write my address or phone number?

M : No, just your name is fine.

Question : Where is this conversation probably taking place?

3.

W : How was your mother, Matt?

M : She's OK, but the doctor said it's going to take a long time before she can walk again.

W : Oh, dear.　So, when will she be able to go home?

M : In about two or three weeks.　We can visit her any day between five and six o'clock.

Question :　Where is Matt's mother?

Part Two

4.

M : Emma, do you still have that biology textbook I lent you?

W : Yes, of course.

M : OK.　I need it for next week's lesson.

5.

M : Hello.　My name is Christopher, and I live in that house over there.

W : Hello, Christopher.　What can I do for you?

M : Your son was playing soccer in the road, and he kicked the ball into my garden.　Here it is.

【数　学】 （50分）〈満点：100点〉

1

［Ⅰ］次の各問いに答えなさい.

(1) $4 \div (-3^2) \times (1.5 - 3) \times 27 = \boxed{ア}\boxed{イ}$

(2) $\dfrac{(2 - \sqrt{2})^2}{\sqrt{2}} - 2(\sqrt{6} - 2\sqrt{3}) \times \dfrac{1}{\sqrt{3}} = \sqrt{\boxed{ウ}}$

(3) $xy - 2y - 3x + 6 = (x - \boxed{エ})(y - \boxed{オ})$

(4) 1次方程式 $2x - a(2x - 5) = 9$ の解が $x = 6$ であるとき, $a = \dfrac{\boxed{カ}}{\boxed{キ}}$ である.

(5) 2次方程式 $2(\sqrt{2}x - 1)(\sqrt{2}x + 1) - 1 = 0$ の解は $x = \pm\dfrac{\sqrt{\boxed{ク}}}{\boxed{ケ}}$ である.

［Ⅱ］次の各問いに答えなさい.

(1) 右の図のような $AB = 6\,cm$, $BC = 8\,cm$ の直角三角形 ABC で,
点 P は点 A を出発して, 毎秒 $2\,cm$ の速さで点 B まで動く.
点 P が点 A を出発して x 秒後にできる三角形 CPB の面積は
$(\boxed{コ}\boxed{サ} - \boxed{シ}\,x)\,cm^2$ である.

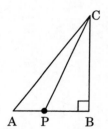

(2) 3点 $(-2,\ 10)$, $(a,\ 1)$, $(3,\ -5)$ が同一直線上にあるとき, a の値は $\boxed{ス}$ である.

(3) y は x に比例し, z は y に比例する. また, $x = 3$ のとき, $y = -12$, $z = -6$ となる. $z = 14$ のときの x の値は $\boxed{セ}\boxed{ソ}$ である.

(4) $3 < \sqrt{a} < b$ を満たす整数 a の個数がちょうど15個あるとき, 整数 b の値は $\boxed{タ}$ である.

(5) 右の図において，AE // BD である．このとき，
∠EFD = $\boxed{\text{チツ}}$ °である.

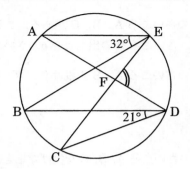

$\boxed{2}$

[Ⅰ] 2種類の商品 A，B の売れ行きを調査すると，昨年は A と B があわせて 500 個売れた.
今年は昨年と比べると A が 10%少なく，B は 20%多く売れ，A は B より 9 個多く売れた.
昨年売れた商品 A の個数を x 個，商品 B の個数を y 個としたとき，

$$\begin{cases} x+y=500 \\ \boxed{\text{ア}}\,x-4y=\boxed{\text{イウ}} \end{cases}$$

が成り立つ.
今年売れた商品 A，B の合計個数は$\boxed{\text{エオカ}}$個である.

[Ⅱ] 右の図のように，放物線 $y=x^2$・・・①と
直線②がある．①と②の交点を A，B とし，
②と y 軸との交点を C とする．また，点 A の
x 座標は -2，C の y 座標は 8 である.

(1) 点 B の座標は$(\boxed{\text{キ}}$, $\boxed{\text{クケ}})$である.

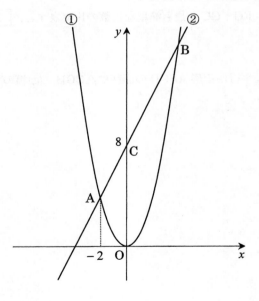

(2) ①上の 2 点 O，B の間を動く点 P をとる.
点 P を通り，x 軸に垂直な直線と②との交
点を D とする．△APD と△BPD の面積の
比が 2：1 であるとき，点 P の座標は
$(\boxed{\text{コ}}$, $\boxed{\text{サ}})$である.

[Ⅲ] 3 つのさいころ A，B，C がある．これらのさいころを投げたとき，さいころ A の出た目を a，さいころ B の出た目を b，さいころ C の出た目を c とする．

(1) 2 つのさいころ A，B を投げたとき，座標 $(a,\ b)$ が直線 $y=x+1$ 上にある確率は $\dfrac{\boxed{シ}}{\boxed{スセ}}$ である．

(2) 3 つのさいころ A，B，C を投げたとき，座標 $(a,\ b)$ が直線 $y=2x+c$ 上にある確率は $\dfrac{\boxed{ソ}}{\boxed{タチ}}$ である．

③

[Ⅰ] 右の図のように，平行四辺形 ABCD がある．辺 AD の中点を E とし，点 F は辺 CD 上の点で，CF：FD＝2：1 となる．また，線分 BF と線分 CE との交点を G とし，辺 BC 上に GH∥FC となるように点 H をとる．

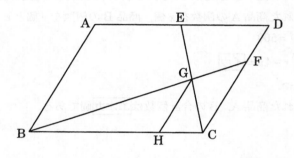

(1) EG：GC を最も簡単な整数の比で表すと，$\boxed{ア}$：$\boxed{イ}$ となる．

(2) 平行四辺形 ABCD の面積は △CGH の面積の $\boxed{ウエ}$ 倍である．

[Ⅱ] 右の図ように，底面の半径が 4cm,
母線の長さが 8cm の円錐がある. 頂点
A から底面に垂直な直線を引くと底面
の中心 O を通る. 中心 O で直径 BC
と垂直に交わる線分と底面の円周との
交点を D とする. また, 線分 AD 上に
点 E をとり, 点 E から底面に垂直に引
いた直線と底面との交点を H とすると,
BH = 5 cm となる.

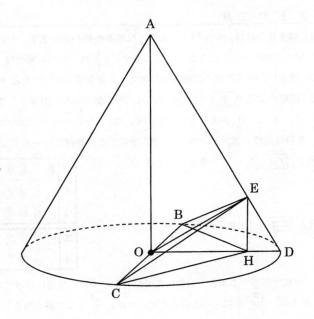

(1) 線分 EH の長さは $\sqrt{\boxed{オ}}$ cm である.

(2) 点 H から△EBC に引いた垂線の長
さは $\dfrac{\boxed{カ}}{\boxed{キ}}$ cm である.

解答上の注意

1　解答用紙には，中学校名・氏名・受験番号欄があります．それぞれ正しく記入し，受験番号はその下の
マーク欄もマークしなさい．正しくマークされていない場合は，採点できないことがあります．

2　解答は，解答用紙の問題番号に対応した解答欄にマークしなさい．

3　問題の文章の ア ， イウ などには，特に指示がないかぎり，符号（−，±），数字（0〜9），または文字
（a, b, x, y）が入ります．ア，イ，ウ，…の一つ一つは，これらいずれか一つに対応します．それら
を解答用紙のア，イ，ウ，…で指示された解答欄にマークして答えなさい．

例1　 アイウ に −83 と答えたいとき

例2　 エオ に $2a$ と答えたいとき

ア	● ± 0 ① ② ③ ④ ⑤ ⑥ ⑦ ⑧ ⑨ ⓐ ⓑ ⓧ ⓨ
イ	⊖ ± 0 ① ② ③ ④ ⑤ ⑥ ⑦ ● ⑨ ⓐ ⓑ ⓧ ⓨ
ウ	⊖ ± 0 ① ② ● ④ ⑤ ⑥ ⑦ ⑧ ⑨ ⓐ ⓑ ⓧ ⓨ

エ	⊖ ± 0 ① ② ● ④ ⑤ ⑥ ⑦ ⑧ ⑨ ⓐ ⓑ ⓧ ⓨ
オ	⊖ ± 0 ① ② ③ ④ ⑤ ⑥ ⑦ ⑧ ⑨ ● ⓑ ⓧ ⓨ

4　分数で解答する場合，分数の符号は分子につけ，分母につけてはいけません．

例えば，$\dfrac{キク}{ケ}$ に $-\dfrac{4}{5}$ と答えたいときは，$\dfrac{-4}{5}$ として答えなさい．

また，それ以上約分できない形で答えなさい．例えば，$\dfrac{3}{4}$ と答えるところを，$\dfrac{6}{8}$ のように答えてはいけ
ません．

5　根号を含む形で解答する場合は，根号の中に現われる自然数が最小となる形で答えなさい．

例えば，$コ\sqrt{サ}$ に $4\sqrt{2}$ と答えるところを，$2\sqrt{8}$ のように答えてはいけません．

6　分数形で根号を含む形で解答する場合，$\dfrac{シ+ス\sqrt{セ}}{ソ}$ に $\dfrac{3+2\sqrt{2}}{2}$ と答えるところを，$\dfrac{6+4\sqrt{2}}{4}$ や
$\dfrac{6+2\sqrt{8}}{4}$ のように答えてはいけません．

【国語】（五〇分）〈満点：一〇〇点〉

１ 次の文章を読んで、後の問いに答えなさい。

　コンピューターが開発されインターネット社会が登場してずいぶん時間がたっています。私はノートパソコンでこの原稿を書いていますが、少し前であれば、デスクトップのパソコンを前にしてキーボードを叩いていたはずです。原稿を書いて少しくたびれれば、（注）ワードを閉じて、メールが届いているか確認したり、ネットを開けてさまざまな情報にアクセスしたりします。こうした営みは、まさに「机を前にして」私がやっていることなのです。でも今は、「机を前に」する必要もなく、「ノートパソコンを膝の上に置く」必要もなく、ただ手のひらに収まっているスマホに指を滑らせることで、このあるいはこの「世界」を目の前に開くことができるのです。

　デスクトップからスマホへ。これは単なる道具の技術革新だけではないのです。「机の前に座ったり」「部屋にいるのだったり」「何インチかの画面に集中したり」など、まさにネットく私たちが向きあうためだけに一定の手続きや姿勢の変更、意識の変更が必要だったのが、そうした身体的動作や日常的な意識の変更をせずに、いつでも私たちは「世界」と向きあえるようになりました。このことが、日常生活でというえで決定的な生活の「革新」をもたらしたと考えます。

　なにか特別な手続きや意識の変化など一切不要で、いつでもあるいはどこでもネット「世界」を開き、①自分自身をそこに遊ばせることができるとすれば、これはこのうえなら刺激や興奮をもたらすえもいえぬ悦楽ではないでしょうか。こう考えていけば、「歩きスマホ」は必然であり、当然の結果なのです。

　日常的な道徳やエチケットとして、　i　危険な事故を防ぐために「歩きスマホはやめましょう」と連呼することはできても、それだけでは絶対「歩きスマホ」はなくならないでしょう。　ii　、そうした規制の声が耳に入らないくらい、圧倒的に私たちは今、「世界」を携帯できる悦楽に魅了されてしまっているからです。「世界」を携帯できる悦楽に驚き、魅了されているかぎり、「歩きスマホ」は思いっきり自然な営みであり続けるでしょう。

　ではどうなれば「歩きスマホ」はなくなっていくでしょうか。私はこう夢想します。「世界」を携帯できること自体、特に驚くべきことでもなく、魅了されることでもなく、その意味で陳腐で「あたりまえ」だという意識を私たちがもつこと。それができて初めて「歩きスマホ」が日常生活に様々な支障をもたらすということを、本当の意味で私たちは自らの（注）腑に落とす、ことができるのではないでしょうか。

　さて、社会学者の鈴木健介はウェブ社会の特徴を現実空間の多孔化と呼び優れたユニークな分析をしています。

　現実空間の多孔化とはどのようなことを言っているのでしょうか。鈴木は「現実の空間に付随する意味の空間に無数の穴が開き、他の場所から意味＝情報が流入したり、逆に情報が流出したりする」ことを空間的現実の多孔化と呼び、「多孔化した現実空間においては、同じ空間に存在している人どうしが互いに別の意味くと接続されるため物理的空間の特権性が失われる」ことを空間的現実の非特権化と呼んでいます。

二〇一六年七月に日本でも「Pokemon GO」が解禁され、日本中の人々がゲームにはまっています。あらゆる場所にポケモンが出現するため、さまざまなトラブルや事件も起こっています。たとえば広島市平和記念公園をポケモンの出現する場所から外してほしいという要請がなされました。原爆の子の像のまわりにスマホをかざした多くの人々が集まっている映像がテレビで流されていました。以前に比べ圧倒的に大勢の人々が原爆の子の像を見ているのです。しかし、彼らは原爆の子の像が本来持っている「意味」を見ていません。

こうした現象はまさに鈴木のいう｜　　　　　Ⅲ　　　　　｜と言えるでしょう。それではなぜ広島市はこうした要請をしたのでしょうか。確かに多くの人々が平和記念公園にきていることは事実です。しかし彼らにとって、この公園は、原爆が投下された広島についてや、ヒロシマの被爆という歴史的事実を考え、思いをはせる場所ではなく、ゲットしたらさまざまなポケモンが出現する魅力ある場所なのです。ゲームに熱中した人々にとって、被爆を考えることは、ゲームを進めるうえで意味のないことです。彼らにとって、公園内を自由に動き回れ、より多くのポケモンをゲットできることが、なにより重要なリアルさなのです。

つまり被爆の現実に触れ、その不条理や悲惨を学び、反核・平和へと思いをはせるという平和記念公園がもつ「意味」の「特権性」が、ゲームの仮想的な空間や現実に侵略され、その意味を喪失する危険にさらされているのです。確かに被爆をめぐる慰霊碑や損跡は広島にとって重要な観光資源です。しかし、被爆七〇年がすぎ、被爆の記憶をいかに継承していけるのかという深遠な課題を前にして、観光資源でありながら被爆の歴史を反省し得る「特権性」を、それらがいかに維持し新たに創造できるかは、広島市など地元が真剣に模索している重要なテーマなのです。それなのに、あまりにも素朴かつお気楽な形で、その「特権性」が脅かされたからこそ、Pokemon GO は平和記念公園において、問題となったのです。

ところで鈴木がいう多元化した現実空間は、まさにそのとおりだと思うのですが、私は別の意味で、スマホは、私たちの日常生活に新たに、大きく深くまさに「底知れない」とんでもない「穴」をあけてしまったのではないかと考えています。

あたかも身体の一部と化したかのようなスマホ（＝「穴」）を通して、毎日毎時間、そして毎秒、圧倒的な質と量の情報が、私たちになだれ込んできます。そのなかには、歴史の事実を踏まえない虚偽の情報で特定の民族への嫌悪を煽り立てる悪意に満ちた情報もあります。また私たちの欲望を見透かしたような「うまい話」もあります。もちろん現代社会、国際関係、国家、市民社会のありようを考えるうえで有用で時宜（注2）を得た情報も「穴」から入ってきます。玉石混交の情報、つまり私たちが日常を気持ちよく生きるいうえで必要なものもまったく不要なものも含めて、あらゆる質の情報が「穴」から私たちの日常へ、これでもかと良入してくるのです。

Ａ

もちろんこうした事態はインターネットやスマホが社会に登場する以前から私たちを襲っていたものです。だからといって新しい問題だと主張する必要はないかもしれません。しかし以前と比べ確実に異なっているのは、そうした情報が私たちにとって「意味あるもの」として認識され、その意味を私たちが反芻（注3）し、自分にとって有用か否かを判断するために与えられた「時間」

が限られ、いわば瞬時のうちに情報の質を判断する「技量」が求められているという点です。

B

確かに、あらゆる情報を瞬時のうちに確認したり手に入れたりできることは、すばらしいことかもしれません。しかしスマホを身体の一部にしていながら、私たちは「穴」という「穴」から入ってくる情報の真偽や背景、根拠などの「意味」を同じく瞬時のうちに判断し、情報を[iv]できる力と技量を備えているのでしょうか。またそうした力と技量が私たちのなかで育ってきているのでしょうか。言いかえれば玉石混交の情報の襲撃に対して、うろたえることなく冷静に向きあうことができるような情報への"耐性"を私たちは、いま十分に身につけてきているでしょうか。

C

本章の冒頭に、私たちはいまスマホに"飼い慣らされて"いると書きました。これは私の実感から出てきた表現なのですが、スマホを飼い慣らすのではなく、スマホに飼い慣らされているとすれば、まさに、それこそ、情報への"耐性"を身につけておらず、スマホからあふれ出る情報に翻弄されている私たちの現在の姿ではないでしょうか。

D

終日スマホとつきあうなかで、とりたてて目的もなく、ただ退屈をまぎらせるためにだけスマホに指を滑らせている自分の姿をいま一度確認してみてください。必要のない時間はスマホを切り、本を読んだり、別の営みをして、自らの情報をめぐるリテラシー(情報の質や意味を的確に判断できる能力)を高めていく、あるいはスマホを切り、いったん情報への依存を停止したうえで、自分の頭で、それまで自分が得てきた実践的な知だけを手がかりにして、いろいろなことについて思索する余裕を持つようにする、等々情報への"耐性"を養う試みは思い浮かびます。まずは、本書を読んでいるあなた自身がスマホからいったん距離をとって、日常を生きている自分の姿を考え直すことが第一なのです。

（好井裕明『「今、ここ」から考える社会学』より）
（出題の都合により一部改編しました。）

（注1）ワード………文章作成ソフト。
（注2）時宜…………時期が適当であること。
（注3）反芻…………繰り返してよく考えること。

問1 ―――線部①「えもいえぬ」の本文中の意味として最も適切なものを次の中から選び、その記号をマークしなさい。（解答番号は 1 ）

　ア　言葉では言い表せない

　イ　誰も感じたりとができない

　ウ　この世のものとは思えない

　エ　微妙で何とも言えない

問二、□□□部・i・iiに入る語として最も適切な組み合わせを次の中から選び、その記号をマークしなさい。（解答番号は　2　）

ア、i　あるいは　　　　ii　なぜなら

イ、i　また　　　　　　ii　だから

ウ、i　もしくは　　　　ii　つまり

エ、i　さらに　　　　　ii　もちろん

問三、―――線部②「広島市平和記念公園をポケモンの出現する場所から外してほしいという要請がなされました」とありますが、それはなぜですか。八十字以内（句読点を含みます）で答えなさい。解答は記述欄に記入すること。

問四、□□□部iiiに入る適切な語句を本文中から十字以内（句読点を含みます）で答えなさい。解答は記述欄に記入すること。

問五、□□□部・ivに入る最も適切な四字熟語を選び、その記号をマークしなさい。
（解答番号は　3　）

ア、試行錯誤　　イ、取捨選択　　ウ、自問自答　　エ、朝令暮改

問六、次の一文が本文から抜けています。どこに入れるのが最も適当ですか。本文中の[A]～[D]から選び、その記号をマークしなさい。（解答番号は　4　）

> では、いかにしたら、情報への〝耐性〟を考え、自分なりに身につけていくことができるのでしょうか。

ア、[A]　　　イ、[B]　　　ウ、[C]　　　エ、[D]

問七、本文中で筆者はスマホとどのように付き合うべきだと考えていますか。最も適切なものを次の中から選び、その記号をマークしなさい。（解答番号は　5　）

ア、あらゆる情報を瞬時に手に入れられる便利なスマホに対する耐性を持ち合わせていない私たちは、スマホを適切に使うことで情報に対する耐性を鍛えていき、スマホを飼い慣らしていくことが重要だ。

イ、私たちはスマホからあふれ出る無数の情報を適切に処理できているとはいえず、スマホに飼い慣らされている状態にあることを自覚し、スマホから少し離れて自分自身を見つめ直す必要がある。

ウ、スマホの使い方を誤れば、私たちはスマホに飼い慣らされることになり、本当に必要な情報を自分で判断する能力を喪失していくことになってしまうので、スマホと決別する意思を持たねばならない。

エ　情報の耐性を身につけられない人ほどスマホに飼い慣らされる傾向があるので、そういう人ほどスマホの電源を切って、自分の経験や書物から得た知識から物ごとを考える時間を確保するべきだ。

問八　——線部③「とんでもない『穴』をあけてしまった」とありますが、その結果どうなっていると筆者は述べていますか。最も適切なものを次の中から選び、その記号をマークしなさい。（解答番号は　6　）

ア　ありとあらゆる種類の有益な情報を、その場に居ながらにして入手できるスマホの魅力にとりつかれてしまって、人々はもはやスマホなしの生活など考えられない状況に追い込まれてしまっている。

イ　発信されている情報が本当に正しいかどうか精査されることなくスマホからあふれ出してくる状況の中で、すばやく適切に情報を処理できない人々は、無条件にそれらを正しいものだと信じてしまっている。

ウ　虚偽の情報も必要な情報も混在しながらスマホから垂れ流されている状態の中で、受信した情報を瞬時に判断する技量と耐性を人々が身につけられないため、それらを適切に処理できずに困惑している。

エ　瞬時にたくさんの情報を処理する力が求められるようになった時代の要請によりスマホが誕生したが、そこから流れ出す情報量が想定していたよりも多かったため、人々は処理しきれずに戸惑っている。

【二】　次の古文を読んで、後の問いに答えなさい。

これも今は昔、（注1）多田満仲のもとに、①たけくあしき郎等あり。家業けり。物の命を殺すを業とす。野に出で、山に入りて、鹿を狩り、鳥を取りて、いささかの善根をすることなし。

あるとき、出でて狩りするあひだ、馬を馳せて鹿を追ふ。矢をはげ、弓を引きて、鹿にしたがひて、走らせてゆく道に、ａ寺ありけり。その前を過ぐる程に、ふと見やりたれば、内に地蔵立ち給へり。左の手をもちて弓を取り、右の手して笠を脱ぎて、いささか帰依（注2）の心をいたして、馳せ過ぎにけり。

そののち、いくばくの年を経ずして、病つきて、日ごろいたく苦しみわづらひて、命絶えぬ。冥途に行きむかひて、閻魔の庁に召されぬ。③見れば、多くの罪人、罪の軽重にしたがひて、打ちせためらる。罪せらるることおびただし。わが一生の罪業を思ひ続くるに、

涙落ちて、せんかたなし。

かかるほどに、一人の僧出で来たりて、のたまはく、「なんぢを助けんと思ふなり。早
く故郷に帰りて罪を懺悔すべし」とのたまふ。僧に問ひ奉りていはく、「これは誰の人の、
かくは仰せらるるぞ」と。僧答へ給はく、「われは、なんぢが鹿を追ひて、寺の前を過ぎ
しに、寺の中にありて、なんぢに見えし地蔵菩薩なり。なんぢ、罪業深重なりといへども、
いささか、われに帰依の心をおこしし業によりて、われ、今、なんぢを助けんとするなり」
とのたまふと思ひて、よみがへりてのちは、殺生をながく断ちて、地蔵菩薩に仕うまつ
りけり。

（『宇治拾遺物語』より）

（注1） 多田満仲………平安時代の武士。源満仲。

（注2） 帰依………仏や神にしたがひて、これを信じること。

（注3） 懺悔………過去の罪業を悔い改め、神仏や人に告白すること。

問一、━━━線部a「あり」、b「ながく」の品詞を次の中からそれぞれ選び、その記号をマーク
しなさい。（解答番号はaは　7　、bは　8　）

　　ア　動詞　　　イ　形容詞　　　ウ　形容動詞　　　エ　名詞　　　オ　副詞
　　カ　助詞　　　キ　助動詞

問二、━━━線部①「たけくあしき」の訳として最も適切なものを次の中から選び、その記号をマー
クしなさい。（解答番号は　9　）

　　ア　強くて勇気がある　　　　　イ　荒々しくて悪い
　　ウ　狩りの腕に優れた　　　　　エ　若くて乱暴者の

問三、━━━線部②「よみがへりて」を現代仮名遣いに直してひらがなで答えなさい。解答は記述欄
に記入すること。

問四、次の現代語にあたる言葉を、文中からそれぞれ抜き出して答えなさい。解答は記述欄に記入
すること。

　　【例】　仕事 → 業

　　①　幾日も　　　　　②　仕方がない

問五、―――線部③「見れば」⑤「のたまふ」の主語として最も適切なものを次の中からそれぞれ選び、その記号をマークしなさい。(解答番号は③は 10 、⑤は 11)

ア、多田満仲　　イ、郎等　　ウ、僧　　エ、閻魔　　オ、多くの罪人

問六、本文の内容として最も適切なものを次の中から選び、その記号をマークしなさい。
(解答番号は 12)

ア、郎等は生き物を殺すことを仕事にしていたにも関わらず、普段から熱心に地蔵菩薩を信仰していた。

イ、郎等は生き物を殺す罪深い仕事をしていたので、地蔵菩薩の怒りにふれて地獄に落とされてしまった。

ウ、郎等は生き物を殺した罪によって病気になって死んでしまい、地獄で重く罰せられることになった。

エ、郎等は生き物の命を奪ってきた自分の罪深さを地獄に落ちて初めて理解し、後悔の涙を流した。

問七、―――線部④「なんぢを助けんと思ふなり」と僧が言った理由を四十字以内(句読点を含みます)で答えなさい。解答は記述欄に記入すること。

問八、本文の出典の『宇治拾遺物語』は鎌倉時代の作品です。同じ時代に書かれた作品を次の中から選び、その記号をマークしなさい。(解答番号は 13)

ア、源氏物語　　イ、平家物語　　ウ、奥の細道　　エ、竹取物語

|三|　次の文章を読んで、後の問いに答えなさい。

「事故防止のため階段や通路は右側を歩いてください」。東京のJR新大久保駅では構内放送を二十以上の言語で流す。駅の案内に使う外国語の数では世界でも指折りの多さだろう。

発案者は前駅長の阿部久志さん(59)。きっかけは「外国人客が□□□□する。人の流れを円滑に」と商店街などから求められたこと。改札や切符売り場でのやり取りを通じ、日本語のおぼつかない留学生の多さはかねてから実感していた。

韓流ブームで名を馳せた新大久保だが、近年は多国籍化が著しい。韓国語、中国語、英語だけでは用をなさない。むしろ、ベトナムやタイなどアジア諸国の言葉が不可欠だと考えた。

駅に近い日本語学校に協力を頼み、在校生に母語で放送文を読み上げてもらった。三年前、構内で放送を始めると、共感する声がネットで世界に広まった。

「ホームシックは万国共通です。親元を離れて日本へ来て、懐かしい言葉を聞けばどれだけ励まされるか」。そう語る阿部さん自身、青森県の竜飛岬に近い今別町の出身。高校を卒業して上京し、故郷恋しさのあまり、青森の言葉を拾いに上野駅をひとり歩いたこともあるそうだ。

〈ふるさとの訛なつかし 停車場の人ごみの中に そを聴きにゆく〉石川啄木

筆者が訪ねた日は駅舎改装中で多言語放送は中断していたが、改札やホームで耳に飛び込む外国語の多さに驚く。どこかの少数言語か、まったく耳慣れない言葉もあった。②駅の人ごみの中にそを聴く若者が幾人もいる気がした。

（朝日新聞「天声人語」二〇一八年一月三十一日朝刊より）

問一、 ▢▢▢ 部には「うろたえてあちらこちらへ移動する様子」を表すことばが入ります。漢字四字で答えなさい。解答は記述欄に記入すること。

問二、 ——— 線部①「言葉を拾いに」とありますが、これはどんなことを表現していますか。最も適切なものを次の中から選び、その記号をマークしなさい。（解答番号は ▢14▢ ）

　ア、交わされる会話から、地方独特の表現を探しに行くこと
　イ、田舎の方言が書かれた雑誌や看板を見つけに行くこと
　ウ、地方独特の言葉遣いで会話する機会を作りに行くこと
　エ、東京では触れることのない言葉遣いを記録しに行くこと

問三、 ——— 線部②「駅の人ごみの中にそを聴く若者が幾人もいる気がした」とありますが、これは「どのような人」が「どのような理由で」「何をしに」ゆくことを表現したのですか。六十字以内（句読点を含みます）で説明しなさい。解答は記述欄に記入すること。

▢四▢ 次の各問いに答えなさい。

(1) 次の——— 線部の漢字の読みを答えなさい。解答は記述欄に記入すること。

　１、会議で発言を促す。
　２、国内でイベントが行われた。
　３、与えられた任務を遂行した。
　４、決定が覆ることはありません。

(2) 次の──線部のカタカナを漢字に直しなさい。解答は記述欄に記入すること。

1、ケイソツな行動は避けましょう。

2、土地の名前のユライを調べなさい。

3、人形を巧みにアヤツる。

4、事実をショウサイに調査する。

(3) 次の文を単語で分けたときに、正しいものはどれですか。次の中から選び、その記号をマークしなさい。(解答番号は 15)

ア、練習で\頑張って\きた\成果を\出したい\。

イ、練習\で\頑張って\きた\成果\を\出したい\。

ウ、練習\で\頑張っ\て\きた\成果\を\出し\たい\。

エ、練習\で\頑張っ\て\き\た\成果\を\出し\たい\。

(4) 次の熟語の対義語を、□の漢字を組合わせて作りなさい。解答は記述欄に記入すること。

1、親切

2、過失

```
無 解 淡 談
放 静 事
故 冷 止
困 眈 意
誤
```

(5) 次の一文の( )に入る外来語を後の語群からそれぞれ選び、その記号をマークしなさい。
(解答番号は1は 16 、2は 17)

1、近年起こった事件を思い返すと、世間の( )の低下が気にかかる。

2、顧客の( )に応えた新商品を発表する。

ア、ボキャブラリー　イ、コンプレックス　ウ、ニーズ　エ、モラル

オ、イノベーション

(6) 次の文章は、ある作品の一場面です。この作品の作者の他の作品を次の中から一つ選び、その記号をマークしなさい。(解答番号は 18)

> メロスよ、ゆるしてくれ。君は、いつでも私を信じた。私も君を、欺かなかった。私たちは、本当に佳い友と友であったのだ。いちどだって、暗い疑惑の雲を、お互い胸に宿したことは無かった。いまだって、君は私を無心に待っているだろう。ああ、待っているだろう。ありがとう、メロスよ。よく私を信じてくれた。

ア、雪国　イ、蜘蛛の糸　ウ、坊っちゃん　エ、人間失格

英語解答

1 問題A　1…②　2…③　3…④

　　問題B　4…①　5…②

2 A　1…④　2…④　3…②

　　B　1…③　2…①　3…①

　　C　1…②　2…①　3…②

3 A　1　present　　2　dream

　　　　3　animal　　4　key〔keys〕

　　B　お　looking　　か　found

　　　　き　chose　　　く　lighter

4 1　15…④　16…③

　　2　17…④　18…③

　　3　19…⑥　20…③

　　4　21…②　22…⑤

5 問1　23…⑥　24…②　25…③　26…①

　　問2　③

6 問1　28…③　29…③　30…②　31…①

　　　　32…①　33…③　34…④

　　問2　自分の家の周りにある塀のてっぺんに魔法の種を植えること。

　　問3　彼女は塀に登るのをやめなさいと子どもたちに言った。

　　問4　35…⑥　36…⑦　　問5　④

7 (1)　(例) Please speak louder.

　　(2)　(例) Why do you need the money ?

---

1 〔放送問題〕解説省略

2 〔総合問題〕

A＜単語の発音＞

1．①　called[d]　　②　changed[d]　　③　moved[d]　　④　finished[t]

2．①　human[ju:]　　②　museum[ju:]　　③　student[ju:]　　④　subject[ʌ]

3．①　reason[i:]　　②　bread[e]　　③　please[i:]　　④　leaf[i:]

B＜単語のアクセント＞

1．vol-un-téer　　2．ác-ci-dent　　3．díf-fi-cult

C＜適語(句)選択＞

1．「一生懸命練習すれば，君は良いテニス選手になるだろう」　If ～ で「もし～ならば」という ‘条件’ を表す。　While「～する間に」　Until「～まで」　Before「～する前に」

2．「植物は水なしでは育たない」　without ～ で「～なしで」。　during「～の間に」　over「～の上に」　between「～の間に」

3．A：君はこれまでにこの歌を聞いたことがある？／B：うん，でも名前が思い出せないんだ。／／文末の the name of it の it は this song を指す。

3 〔総合問題〕

A＜対話文完成─適語補充＞

1．A：アラン・ドーソンが結婚したって聞いた？／B：本当？　いい知らせだね。彼と奥さんに結婚祝いとして何かいい物を買おうよ。／／present「プレゼント，贈り物」

2．A：疲れているようね。どうしたの？／B：昨夜，悪い夢を見てね。2時に目が覚めて，もう1度眠ることができなかったんだ。

３．Ａ：ペットを飼っているの？／Ｂ：うん，犬を１匹。子どもたちには動物を世話することで多くのことを学んでほしいんだ。

４．Ａ：ここで何をしているの？　家に入ったらどう？／Ｂ：鍵をなくしちゃったんだ。だから，両親が帰ってくるまで待つことにしたんだ。

Ｂ＜語形変化＞＜全訳＞先週，私はその店に行った。私はカバンを探していた。茶色いカバンと黒いカバンを見つけた。最終的に，茶色いカバンを選んだが，それは黒いのよりも軽かったからだ。

　お．直前に was があるので，'was/were＋～ing'という過去進行形が適する。　look for ～「～を探す」　か．直前の２文から過去の話とわかるので，過去形にする。find－found－found　き．because 以下に合わせて過去形にする。choose－chose－chosen　く．直後に than ～「～より」があるので，比較級にする。この light は「軽い」という意味の形容詞。

4 〔整序結合〕

１．「カナダは国だ」Canada is a country が文の骨組み。この後に，a country を修飾する「２つの公用語を持っている」を，which を主格の関係代名詞として用いて，'which＋動詞～'の形で続ける。　Canada is a country which has two official languages.

２．「〈人〉に～しないように頼む」は，'ask＋人＋to＋動詞の原形'「〈人〉に～するように頼む」の to の前に not を置いて表す。　wait for ～「～を待つ」　I asked them not to wait for me.

３．主語「彼の演奏する音楽」は，関係代名詞が与えられていないので，The music の後に'主語＋動詞'を続ける形で表す。　'make＋人＋形容詞'「〈人〉を～にする」　The music he played made everyone excited.

４．「彼女が何時に帰宅する予定か」は'疑問詞＋主語＋動詞…'という間接疑問の語順で表す。'疑問詞'は what time「何時」。be going to ～ で「～する予定だ」。　Do you know what time she is going to come home ?

5 〔対話文完成─適文・適語選択〕

≪全訳≫サトルとミナコは夏休みの計画について話している。■1サトル（Ｓ）：君はどこに行きたいの？■2ミナコ（Ｍ）：休みは取れるの？　あなた，去年は毎日部活動で学校に行っていたでしょう。■3Ｓ：₂₃新しいコーチが見つかったよ。７月に僕たちの部に加わってくれたんだ。今は休みを取れるんだ。■4Ｍ：それはいい知らせね。■5Ｓ：ハワイへ行くのはどう？　８年前，そこで結婚式を挙げたよね。またそこに行きたいな。■6Ｍ：私もハワイは大好きよ。でも，小さな赤ん坊を連れて海外旅行をするのは少し難しいと思うの。ココナはまだ１歳よ。₂₄ハワイへの飛行機の旅は，彼女には長すぎるわ。■7Ｓ：君が正しいのかもね。じゃあ，軽井沢はどう？　東京から新幹線でたったの１時間だよ。簡単で安全だ。■8Ｍ：いい考えね。インターネットで，泊まるのにいい場所を見つけましょう。■9Ｓ：ここはどう？クイーンホテル。ウェブサイトの写真を見て。大きくてきれいだよ。■10Ｍ：でも，地図を見て。₂₅駅から遠いわ。そこへ行くには車が必要よ。■11Ｓ：グリーン・フォレストはどう？　駅の近くだよ。歩いて行ける。■12Ｍ：でも，ベッドつきの部屋しかないわ。■13Ｓ：なぜそれが問題なの？■14Ｍ：ココナをベッドで寝かせたくないわ。危ないもの。₂₆落ちるかもしれないわ。■15Ｓ：わかったよ。ああ，カメヤホテルには布団つきの畳の部屋があるよ。レストランもある。朝食か夕食を食べられるよ。■16Ｍ：気に入ったわ。レストランを探しに出かけなくてすむもの。いくら？■17Ｓ：朝食は１人1500円。夕食は2000円。

18 M：ううん，そうじゃなくて。そのホテルに泊まるのはいくら？ **19** S：１人17000円だよ。 **20** M：じゃあ，私たち３人で51000円ね。かなり高いわ。 **21** S：待って，このウェブサイトによると，２歳未満の子どもはお金を払わなくていいんだって。 **22** M：じゃあ，₂₇34000円ね。そんなに高くないわね。

問１＜適文選択＞23．直後の He が指すものが空所に入ると考えられる。彼は僕たちの部に加わってくれたとあるので，a new coach を含む⑥が適切。　　24．１歳の娘を連れて海外旅行をするのは難しい，とミナコが考える理由を入れればよい。　　25．直後の there はホテルを指し，そこへ行くのに車が必要だと言っている。つまり，ホテルは駅から遠いのである。　　26．ミナコは，娘をベッドで寝かせるのは危ないと考えている。それは，娘がベッドから落ちるかもしれないからである。

問２．直前のやり取りから，娘は２歳未満なので無料とわかる。宿泊費は17000円×２＝34000円。

6 〔長文読解総合─物語〕

≪全訳≫**1** グリーンアイズおじいさんは小さな家に住んでいた。彼の家の周りには，高くて赤い塀があった。彼は強風から，また隣人の目からも家を守るために，この塀をつくった。グリーンアイズおじいさんは魔法使いだった。彼は静かに暮らすことを好んだ。**2** ブレンダ・ゴードンは，３人の子どもたちとともに彼の隣に住んでいた。ブレンダは変わった女性だった。彼女は隣人を眺めるのが大好きだった。２階の寝室に入ると，塀越しにおじいさんの庭をのぞくことができた。グリーンアイズは彼女が好きではなかった。彼は彼女の子どもたちも好きではなかった。彼らはよく塀のてっぺんに登り，彼の名前を呼んだ。グリーンアイズが彼らにこんにちはと言うと，彼らはいつも彼を笑い，答えなかった。ときには，彼の庭に入ることさえあった。そこにはたくさんの大事な魔法のアイテムがあったので，本当は彼らにそれらを見てほしくなかったのだ。**3** ついに彼は，そのことについて何かしなければならないと決心した。彼は塀をもっと高くすることを考えた。彼は，てっぺんに釘をも打ちつけかねなかった。「こういうことをすれば，ブレンダは寝室の窓から私の庭をのぞけないだろう。彼女の子どもたちはよじ登っててっぺんに座ることはできないだろう」と，グリーンアイズは友人のピンクアイズに言った。「そうね，わかるわよ」と彼女は言った。「でも，そうしたらブレンダ・ゴードンはとても怒るでしょうね。彼女は塀越しにごみを投げ込んでくるかもしれないわ。あなたが歩いていったら，彼女の子どもたちはあなたに怒鳴るかもしれない。もっと優しい方法でやるべきよ」　彼はそれについて考えた。「そうだね。いい考えではなかったね。子どもたちに釘で指をけがしてほしくもないし」と，彼は同意した。**4** ピンクアイズは彼の言葉を聞いて喜んだ。「さて，ここに私がつくった魔法の種があるわ。それらを塀のてっぺんに植えなさい，そうすれば，すばらしいものが見られるわ」「でも，種は塀の上では育たないよ」とグリーンアイズは言った。それでも，彼はそれらを手に取り，塀のてっぺんに沿って植えた。彼は待った。すると，驚くべきことが起きた。それらが育ったのだ！　それらはどんどん高くなり，春のある日，花が咲いた。それらは明るい黄色と赤で，世界で最もいいにおいだった！　そのにおいはグリーンアイズを幸せにした。**5** ブレンダは花を見て驚いた。彼女は喜びで満たされた──彼女は花が大好きだったのだ。₍₈₎彼女は子どもたちに，塀に登るのをやめるように言った。「あの優しいおじいさんが，きれいな花を植えたのよ，いい？」と彼女は言った。「₍₉₎花がとても背が高く育ったから，私はもう彼の庭をのぞけないけれど，いいわ」　彼女はとてもうれしかったので，おいしいクッキーを焼き，それらをおじいさんに送った。彼はそれらを楽しみ，お礼を言いに隣へ行った。彼は，次の春に彼女に

種をあげると約束もした。

問1＜適語(句)選択＞28. 隣人の目から逃れるために高い塀を築いた，という内容から，「静かに」暮らすのが好きだったと考えられる。　**29.** 次の文で隣のおじいさんの庭をのぞいていたと書かれているので，「隣人」を見るのが大好きだったと考えられる。　neighbor「隣人」　**30.** 次の文から，庭をのぞかれるのを我慢していたグリーンアイズが，ついに何か対策を打とうと決めたことがわかる。　at last「ついに」　**31.** 隣の子どもたちが塀を登ったり，隣人が庭をのぞいたりするのが嫌だったので，庭を「より高く」しようと考えたのである。「より高く」なので，形容詞の比較級が適する。　'make＋目的語＋形容詞'「～を…にする」　**32.** 友人に塀を高くして釘を打ちつける案をやめるよう説得されて，「いい考えではなかった」と同意している。　**33.** 直後にブレンダは花が大好きだとあるので，花を見て喜んだと考えられる。　be full of ～「～でいっぱいである」　joy「喜び」　**34.** 花が大好きなブレンダがもらって喜ぶと考えられるものは，④「(花の)種」。

問2＜文脈把握＞ a kinder way「もっと優しい方法」とは，隣人に庭をのぞかせないようにするため，ピンクアイズが提案した方法。その内容は，第4段落第2，3文で説明されている。

問3＜英文和訳＞ 'tell＋人＋to＋動詞の原形'「〈人〉に～するように言う」　stop ～ing「～するのをやめる」

問4＜整序結合＞ 語群から，can't と look into，have と grown が結びつく（'have/has＋過去分詞'の現在完了）と考えられる。can't look into は主語を I とし，後の his garden anymore に続けると自然な流れになる。また，have grown「育った」の主語は文頭の The flowers だとわかる。'so＋形容詞〔副詞〕＋that ～'「とても…なので～」を使って表し，so の後には high「高く」を置く。　The flowers have grown so high that I can't look into his garden anymore, but that's OK.

問5＜内容真偽＞ ①「グリーンアイズおじいさんは家の周りに塀をつくった，というのも，隣人が彼にそうするように頼んだからだ」…×　隣人がそのように頼んだという記述はない。　②「グリーンアイズおじいさんはブレンダを好きではなかった，というのも，彼女は彼の庭を見るためによく塀に登ったからだ」…×　塀に登ったのは彼女の子どもたち。　③「グリーンアイズおじいさんは塀の上に釘を打たなかった，というのも，クッキーが欲しかったからだ」…×　友人に説得されて釘を打たなかったのであり，クッキーが欲しかったからではない。　④「グリーンアイズおじいさんは友人に計画を話し，友人はそれをしないように彼に言った」…○　第3段落後半に一致する。

7 〔条件作文〕

(1)「もう少し大きな声で話してください」などと言うことが考えられる。Please の代わりに Could [Can] you ～? を使うこともできる。loud「大きな声で」は「より大きな声で」という意味の比較級にするとよい。

(2)疑問詞 Why で始め，なぜそのお金が必要なのかを尋ねる文にする。

数学解答

1 [Ⅰ] (1) ア…1 イ…8　(2) 2　　　　　　　　　　　　　オ…1 カ…3
　　　　(3) エ…2 オ…3　　　　　　　　[Ⅱ] (1) キ…4 ク…1 ケ…6
　　　　(4) カ…3 キ…7　　　　　　　　　　(2) コ…2 サ…4
　　　　(5) ク…3 ケ…2　　　　　　　　[Ⅲ] (1) シ…5 ス…3 セ…6
　　　[Ⅱ] (1) コ…2 サ…4 シ…8　　　　　　(2) ソ…1 タ…3 チ…6
　　　　(2) 1 (3) セ…− ソ…7　　　　**3** [Ⅰ] (1) ア…1 イ…1
　　　　(4) 5 (5) チ…8 ツ…5　　　　　　　　(2) ウ…1 エ…6
2 [Ⅰ] ア…3 イ…3 ウ…0 エ…5　　　　[Ⅱ] (1) 3 (2) カ…3 キ…2

---

1 〔独立小問集合題〕

[Ⅰ](1)＜数の計算＞与式 $= 4 \div (-9) \times (-1.5) \times 27 = 4 \times \left(-\dfrac{1}{9}\right) \times \left(-\dfrac{3}{2}\right) \times 27 = \dfrac{4 \times 1 \times 3 \times 27}{9 \times 2} = 18$

(2)＜平方根の計算＞与式 $= \dfrac{4 - 4\sqrt{2} + 2}{\sqrt{2}} - \dfrac{2}{\sqrt{3}}(\sqrt{6} - 2\sqrt{3}) = \dfrac{(6 - 4\sqrt{2}) \times \sqrt{2}}{\sqrt{2} \times \sqrt{2}} - \dfrac{2\sqrt{6}}{\sqrt{3}} + \dfrac{4\sqrt{3}}{\sqrt{3}} =$

$\dfrac{6\sqrt{2} - 8}{2} - 2\sqrt{2} + 4 = 3\sqrt{2} - 4 - 2\sqrt{2} + 4 = \sqrt{2}$

(3)＜因数分解＞与式 $= y(x-2) - 3(x-2)$ として，$x-2=A$ とおくと，与式 $= yA - 3A = A(y-3)$ と因数分解できる。A をもとに戻して，与式 $= (x-2)(y-3)$ となる。

(4)＜一次方程式の応用＞一次方程式 $2x - a(2x-5) = 9$ の解が $x=6$ だから，解を方程式に代入すると，$2 \times 6 - a(2 \times 6 - 5) = 9$ が成り立つ。これを解くと，$12 - 7a = 9$，$-7a = -3$，$a = \dfrac{3}{7}$ となる。

(5)＜二次方程式＞ $2(2x^2 - 1) - 1 = 0$，$4x^2 - 2 - 1 = 0$，$4x^2 = 3$，$x^2 = \dfrac{3}{4}$　∴ $x = \pm\dfrac{\sqrt{3}}{2}$

[Ⅱ](1)＜図形―面積―文字式＞右図1で，△CPB の面積は，$\dfrac{1}{2} \times PB \times CB$ で 図1

求められる。点 P は点 A を出発して，毎秒 2 cm の速さで動くので，点 A
を出発して x 秒後は，$AP = 2x$ である。よって，$PB = AB - AP = 6 - 2x$ だ
から，$△CPB = \dfrac{1}{2} \times (6 - 2x) \times 8 = 24 - 8x$（cm²）と表せる。

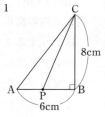

(2)＜関数―x 座標＞2点 $(-2, 10)$，$(3, -5)$ を通る直線の傾きは，$\dfrac{-5 - 10}{3 - (-2)}$

$= \dfrac{-15}{5} = -3$ であるから，その式は $y = -3x + b$ とおける。この直線上に点 $(3, -5)$ があるから，
$-5 = -3 \times 3 + b$ が成り立ち，$-5 = -9 + b$，$b = 4$ となるので，直線の式は，$y = -3x + 4$ である。
点 $(a, 1)$ が直線 $y = -3x + 4$ 上にあればよいから，$1 = -3a + 4$ が成り立ち，$3a = 3$，$a = 1$ となる。

(3)＜関数―x の値＞y は x に，z は y にそれぞれ比例することより，比例定数をそれぞれ a，b と
おくと，$y = ax$，$z = by$ と表せる。$x = 3$ のとき，$y = -12$，$z = -6$ となることより，$-12 = 3a$，a
$= -4$ となり，$-6 = -12b$，$b = \dfrac{1}{2}$ となる。よって，関係式は，$y = -4x$，$z = \dfrac{1}{2}y$ となるから，z
$= 14$ のとき，$14 = \dfrac{1}{2}y$ より，$y = 28$ となり，$28 = -4x$ より，$x = -7$ となる。

(4)＜数の性質＞ $3 < \sqrt{a} < b$ より，$\sqrt{9} < \sqrt{a} < \sqrt{b^2}$，$9 < a < b^2$ となる。b は正の整数なので，b^2 は正の
整数であり，$9 < a < b^2$ を満たす整数 a の個数が15個だから，$b^2 = 9 + 15 + 1$ より，$b^2 = 25$ である。

これより，$b=\pm5$ となるので，$b=5$ である。

(5)<図形—角度>右図2で，$\overset{\frown}{BC}$ に対する円周角より，∠BEC＝∠BDC＝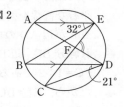
21°だから，∠AEF＝∠AEB＋∠BEC＝32°＋21°＝53° となる。また，
AE∥BD より錯角が等しいので，∠DBE＝∠AEB＝32° であるから，
$\overset{\frown}{DE}$ に対する円周角より，∠FAE＝∠DBE＝32° となる。よって，
△AEF で内角と外角の関係より，∠EFD＝∠AEF＋∠FAE＝53°＋32°
＝85° である。

図2

② 〔独立小問集合題〕

[Ⅰ]<連立方程式の応用>下の式は，今年売れた個数についての式である。今年は，Aが10%少なく，
Bが20%多く売れ，AはBより9個多く売れたから，$x\times\left(1-\dfrac{1}{10}\right)=y\times\left(1+\dfrac{20}{100}\right)+9$ が成り立ち，
$\dfrac{9}{10}x=\dfrac{6}{5}y+9$，$3x-4y=30$ となる。$x+y=500\cdots$①，$3x-4y=30\cdots$②とする。①×3－②より，
$3y-(-4y)=1500-30$，$7y=1470$，$y=210$ となり，これを①に代入すると，$x+210=500$，$x=290$
となる。よって，今年売れた商品A，Bの個数の合計は $\dfrac{9}{10}x+\dfrac{6}{5}y=\dfrac{9}{10}\times290+\dfrac{6}{5}\times210=261+$
$252=513$（個）である。

[Ⅱ]<関数—座標>(1)右図で，点Aは放物線 $y=x^2$ 上にあり，x 座標が -2 な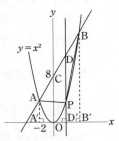
ので，$y=(-2)^2=4$ より，A$(-2,\ 4)$ である。C$(0,\ 8)$ だから，直線 AB は，
傾きが $\dfrac{8-4}{0-(-2)}=\dfrac{4}{2}=2$，切片が8であり，その式は $y=2x+8$ となる。点B
は放物線 $y=x^2$ と直線 $y=2x+8$ の交点だから，$x^2=2x+8$，$x^2-2x-8=0$，
$(x+2)(x-4)=0$ より，$x=-2$，4となり，点Bの x 座標は4である。y 座
標は $y=4^2=16$ より，B$(4,\ 16)$ である。　(2)右図のように，2点A，B
から x 軸にそれぞれ垂線 AA′，BB′を引き，直線 PD と x 軸の交点を D′と
する。AA′∥DD′∥BB′だから，△APD：△BPD＝AD：BD＝A′D′：B′D′となる。また，△APD：
△BPD＝2：1だから，A′D′：B′D′＝2：1である。A′B′＝$4-(-2)=6$ だから，A′D′＝$\dfrac{2}{2+1}$A′B′
$=\dfrac{2}{3}\times6=4$ となり，点Pの x 座標は $-2+4=2$ である。点Pは放物線 $y=x^2$ 上にあるから，$y=2^2$
$=4$ より，P$(2,\ 4)$ である。

[Ⅲ]<確率—さいころ>(1)2つのさいころA，Bを投げたとき，目の出方は全部で 6×6＝36（通り）
あるから，点$(a,\ b)$は 6×6＝36（通り）ある。このうち，直線 $y=x+1$ 上にある点は，$b=a+1$ とな
る場合だから，$(a,\ b)=(1,\ 2)$，$(2,\ 3)$，$(3,\ 4)$，$(4,\ 5)$，$(5,\ 6)$ の5通りある。よって，求める
確率は $\dfrac{5}{36}$ である。　(2)3つのさいころA，B，Cを投げたとき，目の出方は全部で 6×6×6＝
216（通り）あるので，a，b，c の組は216通りある。このうち，点$(a,\ b)$が直線 $y=2x+c$ 上にあ
るのは，$b=2a+c$ となる場合である。$a=1$ のとき，$b=2+c$ だから，$(b,\ c)=(3,\ 1)$，$(4,\ 2)$，$(5,$
$3)$，$(6,\ 4)$の4通りある。$a=2$ のとき，$b=4+c$ だから，$(b,\ c)=(5,\ 1)$，$(6,\ 2)$の2通りある。
$a=3$ のとき，$b=6+c$ だから，b，c の組はない。$a=4$，5，6のときもない。よって，点$(a,\ b)$
が直線 $y=2x+c$ 上の点となる a，b，c の組は $4+2=6$（通り）だから，求める確率は $\dfrac{6}{216}=\dfrac{1}{36}$
である。

③ 〔独立小問集合題〕

[Ⅰ]<図形―長さの比，面積>(1)右図1のように，点Eを通り辺DCと 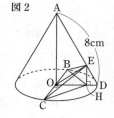 平行な直線を引き，線分BF，辺BCとの交点をそれぞれⅠ，Ｊとする。点Eが辺ADの中点だから，AB∥EJ∥DCより，点Ⅰ，Ｊもそれぞれ線分BF，辺BCの中点である。△BCFで中点連結定理より，IJ：FC＝1：2であるから，CF：FD＝2：1より，IJ＝FDとなる。また，四角形EJCDは平行四辺形だから，EJ＝DCである。よって，EI＝EJ－IJ，CF＝DC－FDより，EI＝CFとなる。これより，△EGI≡△CGFとなるので，EG＝GCであり，EG：GC＝1：1である。　(2)図1で，□ABJE＝□EJCDとなるから，□ABCD＝2□EJCD＝2×2△CEJ＝4△CEJとなる。また，△CEJ∽△CGHであり，相似比はEC：GC＝2：1だから，△CEJ：△CGH＝2²：1²＝4：1である。これより，△CEJ＝4△CGHだから，□ABCD＝4×4△CGH＝16△CGHとなり，□ABCDの面積は△CGHの面積の16倍である。

[Ⅱ]<図形―長さ>(1)右図2で，△AODは，∠AOD＝90°，OD：AD＝4：8＝1：2より，3辺の比が1：2：$\sqrt{3}$の直角三角形である。これより，∠EDH＝60°だから，△EHDは3辺の比が1：2：$\sqrt{3}$の直角三角形になり，EH＝$\sqrt{3}$HDである。△BOHで三平方の定理より，OH＝$\sqrt{BH^2-OB^2}$＝$\sqrt{5^2-4^2}$＝$\sqrt{9}$＝3だから，HD＝OD－OH＝4－3＝1となる。よって，EH＝$\sqrt{3}$×1＝$\sqrt{3}$(cm)である。　(2)図2の△EHOで三平方の定理より，EO＝$\sqrt{EH^2+OH^2}$＝$\sqrt{(\sqrt{3})^2+3^2}$＝$\sqrt{12}$＝$2\sqrt{3}$となるので，△EBC＝$\frac{1}{2}$×BC×EO＝$\frac{1}{2}$×(4×2)×$2\sqrt{3}$＝$8\sqrt{3}$である。これより，点Hから△EBCに引いた垂線の長さを$h$cmとすると，三角錐H-EBCの体積は，$\frac{1}{3}$×△EBC×h＝$\frac{1}{3}$×$8\sqrt{3}$×h＝$\frac{8\sqrt{3}}{3}h$と表せる。一方，三角錐H-EBCの底面を△HBCと見ると，高さはEH＝$\sqrt{3}$だから，三角錐H-EBCの体積は，$\frac{1}{3}$×△HBC×EH＝$\frac{1}{3}$×$\frac{1}{2}$×8×3×$\sqrt{3}$＝$4\sqrt{3}$である。よって，$\frac{8\sqrt{3}}{3}h$＝$4\sqrt{3}$が成り立ち，これを解くと，h＝$\frac{3}{2}$(cm)となる。

国語解答

一 問一　ア　　問二　ア
　問三　ポケモンをゲットしに平和記念公園にくる人は，被爆の現実にふれ，不条理や悲惨を学び，反核，平和へ思いをはせるという，公園の本来的な意味を全く考えていないから。(78字)
　問四　空間的現実の非特権化
　問五　イ　　問六　エ　　問七　イ
　問八　ウ

二 問一　a…ア　b…イ　　問二　イ
　問三　わずらいて
　問四　(1) 日ごろ　(2) せんかたなし
　問五　③…イ　⑤…ウ　　問六　エ
　問七　郎等は罪深い人間だが，生前ほん

の少し地蔵に信仰の心を見せたことがあるから。(37字)
　問八　イ

三 問一　右往左往　　問二　ア
　問三　遠く故郷を離れて生活している人が，故郷のことを懐かしく思い，せめてその言葉を聞くことで故郷を感じようとすること。(56字)

四 (1) 1　うなが　2　おくない
　　　3　すいこう　4　くつがえ
　(2) 1　軽率　2　由来　3　操
　　　4　詳細
　(3) エ　　(4) 1　冷淡　2　故意
　(5) 1…エ　2…ウ　　(6) エ

一 〔論説文の読解—社会学的分野—現代社会〕出典；好井裕明『「今，ここ」から考える社会学』。
　≪本文の概要≫現在，スマホを使えば，いつでもどこでも「世界」を目の前に開くことができる。デスクトップからスマホへの移行は，身体的な動作や日常的な意識の変更をすることなくいつでも「世界」と向き合えるという，決定的な生活の「革新」をもたらした。社会学者の鈴木健介は，ウェブ社会の特徴を「現実空間の多孔化」と呼び，物理的な空間の特権性が失われている状態だといっている。ポケモンゴーのゲームをするために広島市平和記念公園に集まる人々が，反核や平和に思いをはせるという広島市平和記念公園の持つ「意味」を考えることなく，ゲームに熱中する現象も，その表れである。スマホは，私たちの日常生活に新たに大きく深く底知れない「穴」をあけた。その「穴」を通して，圧倒的な質と量の情報が流れ込んでくるが，その玉石混交の情報を瞬時に判断する「技量」を，私たちが持っているとはいえない。今，私たちは，スマホに飼い慣らされ，情報への「耐性」も身につけていない。必要のないときはスマホを切り，自分の頭で考えることを意識するなど，スマホから一度離れて，日常の自分の姿を考え直すことが大事である。
問一＜語句＞「えも言えぬ」と書き，何とも言うことができない，という意味。
問二＜接続語＞ⅰ．「日常的な道徳やエチケットとして」，または，「危険な事故を防ぐ」ことを目的として，歩きスマホはやめようといっても，歩きスマホはなくならないだろう。　ⅱ．「『歩きスマホ』はなくならない」理由は，「圧倒的に私たちは今，『世界』を携帯できる悦楽に魅了されてしまっているから」である。
問三＜文章内容＞広島市平和記念公園は，原爆が投下された場所であり，ヒロシマの被爆という歴史的事実に思いをはせるという「特権性」を持つ場所である。しかし，ポケモンのゲームをしに広島市平和記念公園に集まった人たちは，被爆の現実にふれて，反核・平和への思いをはせることがないため，その場所の持つ特別な「意味」が失われる危険にさらされているのである。
問四＜文章内容＞広島市平和記念公園は反核・平和に思いをはせる場所である。しかし，ポケモンをゲットしたい人々にとっては，さまざまなポケモンをゲットできることの方が「重要なリアルさ」

を帯びており，広島市平和記念公園が本来持っている「意味」を見ていない，つまりその物理的空間の持つ特権性は失われているのである。

問五＜文章内容＞スマホから入ってくるたくさんの情報の真偽や背景や根拠などの「意味」を瞬時のうちに判断し，情報を選び取る力と技量を持つことが必要である。「取捨選択」は，悪いものや不要なものを捨てて，よいものや必要なものを選び取ること。

問六＜文脈＞私たちは情報への「耐性」を身につけておらず，「スマホからあふれ出る情報に翻弄されている」のが，「現在の姿」である。では，どうしたら情報への「耐性」を身につけることができるか。日常の自分の姿を確認すれば，「必要のない時間はスマホを切っ」て，自分の頭で考えるなど，試みは思い浮かぶ。

問七＜要旨＞現在の私たちは，スマホからの玉石混交の情報を瞬時のうちに判断し処理する能力がなく，スマホに飼い慣らされている状態であり，情報への「耐性」を持っているとはいえない。だから，私たちは必要のないときはスマホを切り，本を読んだりしながら自分の頭で考えるなど，スマホから距離をとって自分の姿を考え直すことを心がけなければならない。

問八＜文章内容＞スマホを通して玉石混交の情報が日常生活に流れ込んでくるが，私たちは，瞬時のうちに情報を適切に判断する技量や力を持っていないので，スマホからあふれ出す情報に翻弄されている状態である。

二 〔古文の読解―説話〕出典；『宇治拾遺物語』巻第三ノ十二。

≪現代語訳≫これも今は昔(の話だが)，多田満仲のもとに，荒々しくて悪い家来がいた。生きているものの命を殺すことを仕事としていた。野に出て，山に入って，鹿を狩り，鳥を取って，少しのよい行いをすることもなかった。／あるとき，(家来が)野に出て狩りをするとき，馬を走らせて鹿を追う。弓に矢をつがえて，弓を引いて，鹿を追いかけて，馬を走らせて行く道に，寺があった。その前を通り過ぎるときに，ふと見やったところ，中に地蔵がお立ちになっていた。左の手で弓を取り，右の手でかさを脱いで，少しばかりの仏や神を信じる心を尽くして，(馬で)走り過ぎた。／その後，それほどの年を経ないうちに，(家来は)病気になって，幾日もひどく苦しみ病んで，命が絶えた。冥途に向かって行き，閻魔の庁に呼ばれた。(家来が)見ると，多くの罪人が，罪の軽重に従って責めさいなまれ，罰せられていることは，甚だ恐ろしい。自分の一生の罪業を思い続けると，涙が落ちて，どうしようもない。／こうしている間に，一人の僧が出て来て，おっしゃることには，「あなたを助けようと思うのである。早く故郷に帰って，罪を悔い改め，仏に告白しなさい」とおっしゃる。(家来が)僧にお尋ね申し上げて言うことには，「これはどの人が，このようにおっしゃるのか」と。僧がお答えになることには，「私は，あなたが鹿を追って，寺の前を通り過ぎたときに，寺の中にいて，あなたに見えた地蔵菩薩である。あなたは，罪業が深いとはいっても，少しばかり，私に仏や神を信じる心を起こしたことによって，私は，今，あなたを助けようとするのである」とおっしゃると思って，(家来は)この世によみがえった後は，長く殺生を断って，地蔵菩薩にお仕えした。

問一＜古典文法＞a.「あり」は，動詞「あり」の連用形。　　**b.**「ながく」は，形容詞「ながし」の連用形。

問二＜現代語訳＞「たけく」は，勢いが激しい，荒々しい，という意味の形容詞「たけし」の連用形。「あしき」は，悪い，という意味の形容詞「あし」の連体形。

問三＜歴史的仮名遣い＞歴史的仮名遣いの「ぢ」「づ」は，現代仮名遣いでは原則として「じ」「ず」と書く。また，歴史的仮名遣いの語頭以外の「はひふへほ」は，現代仮名遣いでは原則として「わいうえお」と読む。

問四＜古語＞(1)「日ごろ」は，数日来，幾日も，という意味。　　(2)「せんかたなし」は，どうしよう

もない，という意味。

問五＜古文の内容理解＞③家来（＝郎等）は，命が絶えて，閻魔の庁に召し出されて周りを見ると，多くの罪人が軽重に従って罰せられていた。　⑤閻魔の庁に召し出された家来の前に一人の僧が出て来て，家来を助けようと思うとおっしゃった。この僧は，家来が鹿を追っている際に見た地蔵菩薩であった。

問六＜古文の内容理解＞家来は生き物を殺すことを仕事にしていて，よい行いを少しもすることはなかったが，あるときたまたま寺の前を通り過ぎたときに地蔵菩薩を見つけ，少しばかりの仏や神を信じる心を抱いた（ア…×）。家来は，病気になって死に，閻魔の庁に呼び出されて，罪の軽重によって罰せられることになった（イ・ウ…×）。家来は，自分の一生の罪業を思い続けると，涙が落ちて，どうしようもなかった（エ…○）。

問七＜古文の内容理解＞罪深い家来ではあるが，生前，鹿を追いかけていたときに，たまたま通りかかった寺の中におられた地蔵菩薩に気がつき，家来は，少しばかり仏や神を信じる心を抱いた。その心に免じて，地蔵菩薩は，家来を助けようと思ったのである。

問八＜文学史＞『平家物語』は，鎌倉時代成立の軍記物語。『源氏物語』は，平安時代成立の物語で，作者は紫式部。『おくのほそ道』は，江戸時代成立の俳諧紀行文で，作者は松尾芭蕉。『竹取物語』は，平安時代成立の物語。

三 〔随筆の読解―自伝的分野―生活〕出典；「天声人語」（「朝日新聞」2018年1月31日朝刊）。

問一＜四字熟語＞「右往左往」は，慌てふためいて右へ行ったり左へ行ったりして混乱した状態。

問二＜文章内容＞阿部さんは，故郷の青森の言葉を聞きたくて，人々がたくさん集まる上野駅に来て，人々の会話から青森の懐かしい言葉を探しにきたのである。

問三＜文章内容＞「そを聴く若者」とは，石川啄木の歌をふまえた表現である。故郷を遠く離れた啄木が，故郷の言葉を聞きたくて停車場に来たように，故郷を遠く離れて暮らす若者が，駅の人ごみの中で故郷の独特の言葉を聞くことで，故郷を感じようとしていると，筆者は思った。

四 〔国語の知識〕

(1)＜漢字＞1．音読みは「促進」などの「ソク」。　2．建物の中のこと。　3．成し遂げること。　4．音読みは「覆水」などの「フク」。

(2)＜漢字＞1．軽はずみなさま。　2．物事が何から起こり，どのように経てきたかという来歴，またはその起源。　3．音読みは「操作」などの「ソウ」。　4．こと細かく詳しいさま。

(3)＜ことばの単位＞「練習（名詞）／で（助詞）／頑張っ（動詞）／て（助詞）／き（動詞）／た（助動詞）／成果（名詞）／を（助詞）／出し（動詞）／たい（助動詞）」と分けられる。

(4)＜語句＞1．「親切」は，人のために思いやりを持ってすること。対義語は，思いやりがないこと，という意味の「冷淡」。　2．「過失」は，不注意で失敗すること。対義語は，わざとすること，という意味の「故意」。

(5)＜語句＞ア．「ボキャブラリー」は，語彙，語彙力のこと。　イ．「コンプレックス」は，劣等感のこと。　ウ．「ニーズ」は，必要性のこと（…2）。　エ．「モラル」は，道徳，倫理のこと（…1）。オ．「イノベーション」は，改革，革新のこと。

(6)＜文学史＞太宰治の『走れメロス』である。『雪国』は，昭和時代に発表された川端康成の小説。『蜘蛛の糸』は，大正時代に発表された芥川龍之介の小説。『坊っちゃん』は，明治時代に発表された夏目漱石の小説。

●要点チェック● 図形編－相似と平行線

◎相似な図形

  相似……一方の図形を拡大または縮小して，他方の図形と合同となるとき，２つの図形は相
       似である。

- **相似な図形の性質**
 1．対応する線分の長さの比はすべて等しい。
 2．対応する角の大きさはそれぞれ等しい。

- **三角形の相似条件**
 ２つの三角形は次のどれかが成り立つとき相似である。
 1．３組の辺の比がすべて等しい。
 2．２組の辺の比とそのはさむ角がそれぞれ等しい。
 3．２組の角がそれぞれ等しい。

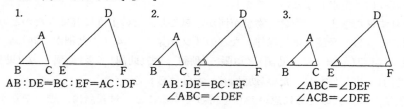

1.　AB：DE＝BC：EF＝AC：DF

2.　AB：DE＝BC：EF
　　∠ABC＝∠DEF

3.　∠ABC＝∠DEF
　　∠ACB＝∠DFE

- **平行線と線分の比**

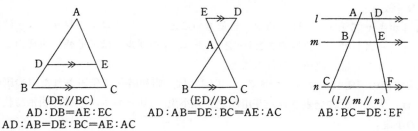

(DE//BC)
AD：DB＝AE：EC
AD：AB＝DE：BC＝AE：AC

(ED//BC)
AD：AB＝DE：BC＝AE：AC

(l // m // n)
AB：BC＝DE：EF

●要点チェック●　図形編─合同

◎図形の合同

合同……一方の図形を移動させて(ずらしたり，回したり，裏返したりして)，他方の図形に
　　　　　　　　　　　　　平行移動　　　　回転移動　　　対称移動
重ね合わせることのできるとき，この2つの図形は合同である。

・合同な図形の性質

1．対応する線分の長さは等しい。

2．対応する角の大きさは等しい。

・三角形の合同条件

2つの三角形は次のどれかが成り立つとき合同である。

1．3組の辺がそれぞれ等しい。

2．2組の辺とそのはさむ角がそれぞれ等しい。

3．1組の辺とその両端の角がそれぞれ等しい。

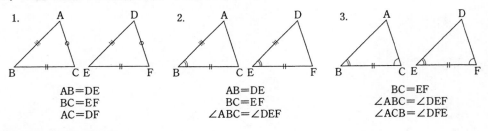

1.
AB=DE
BC=EF
AC=DF

2.
AB=DE
BC=EF
∠ABC=∠DEF

3.
BC=EF
∠ABC=∠DEF
∠ACB=∠DFE

・直角三角形の合同条件

2つの直角三角形は次のどちらかが成り立つとき合同である。

1．斜辺と1鋭角がそれぞれ等しい。

2．斜辺と他の1辺がそれぞれ等しい。

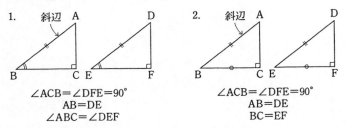

1.　斜辺
∠ACB=∠DFE=90°
AB=DE
∠ABC=∠DEF

2.　斜辺
∠ACB=∠DFE=90°
AB=DE
BC=EF

Memo

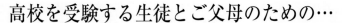

高校を受験する生徒とご父母のための…

2025年度用 高校合格資料集

■**首都圏有名書店にて今秋発売予定！**

※表紙は昨年のものです。

内容目次

① まず試験日はいつ？
推薦ワクは？競争率は？

② この学校のことは
どこに行けば分かるの？

③ かけもち受験のテクニックは？

④ 合格するために大事なことが二つ！

⑤ もしもだよ！
試験に落ちたらどうしよう？

⑥ 勉強しても成績があがらない

⑦ 最後の試験は面接だよ！

定価1430円（税込）

スーパー過去問の 解説執筆・解答作成スタッフ（在宅）募集！ ※募集要項の詳細は、10月に弊社ホームページ上に掲載します。

2025年度用
高校スーパー過去問

■編集人　声 の 教 育 社 ・ 編 集 部
■発行所　株式会社　声 の 教 育 社
〒162-0814 東京都新宿区新小川町8-15
☎03-5261-5061代 FAX03-5261-5062
https://www.koenokyoikusha.co.jp

禁無断使用・転載

※本書の内容についての一切の責任は当社にあります。内容・解説・解答その他の質問等は文書にて当社に御郵送くださるようお願いいたします。

カコを追いかけ
ミライをつかめ

これで入試は完璧

杉並学院高等学校

別冊 解答用紙

丁寧に抜きとって、別冊としてご使用ください。

★教科別合格者平均点＆合格者最低点

特進

年度	英語	数学	国語	合格者最低点
2024	66.9	67.0	65.5	180
2023	71.4	60.2	71.1	180
2022	69.2	70.9	59.6	180
2021	73.3	68.6	62.6	180
2020	75.9	66.3	60.9	180
2019	70.1	67.0	67.0	180

総合進学

年度	英語	数学	国語	合格者最低点
2024	51.2	55.9	57.4	130
2023	55.8	51.2	61.3	130
2022	57.3	54.5	49.0	130
2021	59.2	56.3	54.2	130
2020	65.4	56.8	54.9	140
2019	65.2	58.4	58.0	138

２０２４年度　　杉並学院高等学校

英語解答用紙

評点　／100

中学校名	
	中学校
フリガナ	
氏　名	

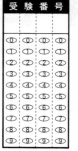

受　験　番　号

記入方法

良い例 ●

悪い例 ⊘ ◑ ⦿ うすい

1. 記入は、必ずHB以上の黒鉛筆またはシャープペンシルで、○の中を正確に、ぬりつぶしてください。
2. 訂正は、プラスチック消しゴムできれいに消してください。
3. 解答用紙を、折り曲げたり、汚さないでください。

【マーク式解答欄】

解答番号	解　答　欄
1	① ② ③ ④ ⑤ ⑥ ⑦ ⑧ ⑨ ⑩
2	① ② ③ ④ ⑤ ⑥ ⑦ ⑧ ⑨ ⑩
3	① ② ③ ④ ⑤ ⑥ ⑦ ⑧ ⑨ ⑩
4	① ② ③ ④ ⑤ ⑥ ⑦ ⑧ ⑨ ⑩
5	① ② ③ ④ ⑤ ⑥ ⑦ ⑧ ⑨ ⑩
6	① ② ③ ④ ⑤ ⑥ ⑦ ⑧ ⑨ ⑩
7	① ② ③ ④ ⑤ ⑥ ⑦ ⑧ ⑨ ⑩
8	① ② ③ ④ ⑤ ⑥ ⑦ ⑧ ⑨ ⑩
9	① ② ③ ④ ⑤ ⑥ ⑦ ⑧ ⑨ ⑩
10	① ② ③ ④ ⑤ ⑥ ⑦ ⑧ ⑨ ⑩
11	① ② ③ ④ ⑤ ⑥ ⑦ ⑧ ⑨ ⑩
12	① ② ③ ④ ⑤ ⑥ ⑦ ⑧ ⑨ ⑩
13	① ② ③ ④ ⑤ ⑥ ⑦ ⑧ ⑨ ⑩
14	① ② ③ ④ ⑤ ⑥ ⑦ ⑧ ⑨ ⑩
15	① ② ③ ④ ⑤ ⑥ ⑦ ⑧ ⑨ ⑩
16	① ② ③ ④ ⑤ ⑥ ⑦ ⑧ ⑨ ⑩
17	① ② ③ ④ ⑤ ⑥ ⑦ ⑧ ⑨ ⑩
18	① ② ③ ④ ⑤ ⑥ ⑦ ⑧ ⑨ ⑩
19	① ② ③ ④ ⑤ ⑥ ⑦ ⑧ ⑨ ⑩
20	① ② ③ ④ ⑤ ⑥ ⑦ ⑧ ⑨ ⑩
21	① ② ③ ④ ⑤ ⑥ ⑦ ⑧ ⑨ ⑩
22	① ② ③ ④ ⑤ ⑥ ⑦ ⑧ ⑨ ⑩
23	① ② ③ ④ ⑤ ⑥ ⑦ ⑧ ⑨ ⑩
24	① ② ③ ④ ⑤ ⑥ ⑦ ⑧ ⑨ ⑩
25	① ② ③ ④ ⑤ ⑥ ⑦ ⑧ ⑨ ⑩
26	① ② ③ ④ ⑤ ⑥ ⑦ ⑧ ⑨ ⑩
27	① ② ③ ④ ⑤ ⑥ ⑦ ⑧ ⑨ ⑩
28	① ② ③ ④ ⑤ ⑥ ⑦ ⑧ ⑨ ⑩
29	① ② ③ ④ ⑤ ⑥ ⑦ ⑧ ⑨ ⑩
30	① ② ③ ④ ⑤ ⑥ ⑦ ⑧ ⑨ ⑩
31	① ② ③ ④ ⑤ ⑥ ⑦ ⑧ ⑨ ⑩
32	① ② ③ ④ ⑤ ⑥ ⑦ ⑧ ⑨ ⑩
33	① ② ③ ④ ⑤ ⑥ ⑦ ⑧ ⑨ ⑩
34	① ② ③ ④ ⑤ ⑥ ⑦ ⑧ ⑨ ⑩
35	① ② ③ ④ ⑤ ⑥ ⑦ ⑧ ⑨ ⑩
36	① ② ③ ④ ⑤ ⑥ ⑦ ⑧ ⑨ ⑩
37	① ② ③ ④ ⑤ ⑥ ⑦ ⑧ ⑨ ⑩
38	① ② ③ ④ ⑤ ⑥ ⑦ ⑧ ⑨ ⑩
39	① ② ③ ④ ⑤ ⑥ ⑦ ⑧ ⑨ ⑩
40	① ② ③ ④ ⑤ ⑥ ⑦ ⑧ ⑨ ⑩

【記述式解答欄】

あ

い

う

え

お

か

き

く

け

こ

さ

し

（注）この解答用紙は実物を縮小してあります。A3用紙に147％拡大コピーすると、ほぼ実物大で使用できます。（タイトルと配点表は含みません）

学校配点

	計
① 各３点×５　② A，B　各１点×５　C　各２点×４ ③ 各２点×８　④ 各３点×４　⑤ 各２点×８ ⑥ 1　各２点×６　2～5　各３点×４　⑦ 各２点×２	100点

２０２４年度　　　杉並学院高等学校

数学解答用紙

評点 ／100

（注）この解答用紙は実物を縮小してあります。Ａ３用紙に152％拡大コピーすると、ほぼ実物大で使用できます。（タイトルと配点表は含みません）

フリガナ

氏名

中学校

中学校名

受験番号

記入方法
1. 記入は、必ずＨＢ以上の黒鉛筆またはシャープペンシルで、◯の中を正確に、ぬりつぶしてください。
2. 訂正は、プラスチック消しゴムできれいに消してください。
3. 解答用紙を、折り曲げたり、汚さないでください。

良い例　●
悪い例　うすい

学校配点

1～3　各5点×20　2 I アウは完答

計

100点

二〇二四年度　　　　杉並学院高等学校

国語解答用紙　No. 1

評点　／100

中学校名 _____ 中学校

フリガナ

氏名 _____

受験番号

	⓪ ① ② ③ ④ ⑤ ⑥ ⑦ ⑧ ⑨
	⓪ ① ② ③ ④ ⑤ ⑥ ⑦ ⑧ ⑨
	⓪ ① ② ③ ④ ⑤ ⑥ ⑦ ⑧ ⑨
	⓪ ① ② ③ ④ ⑤ ⑥ ⑦ ⑧ ⑨

※受験番号は、左から右へ記入すること

受験番号

0	0	0	1

記入方法

1. 記入は、必ずHB以上の黒鉛筆またはシャープペンシルで、〇の中を正確に、ぬりつぶしてください。
2. 訂正は、プラスチック消しゴムできれいに消してください。
3. 解答用紙を、折り曲げたり、汚さないでください。

良い例 ●　　悪い例 うすい

【マーク解答欄】

設問番号	解答欄
1	⑦ ⑦ ⑦ ⑦ ⑭ ⑦ ⑦ ⑭
2	⑦ ⑦ ⑦ ⑦ ⑭ ⑦ ⑦ ⑭
3	⑦ ⑦ ⑦ ⑦ ⑭ ⑦ ⑦ ⑭
4	⑦ ⑦ ⑦ ⑦ ⑭ ⑦ ⑦ ⑭
5	⑦ ⑦ ⑦ ⑦ ⑭ ⑦ ⑦ ⑭
6	⑦ ⑦ ⑦ ⑦ ⑭ ⑦ ⑦ ⑭
7	⑦ ⑦ ⑦ ⑦ ⑭ ⑦ ⑦ ⑭
8	⑦ ⑦ ⑦ ⑦ ⑭ ⑦ ⑦ ⑭
9	⑦ ⑦ ⑦ ⑦ ⑭ ⑦ ⑦ ⑭
10	⑦ ⑦ ⑦ ⑦ ⑭ ⑦ ⑦ ⑭
11	⑦ ⑦ ⑦ ⑦ ⑭ ⑦ ⑦ ⑭
12	⑦ ⑦ ⑦ ⑦ ⑭ ⑦ ⑦ ⑭
13	⑦ ⑦ ⑦ ⑦ ⑭ ⑦ ⑦ ⑭
14	⑦ ⑦ ⑦ ⑦ ⑭ ⑦ ⑦ ⑭
15	⑦ ⑦ ⑦ ⑦ ⑭ ⑦ ⑦ ⑭
16	⑦ ⑦ ⑦ ⑦ ⑭ ⑦ ⑦ ⑭
17	⑦ ⑦ ⑦ ⑦ ⑭ ⑦ ⑦ ⑭
18	⑦ ⑦ ⑦ ⑦ ⑭ ⑦ ⑦ ⑭
19	⑦ ⑦ ⑦ ⑦ ⑭ ⑦ ⑦ ⑭
20	⑦ ⑦ ⑦ ⑦ ⑭ ⑦ ⑦ ⑭
21	⑦ ⑦ ⑦ ⑦ ⑭ ⑦ ⑦ ⑭
22	⑦ ⑦ ⑦ ⑦ ⑭ ⑦ ⑦ ⑭
23	⑦ ⑦ ⑦ ⑦ ⑭ ⑦ ⑦ ⑭
24	⑦ ⑦ ⑦ ⑦ ⑭ ⑦ ⑦ ⑭
25	⑦ ⑦ ⑦ ⑦ ⑭ ⑦ ⑦ ⑭

【記述解答欄】

一

問一　〜

問八　和歌の伝統では

二

問一

問三

問六

三　問三

四　(1) 1　　2　　3　　4
　　(2) 1　る　2　　3　　4

(注) この解答用紙は実物を縮小してあります。B4用紙に130％拡大コピーすると、ほぼ実物大で使用できます。(タイトルと配点表は含みません)

学校配点

一	問一、問二　各3点×2　問三　5点　問四　各3点×2　問五　5点
	問六　4点　問七　各3点×3　問八　8点
二	問一、問二　各3点×2　問三　6点　問四　2点　問五、問六　各3点×2
三	
四	(1) 各1点×4　(2)～(8)　各2点×12

計　100点

２０２３年度　　杉並学院高等学校

英語解答用紙

評点 ／100

（注）この解答用紙は実物を縮小してあります。A3用紙に145％拡大コピーすると、ほぼ実物大で使用できます。（タイトルと配点表は含みません）

フリガナ

氏名

中学校

中学校名

受験番号

【記述式解答欄】

あ	い
う	え
お	か
き	く
け	
こ	
さ	
し	

【マーク式解答欄】

解答番号 1〜25（各 ⓪①②③④⑤⑥⑦⑧⑨）

解答欄 解答番号 26〜50（各 ⓪①②③④⑤⑥⑦⑧⑨）

記入方法
1. 記入は、必ずHB以上の黒鉛筆またはシャープペンシルで、〇の中を正確に、ぬりつぶしてください。
2. 訂正は、プラスチック消しゴムできれいに消してください。
3. 解答用紙を、折り曲げたり、汚さないでください。

良い例 ●
悪い例

学校配点

7	6	3	1	
各23点×2	各2点×5	7 4 2	問1 各2点×2	
各3点×8	各2点×7	A´B 各3点×3	問2〜問4 各4点×4	
		3 5 C	各3点×4	
		問5 各2点×4	各8点×2	

計 100点

２０２３年度　　杉並学院高等学校

数学解答用紙

評点 ／100

氏名 フリガナ

中学校名 中学校

受験番号

記入方法
1. 記入は、必ずHB以上の黒鉛筆またはシャープペンシルで、〇の中を正確に、ぬりつぶしてください。
2. 訂正は、プラスチック消しゴムできれいに消してください。
3. 解答用紙を、折り曲げたり、汚さないでください。

良い例　悪い例

(注) この解答用紙は実物を縮小してあります。Ａ３用紙に152％拡大コピーすると、ほぼ実物大で使用できます。（タイトルと配点表は含みません）

学校配点

|1| |2| |3| 各5点×10

|3| Ⅱ、Ⅲ
Ⅰ Ⅰ ア イ ウ～キ 各2点×2 ク～サ シ 各3点×2
(1) 各5点×4
各3点×2 (2) 4点
Ⅱ (1) 各3点×2 (2) 4点

計 100点

二〇二三年度　　杉並学院高等学校

国語解答用紙

評点　／100

受験番号

⓪	①	②	③	④	⑤	⑥	⑦	⑧		
⓪	①	②	③	④	⑤	⑥	⑦	⑧	⑨	
⓪	①	②	③	④	⑤	⑥	⑦	⑧	⑨	
⓪	①	②	③	④	⑤	⑥	⑦	⑧	⑨	

※受験番号は、左から右へ記入すること

受験番号　0 0 0 1

記入方法
1. 記入は、必ずHB以上の黒鉛筆またはシャープペンシルで、〇の中を正確に、ぬりつぶしてください。
2. 訂正は、プラスチック消しゴムできれいに消してください。
3. 解答用紙を、折り曲げたり汚さないでください。

良い例 ●　悪い例

【マーク解答欄】

解答番号	解答欄
1	㋐ ㋑ ㋒ ㋓ ㋔ ㋕ ㋖ ㋗
2	㋐ ㋑ ㋒ ㋓ ㋔ ㋕ ㋖ ㋗
3	㋐ ㋑ ㋒ ㋓ ㋔ ㋕ ㋖ ㋗
4	㋐ ㋑ ㋒ ㋓ ㋔ ㋕ ㋖ ㋗
5	㋐ ㋑ ㋒ ㋓ ㋔ ㋕ ㋖ ㋗
6	㋐ ㋑ ㋒ ㋓ ㋔ ㋕ ㋖ ㋗
7	㋐ ㋑ ㋒ ㋓ ㋔ ㋕ ㋖ ㋗
8	㋐ ㋑ ㋒ ㋓ ㋔ ㋕ ㋖ ㋗
9	㋐ ㋑ ㋒ ㋓ ㋔ ㋕ ㋖ ㋗
10	㋐ ㋑ ㋒ ㋓ ㋔ ㋕ ㋖ ㋗
11	㋐ ㋑ ㋒ ㋓ ㋔ ㋕ ㋖ ㋗
12	㋐ ㋑ ㋒ ㋓ ㋔ ㋕ ㋖ ㋗
13	㋐ ㋑ ㋒ ㋓ ㋔ ㋕ ㋖ ㋗
14	㋐ ㋑ ㋒ ㋓ ㋔ ㋕ ㋖ ㋗
15	㋐ ㋑ ㋒ ㋓ ㋔ ㋕ ㋖ ㋗
16	㋐ ㋑ ㋒ ㋓ ㋔ ㋕ ㋖ ㋗
17	㋐ ㋑ ㋒ ㋓ ㋔ ㋕ ㋖ ㋗
18	㋐ ㋑ ㋒ ㋓ ㋔ ㋕ ㋖ ㋗
19	㋐ ㋑ ㋒ ㋓ ㋔ ㋕ ㋖ ㋗
20	㋐ ㋑ ㋒ ㋓ ㋔ ㋕ ㋖ ㋗
21	㋐ ㋑ ㋒ ㋓ ㋔ ㋕ ㋖ ㋗
22	㋐ ㋑ ㋒ ㋓ ㋔ ㋕ ㋖ ㋗
23	㋐ ㋑ ㋒ ㋓ ㋔ ㋕ ㋖ ㋗
24	㋐ ㋑ ㋒ ㋓ ㋔ ㋕ ㋖ ㋗
25	㋐ ㋑ ㋒ ㋓ ㋔ ㋕ ㋖ ㋗

【記述解答欄】

一
問二
問六　A　B　C　D
問八

二
問一
問三　(1)　(2)
問四
問五

三
問二　〜
問三
　　　　　　　から。

四　(2)　1　2　3　〈　4
　(2)　1　2　3　る　4　える
(5)　作者名

学校配点

一　問一　各2点×2　問二　問三　各4点×2　問四　2点　問五　3点
問六　各2点×4　問七　3点　問八　7点　問九　5点
二　問一〜問三　各2点×4　問四　3点　問五　5点　問六　4点
三　問一　2点　問二　3点　問三　7点
四　(1)　各1点×4　(2)〜(5)　各2点×12

計　100点

２０２２年度　　杉並学院高等学校

英語解答用紙

評点 ／100

フリガナ

氏名

中学校名

中学校

【記述式解答欄】

あ　い
う　え
お　か
き　く

け

こ

さ

し

【マーク式解答欄】

受験番号

記入方法
1. 記入は、必ずHB以上の黒鉛筆または
シャープペンシルで、◯の中を正確に
ぬりつぶしてください。
2. 訂正は、プラスチック消しゴムできれい
に消してください。
3. 解答用紙を折り曲げたり、汚さないで
ください。

良い例　　悪い例
うすい

(注) この解答用紙は実物を縮小してあります。A3用紙に145%拡大コピー
するると、ほぼ実物大で使用できます。(タイトルと配点表は含みません)

学校配点

7 問6 3 1 各2・3点×5
問5 各3点×5
各2点×2 問1 各2点×6
2・3点×6 4 2
問2　各3点×4
問3　各3点×4 5 各2点×8
各3点×5 A・B 各1点×4
2・2点×2 C 各2点×4
問4　8点
2点

計

100点

２０２２年度　杉並学院高等学校

数学解答用紙

評点 ／100

（注）この解答用紙は実物を縮小してあります。A3用紙に152%拡大コピーすると、ほぼ実物大で使用できます。（タイトルと配点表は含みません）

フリガナ

氏　名

中学校

中学校名

受験番号

記入方法
1. 記入は、必ずHB以上の黒鉛筆またはシャープペンシルで、（　）の中を正確に、ぬりつぶしてください。
2. 訂正は、プラスチック消しゴムできれいに消してください。
3. 解答用紙を、折り曲げたり、汚さないでください。

良い例　　悪い例　うすい

学校配点

３	２	１
各５点×４	各５点×２	Ⅰ 各５点×10 ア〜エ 各３点×2 オ〜キ 4点 Ⅱ、Ⅲ 各5点×4

計 100点

二〇二三年度　　　杉並学院高等学校

国語解答用紙　　　　　　　　　　　　　　　　　評点 ／100

中学校名　　　　　　　　　　　　　　　中学校

フリガナ

氏名

受験番号

◎①②③④⑤⑥⑦⑧⑨
◎①②③④⑤⑥⑦⑧⑨
◎①②③④⑤⑥⑦⑧⑨
◎①②③④⑤⑥⑦⑧⑨

※受験番号は、左から右へ記入すること

受験番号 0 0 0 1

記入方法

1. 記入は、必ずHB以上の黒鉛筆またはシャープペンシルで、◯の中を正確に、ぬりつぶしてください。
2. 訂正は、プラスチック消しゴムできれいに消してください。
3. 解答用紙を、折り曲げたり、汚さないでください。

良い例 ● 悪い例 うすい

【マーク解答欄】

解答番号	解答欄
1	㋐ ㋑ ㋒ ㋓ ㋔ ㋕ ㋖ ㋗
2	㋐ ㋑ ㋒ ㋓ ㋔ ㋕ ㋖ ㋗
3	㋐ ㋑ ㋒ ㋓ ㋔ ㋕ ㋖ ㋗
4	㋐ ㋑ ㋒ ㋓ ㋔ ㋕ ㋖ ㋗
5	㋐ ㋑ ㋒ ㋓ ㋔ ㋕ ㋖ ㋗
6	㋐ ㋑ ㋒ ㋓ ㋔ ㋕ ㋖ ㋗
7	㋐ ㋑ ㋒ ㋓ ㋔ ㋕ ㋖ ㋗
8	㋐ ㋑ ㋒ ㋓ ㋔ ㋕ ㋖ ㋗
9	㋐ ㋑ ㋒ ㋓ ㋔ ㋕ ㋖ ㋗
10	㋐ ㋑ ㋒ ㋓ ㋔ ㋕ ㋖ ㋗
11	㋐ ㋑ ㋒ ㋓ ㋔ ㋕ ㋖ ㋗
12	㋐ ㋑ ㋒ ㋓ ㋔ ㋕ ㋖ ㋗
13	㋐ ㋑ ㋒ ㋓ ㋔ ㋕ ㋖ ㋗
14	㋐ ㋑ ㋒ ㋓ ㋔ ㋕ ㋖ ㋗
15	㋐ ㋑ ㋒ ㋓ ㋔ ㋕ ㋖ ㋗
16	㋐ ㋑ ㋒ ㋓ ㋔ ㋕ ㋖ ㋗
17	㋐ ㋑ ㋒ ㋓ ㋔ ㋕ ㋖ ㋗
18	㋐ ㋑ ㋒ ㋓ ㋔ ㋕ ㋖ ㋗
19	㋐ ㋑ ㋒ ㋓ ㋔ ㋕ ㋖ ㋗
20	㋐ ㋑ ㋒ ㋓ ㋔ ㋕ ㋖ ㋗
21	㋐ ㋑ ㋒ ㋓ ㋔ ㋕ ㋖ ㋗
22	㋐ ㋑ ㋒ ㋓ ㋔ ㋕ ㋖ ㋗
23	㋐ ㋑ ㋒ ㋓ ㋔ ㋕ ㋖ ㋗
24	㋐ ㋑ ㋒ ㋓ ㋔ ㋕ ㋖ ㋗
25	㋐ ㋑ ㋒ ㋓ ㋔ ㋕ ㋖ ㋗

【記述解答欄】

一　問四
　　問九

二　問三 (1) (2)
　　問四
　　問六

三　問三

四 (1) 1　2　3　く4
　 (2) 1　2　3　く4　す
　 (5) 1　2

(注) この解答用紙は実物を縮小してあります。B4用紙に130％拡大コピーすると、ほぼ実物大で使用できます。（タイトルと配点表は含みません）

学校配点

一　問一　3点　問二　各2点×2　問三・問四　各4点×2
　　問五　各2点×2　問六　4点　問七・問八　各2点×2　問九　8点
二三　問一〜問五　各2点×9　問六　5点　問七　2点×2
　　問一・問二　各3点×2　問三　6点
四　各2点×14

計 100点

２０２１年度　　杉並学院高等学校

英語解答用紙

評点　／100

（注）この解答用紙は実物を縮小してあります。Ａ３用紙に145%拡大コピーすると、ほぼ実物大で使用できます。（タイトルと配点表は含みません）

【記述解答欄】

あ								
い								
う								
え								
お								
か								
き								
く								
け								
こ								
さ								
し								

フリガナ

氏　名

中学校

中学校名

受験番号

【マーク式解答欄】（解答番号 1〜25）

解答欄（解答番号 26〜50）

記入方法

1. 記入は、必ずＨＢ以上の黒鉛筆またはシャープペンシルで。○ の中を正確に、ぬりつぶしてください。
2. 訂正は、プラスチック消しゴムできれいに消してください。
3. 解答用紙を、折り曲げたり、汚さないでください。

良い例　●

悪い例　うすい

学校配点

7 6 4 1	各3点×3　5	
問1 各2点×3　5		
問2 各3点×2　5		
2	各2点×2　5	
問2 各2点×6　8		
3 各2点×15		
問3〜問5 各3点×3		
問6 2点		

計　100点

数学解答用紙

評点 ／100

フリガナ

氏　名

中学校名

中学校

受験番号

記入方法
1. 記入は、必ずHB以上の黒鉛筆またはシャープペンシルで、（　）の中を正確に、ねりつぶしてください。
2. 訂正は、プラスチック消しゴムできれいに消してください。
3. 解答用紙を、折り曲げたり、汚さないでください。

良い例　　悪い例

（注）この解答用紙は実物を縮小してあります。A3用紙に152％拡大コピーすると、ほぼ実物大で使用できます。（タイトルと配点表は含みません）

学校配点

1～3　各5点×20 〔1⑤は完答、2Ⅱは各5点×2〕

計 100点

二〇二二年度　　　杉並学院高等学校

国語解答用紙

評点 ／100

中学校名　　　　　　　　　　　中学校

フリガナ
氏名

受験番号

※受験番号は、左から右へ記入すること

受験番号　0 0 0 1

【マーク解答欄】

解答番号	解　答　欄
1	㋐ ㋑ ㋒ ㋓ ㋔ ㋕ ㋖ ㋗
2	㋐ ㋑ ㋒ ㋓ ㋔ ㋕ ㋖ ㋗
3	㋐ ㋑ ㋒ ㋓ ㋔ ㋕ ㋖ ㋗
4	㋐ ㋑ ㋒ ㋓ ㋔ ㋕ ㋖ ㋗
5	㋐ ㋑ ㋒ ㋓ ㋔ ㋕ ㋖ ㋗
6	㋐ ㋑ ㋒ ㋓ ㋔ ㋕ ㋖ ㋗
7	㋐ ㋑ ㋒ ㋓ ㋔ ㋕ ㋖ ㋗
8	㋐ ㋑ ㋒ ㋓ ㋔ ㋕ ㋖ ㋗
9	㋐ ㋑ ㋒ ㋓ ㋔ ㋕ ㋖ ㋗
10	㋐ ㋑ ㋒ ㋓ ㋔ ㋕ ㋖ ㋗
11	㋐ ㋑ ㋒ ㋓ ㋔ ㋕ ㋖ ㋗
12	㋐ ㋑ ㋒ ㋓ ㋔ ㋕ ㋖ ㋗
13	㋐ ㋑ ㋒ ㋓ ㋔ ㋕ ㋖ ㋗
14	㋐ ㋑ ㋒ ㋓ ㋔ ㋕ ㋖ ㋗
15	㋐ ㋑ ㋒ ㋓ ㋔ ㋕ ㋖ ㋗
16	㋐ ㋑ ㋒ ㋓ ㋔ ㋕ ㋖ ㋗
17	㋐ ㋑ ㋒ ㋓ ㋔ ㋕ ㋖ ㋗
18	㋐ ㋑ ㋒ ㋓ ㋔ ㋕ ㋖ ㋗
19	㋐ ㋑ ㋒ ㋓ ㋔ ㋕ ㋖ ㋗
20	㋐ ㋑ ㋒ ㋓ ㋔ ㋕ ㋖ ㋗
21	㋐ ㋑ ㋒ ㋓ ㋔ ㋕ ㋖ ㋗
22	㋐ ㋑ ㋒ ㋓ ㋔ ㋕ ㋖ ㋗
23	㋐ ㋑ ㋒ ㋓ ㋔ ㋕ ㋖ ㋗
24	㋐ ㋑ ㋒ ㋓ ㋔ ㋕ ㋖ ㋗
25	㋐ ㋑ ㋒ ㋓ ㋔ ㋕ ㋖ ㋗

【記述解答欄】

一　問六

二　問三
　　問四 ①　　　②
　　問六

三　問三

四　(2)(1)　　2　　3　　4　　む
　　(2)(1)　　2　　る3　　4
　　(5)(1)　　2

学校配点

一　問一 3点　問二 各2点×2　問三・問四 各3点×2　問五 4点
　　問六 6点　問七 各3点×4
二　問一 各2点×2　問二 3点　問三・問四 各2点×3　問五 3点
　　問六 6点　問七 3点
三　問一・問二 各3点×2　問三 6点　四 各2点×14

計 100点

２０２０年度　　杉並学院高等学校

英語解答用紙

評点　／100

(注) この解答用紙は実物を縮小してあります。Ａ３用紙に145％拡大コピーすると、ほぼ実物大で使用できます。(タイトルと配点表は含みません。)

中学校名

中学校

フリガナ

氏名

【記述解答欄】

あ		
う		
お		
き		
	い	
	え	
	か	
	く	
け		
こ		
さ		
し		

【マーク式解答欄】

解答番号 1〜25　解答欄 ⓪①②③④⑤⑥⑦⑧⑨

解答欄 (26〜50)

⓪①②③④⑤⑥⑦⑧⑨

受験番号

⓪①②③④⑤⑥⑦⑧⑨

記入方法

1. 記入は、必ずＨＢ以上の黒鉛筆またはシャープペンシルで、◯の中を正確に、ぬりつぶしてください。
2. 訂正は、プラスチック消しゴムできれいに消してください。
3. 解答用紙を、折り曲げたり、汚さないでください。

良い例 ● 　悪い例 ⊘ うすい

学校配点

1　各3点×5　　2´ 3　各2点×18
4　6　7　各3点×4 5　各3点×5
問5　問1´ 問2　各3点×2　問3´ 問4　各2点×6
各2点×2 問6　2点×5

計 100点

数学解答用紙

評点　／100

（注）この解答用紙は実物を縮小してあります。Ａ３用紙に152％拡大コピーすると、ほぼ実物大で使用できます。（タイトルと配点表は含みません）

中学校名

受験番号

フリガナ

氏名

中学校

記入方法

1. 記入は、必ずＨＢ以上の黒鉛筆またはシャープペンシルで、〇の中を正確に、ぬりつぶしてください。
2. 訂正は、プラスチック消しゴムできれいに消してください。
3. 解答用紙を、折り曲げたり、汚さないでください。

良い例　悪い例

学校配点

③②① 各5点×10
各[I] 各ア 5点×4
5点×4 イ〜ウ
エ〜カ 各3点×2
[II]、[III] 各5点×4

計　100点

二〇二〇年度　　杉並学院高等学校

国語解答用紙

評点 ／100

中学校名　　　　　　　　　　　　　　　中学校

フリガナ
氏名

受験番号

※受験番号は、左から右へ記入すること

受験番号			
0	0	0	1

記入方法

1. 記入は、必ずHB以上の黒鉛筆またはシャープペンシルで、○の中を正確に、ぬりつぶしてください。
2. 訂正は、プラスチック消しゴムできれいに消してください。
3. 解答用紙を、折り曲げたり、汚さないでください。

良い例 ●　　悪い例

【マーク解答欄】

解答番号	解答欄
1	
2	
3	
4	
5	
6	
7	
8	
9	
10	
11	
12	
13	
14	
15	
16	
17	
18	
19	
20	
21	
22	
23	
24	
25	

【記述解答欄】

一　問七

二　問二(1)　(2)　問五

二　問六

三　問三

四　(1)1　2　い　3　4
(2)1　2　され　3　4
(4)1　2　(5)1　2

(注)　この解答用紙は実物を縮小してあります。ほぼ実物大で使用できます。（タイトルと配点表は含みません）　B4用紙に130%拡大コピーすると、

学校配点

一　問一・問二　各3点×3　問三　5点　問四　4点　問五　5点
問六　4点　問七　8点
二　問一　各1点×2　問二〜問四　各2点×6　問五　1点　問六　6点
問七・問八　各2点×2
三　問一　4点　問二　3点　問三　5点　四　各2点×14

計

100点

２０１９年度　　杉並学院高等学校

英語解答用紙

評点 ／100

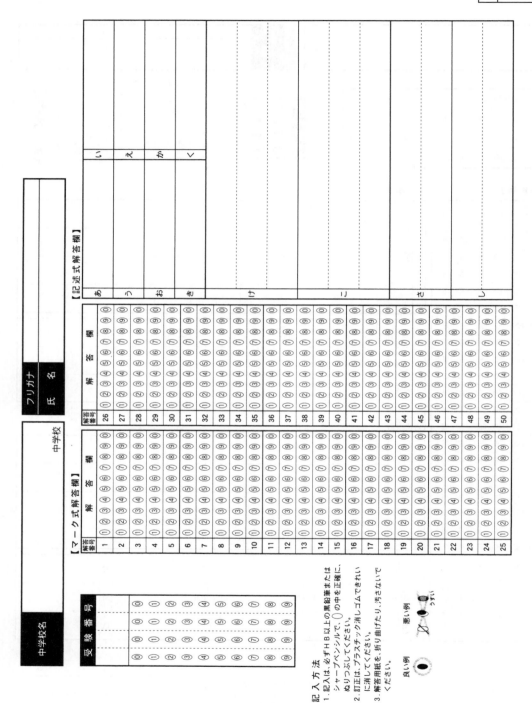

【記述解答欄】

あ	い
い	
う	え
お	か
き	く
け	
こ	
さ	
し	

【マーク式解答欄】

受験番号

中学校名　　　中学校

フリガナ　　氏名

記入方法
1. 記入は、必ずHB以上の黒鉛筆または
シャープペンシルで、( )の中を正確に、
ぬりつぶしてください。
2. 訂正は、プラスチック消しゴムできれい
に消してください。
3. 解答用紙を、折り曲げたり、汚さないで
ください。

良い例　　悪い例　　うすい

(注)この解答用紙は実物を縮小してあります。A3用紙に145%拡大コピー
すると、ほぼ実物大で使用できます。(タイトルと配点表は含みません)

学校配点

7 6 4 1 各3点×5
各2点×7 問1 各3点×4 5 2 3 各2点×17
問2 各2点×4 5
問2〜問4 各3点×3
問5 2点

計 100点

数学解答用紙

評点 ／100

（注）この解答用紙は実物を縮小してあります。Ａ３用紙に152％拡大コピーすると、ほぼ実物大で使用できます。（タイトルと配点表は含みません）

中学校名

フリガナ

氏名

中学校

受験番号

記入方法
1. 記入は、必ずＨＢ以上の黒鉛筆またはシャープペンシルで、（ ）の中を正確に、ぬりつぶしてください。
2. 訂正は、プラスチック消しゴムできれいに消してください。
3. 解答用紙を、折り曲げたり、汚さないでください。

良い例　悪い例　うすい

解答欄 1
	①	②	③	④	⑤	⑥	⑦	⑧	⑨	⓪	⊖	⊕
ア												
イ												
ウ												
エ												
オ												
カ												
キ												
ク												
ケ												
コ												
サ												
シ												
ス												
セ												
ソ												
タ												
チ												
ツ												
テ												
ト												
ナ												
ニ												
ヌ												
ネ												
ノ												

解答欄 2
	①	②	③	④	⑤	⑥	⑦	⑧	⑨	⓪	⊖	⊕
ア												
イ												
ウ												
エ												
オ												
カ												
キ												
ク												
ケ												
コ												
サ												
シ												
ス												
セ												
ソ												
タ												
チ												
ツ												
テ												
ト												
ナ												
ニ												
ヌ												
ネ												

解答欄 3
	①	②	③	④	⑤	⑥	⑦	⑧	⑨	⓪	⊖	⊕
ア												
イ												
ウ												
エ												
オ												
カ												
キ												
ク												
ケ												
コ												
サ												
シ												
ス												
セ												
ソ												
タ												
チ												
ツ												
テ												
ト												
ナ												
ニ												
ヌ												
ネ												

受験番号
| ⓪ | ① | ② | ③ | ④ | ⑤ | ⑥ | ⑦ | ⑧ | ⑨ |

学校配点
1 ～ 3　各5点×20　2［Ⅱ］は各5点×2

計 100点

二〇一九年度　　杉並学院高等学校

国語解答用紙

評点 ／100

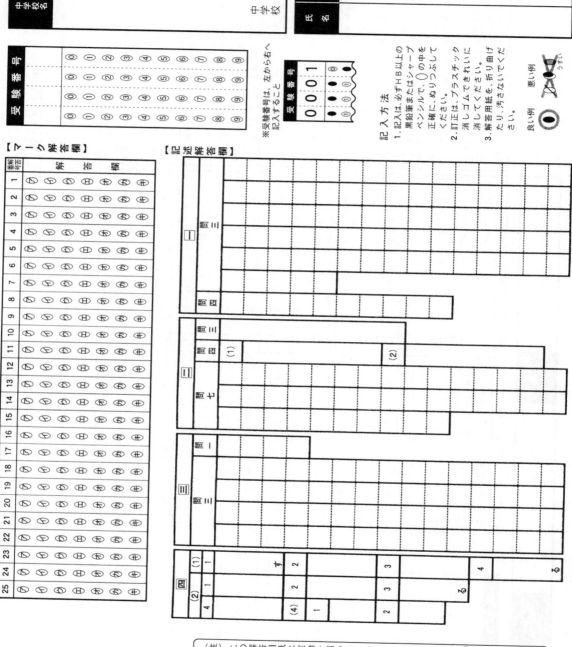

学校配点

一　問一、問二　各3点×2　問三　7点　問四　4点
　　問五、問六　各3点×2　問七、問八　各6点×2

二　問一、問二　各2点×3　問三　1点　問四、問五　各2点×4
　　問六、問七　各4点×2　問八　2点

三　問一、問二　各3点×2　問三　6点

四　各2点×14

計 100点